卓越法律人才培养系列教材

经济法案例分析教程

阳东辉　编著

WUHAN UNIVERSITY PRESS

武汉大学出版社

图书在版编目(CIP)数据

经济法案例分析教程／阳东辉编著. -- 武汉:武汉大学出版社,
2024.10. -- 卓越法律人才培养系列教材. -- ISBN 978-7-307-24510-5

Ⅰ. D922.290.5

中国国家版本馆 CIP 数据核字第 2024KB2668 号

责任编辑:李彤彤　　　责任校对:汪欣怡　　　版式设计:韩闻锦

出版发行:**武汉大学出版社**　　(430072　武昌　珞珈山)

（电子邮箱:cbs22@whu.edu.cn 网址:www.wdp.com.cn)

印刷:武汉邮科印务有限公司

开本:787×1092　1/16　印张:13.25　字数:311 千字　插页:2

版次:2024 年 10 月第 1 版　　2024 年 10 月第 1 次印刷

ISBN 978-7-307-24510-5　　定价:49.00 元

作者简介

阳东辉，男，湖南衡东人，经济法博士，广西大学法学院教授，博士生导师，中国法学会经济法学研究会理事，广西民法学研究会常务理事，湖南省经济法学研究会常务理事，美国华盛顿大学访问学者，主要从事民商法学和经济法学研究。1993年毕业于西南政法学院，获法学学士学位，2002年获湖南师范大学法理学硕士学位，2009年获西南政法大学经济法学博士学位。在《法商研究》《法学》《政法论坛》《现代法学》《法学家》《法学评论》《政治与法律》等刊物发表论文60余篇，其中10余篇论文被《新华文摘》、《高等学校文科学术文摘》、《中国社会科学文摘》、人大复印资料、《经济法学·劳动法学》、《民商法学》、《诉讼法学、司法制度》、《创新政策与管理》全文转载和观点摘编。已出版个人学术专著4部：（1）《网络公司法研究》（吉林大学出版社2009年版）；（2）《科技创新市场的国家干预法律机制：基于克服市场失灵的视角》（法律出版社2014年版）；（3）《网络广告法律规制研究》（知识产权出版社2022年版）；（4）《金融衍生工具原理、构造与法律制度》（知识产权出版社2023年版）。主持国家社科基金项目1项，主持教育部人文社科规划项目等省部级课题6项。论文《搜索引擎操纵搜索结果行为的反垄断法规制》荣获广西第17次社会科学优秀成果三等奖。本人提出的"公企业法理论"和"科技创新市场国家干预法律机制"在全国法学界具有较大影响。

前　　言

　　《经济法案例分析教程》是依据马克思主义理论研究和建设工程(以下简称马工程)重点教材《经济法学》(第三版)的体系框架和主要知识点,收集并精心筛选近年来有关典型案例编写而成。它可与《经济法学》(第三版)一书配套使用。《经济法案例分析教程》中的典型案例覆盖该教材全部十七章的内容:第一章经济法的概念和历史,第二章经济法的体系和地位,第三章经济法的宗旨和原则,第四章经济法的主体和行为,第五章经济法主体的权利、义务与责任,第六章经济法的制定与实施,第七章宏观调控法的基本理论与制度,第八章财政调控法律制度,第九章税收调控法律制度,第十章金融调控法律制度,第十一章规划调控法律制度,第十二章市场规制法的基本理论与制度,第十三章反垄断法律制度,第十四章反不正当竞争法律制度,第十五章消费者保护法律制度,第十六章质量、价格、广告和计量监管法律制度,第十七章特别市场规制制度。

　　本书的特点如下:

　　第一,案例涵盖范围广。本教程收集和精选的案例涵盖了《经济法学》(第三版)全部十七章内容,甚至连一些纯理论性的章节也精选了案例进行配套,做到章无遗漏。

　　第二,紧扣教材。案例的选择和编排紧紧围绕马工程《经济法学》(第三版)教材的体系结构展开,在法理分析方面尽量使用教材原文的概念和内容进行阐释,在分析具体案例时,只有在教材中找不到相关内容的情况下才补充新理论、新法规和新知识。

　　第三,以新颖性、典型性和实用性为案例遴选标准。尽量挑选近年发生的案例,尽量挑选个案中具有代表性和普遍性的案例,尽量挑选能提高学生逻辑思维能力和解决实际问题能力的案例。

　　由于理论部分案例资料素材的不足,加之本人经验和学识的局限,书中错误在所难免,恳请各位读者批评指正。

目　　录

第一章 经济法的概念和历史

一、1998 年香港特区政府与国际金融巨鳄之间的"世纪豪赌"

📖 **案事例介绍 1-1**

自 1983 年以来，香港实行固定联系汇率制度，即以 1 美元兑 7.8 港元的固定汇率与美元挂钩。① 然而，1997 年 10 月 23 日，索罗斯等国际金融炒家盯住了香港汇市，首次对香港联系汇率制度予以攻击。他们的操作模式是，在外汇现货市场大规模抛售港币换取美元，同时在期货市场大量买入股指期货合约，以期在美元与港币的联系汇率崩溃后牟取暴利。在国际金融巨鳄的操纵下，香港银行同业拆息一度攀升至 300%，恒生指数及期货市场指数下跌逾 1000 点。在这场豪赌中，国际金融炒家共抛售 400 多亿港元，获取了数十亿港元的利润。尝到甜头的炒家再次故伎重演。1998 年 1 月和 5 月，同样的场景在香港反复出现。② 此时的香港股市犹如"过山车"般波动，炒家却大获其利，香港资本市场就像一台收割国际投资者的"自动取款机"，炒家在资金短缺时只需按下机器上的几个按钮。

尽管香港拥有充裕的外币资金来支撑联系汇率的稳定，但随着高息政策的实施，香港承受了沉重的负担：债务负担极重，股票和房地产均大幅度暴跌，令香港的经济处在一种持续衰退的境地。香港经济在 1998 年第一季出现 2.8% 的负增长。③

1998 年夏天，我国的周边国家经历了政治动荡、经济衰退和贸易急剧下降。日元持续贬值，给人民币和港元带来较大压力；俄罗斯金融动荡；印尼危机日益升级。而我国香港上市公司的中期业绩和失业率也令外界极为沮丧。西方投资银行的分析师认为，中国经济继续保持高速增长将难以为继，他们预测中国的增长率将从 7%、6%、5% 降至 2% 甚至为零，同时声称如果中国的经济增长高于此前的预测，那么统计数据一定是被中国政府"操纵"或"掺杂了水分"。④

国际金融巨鳄明白，欲操纵外汇市场，必先摧毁投资者信心，而利空谣言是摧毁对方信心的利刃。在这场汇率攻防战中，由于日元危机、洪水等原因，人民币汇率难保的谣言

---

① 崔晓敏、肖立晟：《香港联系汇率制度的困境与出路》，载《银行家》2021 年第 3 期。

② 鄂志寰：《香港金融保卫战：港府对决索罗斯》，载《中国经济周刊》2018 年第 48 期。

③ 张首映：《香港一九九八年经济形势及走向》，载人民网：http://theory.people.com.cn/n/2013/0723/c367130-22296752.html，最后访问日期：2024 年 5 月 1 日。

④ 王伟群：《21 年前的今天，那场惊心动魄的香港保卫战！》，载《中国青年报》2019 年 9 月 22 日。

甚嚣尘上。"中国政府可能让人民币贬值高达 30%"的小道消息满天飞。转瞬之间,一系列关于人民币的坏消息接踵而至,投资者对人民币币值最终可以维持多长时间开始产生怀疑。投资者听信谣言后,大肆抛售 B 股购买美元,由此导致美元对人民币的黑市汇率比官方汇率低 5%,从 8.28 跌至 8.70。与此同时,B 股也开启下行行情,7 月 28 日,B 股下跌 3.5%,再创新低。8 月 3 日,日元对美元的汇率突破 145 大关,上海市民为了兑换高价美元,纷纷涌向黑市。同一天,黑市汇率达到 8.8 元人民币兑 1 美元。8 月的第一周,上海黑市上的人民币汇率跌至 1 美元兑 9.2 元人民币,比官方汇率低近 9%。[①]

关于"人民币贬值"的坊间传言,投资者认为是项庄舞剑,另有所指,旨在攻击香港的联系汇率制度。人民币贬值将不可避免地重挫香港的联系汇率制,香港股市及汇市因此遭受了严重不利影响,纽约股市日跌 299 点,呈现持续低迷状态;日本汇率持续走低,即使新政府也难以扭转局面。香港上市企业中期财报公布后,不少负面信号接踵而至,国泰航空首度亏损,汇丰、太古的盈利也大幅度减少;香港市场中流传着各种不实传闻,令投资者深感恐慌。[②] 这些谣言的出笼和传播,无疑是国际金融巨鳄攻击香港股市和汇市的前奏。

与此同时,自 8 月 5 日以来,香港的金融市场也受到欧美对冲基金及投资银行的强力冲击,导致港元、恒生指数等多种金融品种遭受到严重的抛售。据报道,当时美国最具影响力的对冲基金——量子基金正在加紧进军香港金融市场。5 日,200 多亿元港币在香港市场上被抛售;次日,又抛售 200 多亿元港币。[③]

索罗斯等国际金融巨鳄的如意算盘是通过在外汇市场抛售港元来打压股市,迫使香港金融管理局(以下简称金管局)采取加息的老办法。随着利率的上升,股市的下跌是不可避免的。恒生指数期货也会下跌,国际金融炒家就可以在期货市场上以相对较低的价格做空恒生指数期货,从而在外汇和股票市场上双双获利。醉翁之意不在酒,而在恒生指数期货也。目的是什么?当投资者买卖恒生指数期货时,他们买卖的是未来某一天(合约交割日)恒生指数的涨跌。当日恒生指数乘以 50 港元即为每份恒生期货合约的价格。恒生指数每下跌一个点,期货合约的买家每份合约将损失 50 港元,而卖家每份合约将获利 50 港元。据此计算,如果一个金融炒家在 8 月份恒生指数达到 10000 点时卖出一份到期的恒生指数期货,然后尽力将恒生指数拉低至 6000 点,重新买入合约并平仓,他将获利 20 万元。如果金融炒家有 1 万份合约,他可以获利 20 亿元。如此巨额的利润空间促使金融炒家不惜一切代价压低香港股市和恒生指数。[④]

每当金融炒家兵临香港城下之时,香港金融管理局的唯一举措就是提高利率,以提高金融炒作的成本。这种方法的负面影响越来越明显,对股票市场和房地产市场的危害极

---

① 王伟群:《21 年前的今天,那场惊心动魄的香港保卫战!》,载《中国青年报》2019 年 9 月 22 日。

② 同上。

③ 李文增、鹿英姿、王刚:《香港金融保卫战及其对维护我国经济金融安全的启示》,载《天津政协公报》2007 年第 11 期。

④ 王伟群:《21 年前的今天,那场惊心动魄的香港保卫战!》,载《中国青年报》2019 年 9 月 22 日。

大。银行体系所能承受的最低水平是恒生指数跌至 6500 点。[①] 如果股市和房地产市场继续暴跌，抵押贷款资产必然会被银行大量变卖，房地产市场和股市也将迎来恶性抛售潮，一些中小银行由于坏账过多，最终可能面临破产的命运。如果银行开始倒闭，香港银行体系将不可避免地遭受一连串致命的打击，甚至引发金融危机。

如果让香港人的血汗钱被索罗斯等国际金融炒家反复收割，联系汇率不断受压，而经济复苏只会遥遥无期，那么无论香港如何财雄势大，也经不起这般折腾，最终也会被掏空。因此，香港特区政府迫不得已，决定与炒家开战。金管局在外汇市场打响了反击金融巨鳄的第一枪，每当有炒家抛售一盘港元时，金管局就会立即接手，而且买入的价格也很低廉。通过政府的财政储备，金管局成功地接受了近 500 亿港元的沽盘，随后这些港元又被重新存入银行，以抑制拆借利率的上升，减少对经济的不利影响。[②]

根据香港货币局的规定，金管局如欲在外汇市场以美元购回港元，必须以 7.8 港元兑 1 美元的固定汇率购回。但这一次，他们以 7.75 港元的价格买入炒家抛售的全部外汇，这让国际炒家大呼不公平。然而，金管局这次态度强硬，明确表示此次购买港元不是为了金管局，而是代表香港特区政府购买，因此，并没有违反货币局的严格规定。

诚然，香港特区政府通常采取扩张性财政政策来应对经济衰退，增加财政赤字。每年夏天，当港元储备不足以应付开支时，政府必须在外汇市场将美元兑换成港元。每当这个时候，金融炒家大量抛售港元，而金管局代表政府买入大量廉价港元是常规操作。

高手过招重在实力、决心和谋略。双方首次过招，以金管局的小胜宣告结束。据 1998 年 7 月底的数据显示，香港的外币存款总额达到 965 亿美元，位居全球第三，中国大陆则位居第二，大概有 1400 亿美元。7 日星期五下午 4 点 30 分，汇率稳定在 1 美元兑 7.75 港元左右的水平上。同时，股市受挫程度较小，期指跌幅微不足道，国际炒家空手而归。[③] 但是，他们不达目的决不罢休，其瞄准的下一个目标是证券市场。

如果任由炒家兴风作浪，操纵证券市场，加之来自俄罗斯和日本的坏消息接踵而至，香港可能会爆发恐慌性抛售。8 月 14 日，为了维持香港的金融稳定和保护投资者利益，香港特区政府正式干预股市，展开了一场破釜沉舟的"世纪博弈"。

港府的博弈对手方是被香港人称为"金额巨鳄"的以索罗斯为首的国际金融炒家，他们拥有做空泰铢的成功经验，试图在香港再显身手。当天（星期五），香港特区政府突然采取行动，动用外汇基金和土地基金，进入股市和恒生指数期货市场大举买入，导致恒生指数反弹 560 多点，涨幅 8%，收于 7224 点。从 8 月 14 日至 8 月 28 日，政府军进行了全面围剿和步步紧逼的激烈追击。8 月 26 日，香港特区政府为了摸清敌情，进行了试探性进攻。当天，15 点 30 分打着买家旗号的政府军突然变脸，撤回所有股票现货和指数买入，积极卖出恒指期货，导致炒家纷纷效仿。短短两分钟，恒生指数暴跌 160 点，恒生期货下跌近 300 点。刹那间，政府力量又改变了方向，再次入市大量买入股票和期货合约，

---

① 王伟群：《21 年前的今天，那场惊心动魄的香港保卫战！》，载《中国青年报》2019 年 9 月 22 日。

② 参见张燕：《亲历者鄂志寰　香港金融保卫战：港府对决索罗斯》，载《中国经济周刊》2018 年第 50 期。

③ 王伟群：《21 年前的今天，那场惊心动魄的香港保卫战！》，载《中国青年报》2019 年 9 月 22 日。

使恒指重上 7000 点。① 经此试探，特区政府发现炒家实力非凡，大敌已兵临城下，决战在即。

两军交战勇者胜。28 日是恒指期货的结算日，决战正式打响。当日每 5 分钟报价的恒生指数均价是恒生指数期货的结算价，因此结算价要上涨，恒生指数走势必须保持稳定。为了实现这一目标，政府军必须尽最大努力护盘和防御。那一天，数百万香港人目不转睛地盯着恒生指数的波动，都在关注这一历史性时刻，同时，提心吊胆、惴惴不安。战斗于上午 10 点打响。政府军和金融炒家立即在"香港电讯"和"汇丰控股"上展开了正面交锋。炒家抛盘惊涛骇浪、汹涌澎湃，政府军则组织有序、精锐尽出、摧城拔寨，来者不拒，照单全收。开市仅 5 分钟，成交额就高达 30 亿港元！此外，政府军全面采取守势，同时对 33 只恒生指数成分股设立了买盘防线。中午 12 点收市前，战斗愈演愈烈，趋于白热化，大量欧洲基金入市，与此同时，炒家疯狂抛售多只蓝筹股，如"中国电信""长江实业"等。午市收市时成交额达 409 亿港元。随着股市在下午开盘，这场战斗变得更加激烈。特区政府严阵以待，炒家纷纷抛售，平均每分钟有价值 3.5 亿元的股票易手。下午 4 点，恒生指数终于收于 7829 点，真是激动人心的四个小时。当日香港股市成交总额达 790 亿港元，创历史新高，恒指期货最终收于 7851 点结束战斗。②

总而言之，上述 10 个交易日，香港特区政府动用了约 1200 亿港元的外汇储备，推动恒生指数上涨 1169 点。在期指市场，炒家蒙受了约 12 亿港元的损失，而香港特区政府实现了约 20 亿港元的盈利。③ 在香港特区政府与国际炒家的这场世纪豪赌中，以港府取得重大胜利而告终。

法律问题

1. 从经济法产生的根源和历史发展的角度分析香港金管局与国际金融大鳄对赌干预汇市、股市和期货市场的正当性。

2. 以本案为例分析经济法的部门法特征。

法理分析

1. 香港金管局与国际金融大鳄对赌干预汇市、股市和期货市场的正当性

因为在资源配置方面，各国普遍采取"双手并用"的手段，不但会运用国家（或政府）的"有形之手"，还会运用市场的"无形之手"，所以，怎样充分发挥市场在资源配置中的决定性作用和更好地发挥政府作用，即如何处理好政府与市场的关系成为各国必须切实解

---

① 鄂志寰：《香港金融保卫战：港府对决索罗斯》，载《中国经济周刊》2018 年第 48 期。
② 叶奇元：《铭记 1998：香港打响金融保卫战》，载《经济参考报》2007 年 6 月 29 日。
③ 同上。

决的重大现实问题。经济法①正对此发挥举足轻重的作用。②

事实上，不论是政府之手还是市场之手，都可能存在资源配置方面的低效或无效的情况，进而引发"两个失灵"问题的出现。一是伴随市场经济的发展，外部效应、妨害竞争、信息不对称、公共物品不足等现象日益显著，进而导致市场之手不能有效发挥作用；二是市场机制本身无法有效解决诸如币值稳定、公平分配等问题，因而，市场失灵现象的匡正需要借助政府之手实现。

但是，由于权力天然存在滥用的倾向，权力寻租、体制不健全等因素，导致政府在干预市场资源配置方面也可能存在低效或者无效现象，而要矫正政府失灵，唯有以立法方式限制政府权力，让政府依法干预、适度干预、谨慎干预，不得违法干预、随意干预或者躺平不干预，这个新的约束政府干预市场的法律部门就是经济法。而这"两个失灵"恰恰是经济法产生的社会根源和经济根源。

从宏观的角度看，市场失灵会导致产业失衡，进而引起结构失衡。各类经济结构的失衡，将会导致总量失衡，对此需要按照社会发展目标与一定的经济目标，实施有效的宏观调控。广义的政府是在宏观层面对经济运行进行调节和控制的主体，受许多因素的影响，政府在调控方面可能会出现失灵的情况，唯有依法调控，政府失灵的问题才能得到有效抑制和矫正，若要依法调控，势必要制定宏观调控法，运用宏观调控法来解决市场总量和结构失衡的问题，因此，宏观调控法成为经济法的一个重要二级法律部门。

从微观的角度看，市场经济是竞争经济，市场主体能否在市场经济的竞争中生存下去，各市场主体可谓是各显其能，去芜存菁，优胜劣汰。部分市场主体意图在竞争中胜出，可能会违背诚实信用原则，采取假名冒牌、虚假宣传、窃取商业秘密、寄生竞争等非法方式进行竞争，从而致使竞争无效，破坏市场的整体秩序，所以，必须制定市场规制法对此类违法竞争行为进行严格规制，由此，诞生了经济法的另一个重要二级法律部门——市场规制法。

作为现代国家的两大经济职能，市场规制与宏观调控两者的方向、目标、性质等在根本上是一致的，因此，也使与其相对应的市场规制法与宏观调控法紧密关联。此外，市场规制与宏观调控领域产生两类社会关系，即市场规制关系与宏观调控关系，应分别由市场规制法与宏观调控法进行调整，且成为新兴的部门法经济法的调整对象。③

本案例中，香港特区政府在汇市、股市和期货市场动用 1200 亿港元与国际金融大鳄对赌，在 10 个交易日将香港恒生指数上拉 1169 点，让国际金融大鳄幻想做空恒生指数，收割离场的目的落空，最终国际炒家损失约 12 亿港元，黯然离场。香港特区政府动用财政资金干预汇市、股市和期货市场的目的是稳定香港的联系汇率制度，防止股市和期货市场过度波动对经济造成伤害，同时，也是对国际金融大鳄跨市场操纵证券和期货市场的当头棒喝，对潜在炒家产生了巨大的威慑作用，让类似投机炒作行为不会再次重演。

①　经济法是在资本主义从自由竞争阶段向垄断阶段过渡过程中产生的，是解决现代市场经济问题的现代法。

②　《经济法学》编写组：《经济法学》（第二版），高等教育出版社 2018 年版，第 10 页。

③　《经济法学》编写组：《经济法学》（第二版），高等教育出版社 2018 年版，第 12 页。

本案例说明，政府具有维护市场稳定、促进经济发展的职责和权限，一旦市场失灵，政府就可以依法进行干预，政府对市场进行干预已成为各国的普遍规律，这也证明了经济法是国家旨在克服市场调节的盲目性和局限性而对整体性和社会公共性经济关系进行干预的学说①的正确性。当市场出现剧烈波动，面临经济危机的时候，譬如外汇市场、证券市场和期货市场出现大规模投机炒作行为，严重威胁经济和社会稳定，政府可以直接动用外汇储备和财政资金参与公开市场操作，维护市场的正常运行，促进经济平稳、健康发展。在本案例中，香港特区政府采用的是公开市场业务的经济手段，稳定证券和期货市场，这恰恰属于宏观调控的一种重要方式，是经济法的两个重要组成部分之一——宏观调控法的应有之义。

2. 经济法的部门法特征

经济法是调整现代国家在进行市场规制与宏观调控的过程中发生的社会关系的法律规范的总称。经济法作为部门法具有以下特征：

（1）经济性。经济法调整的经济关系是具有国家意志性与整体性的经济关系，这与民法调整的平等主体之间的经济关系有明显不同。

香港特区政府动用外汇储备和财政资金在公开市场业务上买卖外汇、股票与期货，其目的是维护汇率、证券与期货市场的稳定，是为了打击投机炒作行为，是一种典型的全局性和社会公共性的经济关系，具有明显的经济性。

（2）规制性。经济法作为经济公法，通常运用引导和强制等规制方式干预经济生活，以克服市场失灵。市场规制法主要采用国家强制的方式进行干预，譬如禁止垄断与不正当竞争行为，其规制力度最强，具有典型的法律刚性特征。宏观调控主要采用税收优惠、金融扶持、利率引导等间接经济调节手段，引导市场主体的决策符合国家的宏观调控目标，以实现整体经济的协调、稳健和可持续发展。由于宏观调控本身也是一种规制，因此，宏观调控法也具有非常突出的规制性。

香港特区政府以期确保香港的长期繁荣稳定，维护经济的平稳、健康发展，在国际金融大鳄进行跨市场操纵的时候，动用巨额财政资金进行对赌，以政府之手对市场进行干预，公开参与市场操作，稳定恒生指数，属于政府参与宏观调控，具有经济法的规制属性。

（3）现代性。与经济法的出现相对应的社会发展阶段不是现代市民社会，而是一个多元化的现代社会。市场经济的充分发展，加之需要新兴部门法来解决市场失灵等问题的存在，这是经济法产生的一个重要先决条件。倘若市场机制完全可以实现自发的调节，整体运行情况良好，那么经济法便无从产生。②恰恰是因为市场经济的充分发展，特别是资本主义从自由竞争阶段过渡到垄断资本主义阶段以后，市场失灵现象因公共物品供应不足、负外部性、垄断等问题出现，尤其1933年发生了世界上最大的一次经济危机之后，各国开始制定政府干预经济生活之法以矫正市场失灵，由此，诞生了一个新兴的法律部门——

---

① 李昌麒：《经济法——国家干预经济的基本法律形式》，四川人民出版社1995年版，第28页。
② 《经济法学》编写组：《经济法学》(第二版)，高等教育出版社2018年版，第17页。

经济法，经济法是随着新型经济关系的出现，因传统民商法和行政法无法进行有效调整而诞生的新型法律部门，具有明显的现代性。

香港法律属于英美法系，没有严格的部门法划分，所以，经济法这一概念在香港并不存在。本案中，香港特区政府动用外汇储备和财政资金参与公开市场业务，稳定恒生指数的行为是一种典型的政府干预市场资源配置，克服市场失灵的宏观调控行为。可见，香港虽然没有形式意义上的经济法概念，但是实质上却运用了经济法概念，并且香港特区政府已在实际的经济活动中能娴熟地予以应用。因此，无论是英美法系国家和地区，还是大陆法系国家和地区，运用政府之手干预经济活动以矫正市场失灵的新型法律部门——经济法已成为一种普遍的客观存在。因为市场经济运行的多变性、复杂性和高风险性，政府对经济规律的认识也在不断深化，由此采取的干预手段也日益丰富和多元。比如，香港特区政府对汇市、股市和期货市场采取的与国际金融大鳄对赌的干预措施就是前所未有的经济法手段，具有典型的现代性特征。

二、"十四五"规划对经济社会发展前景、目标与中国经济法的谋划

案事例介绍 1-2①

"十四五"规划期（2021—2025 年），是我国在全面建成小康社会取得伟大历史性成就的前提下，向现代化目标进军的第一个五年的行动纲领，居于承前启后全面建设社会主义现代化国家新征程的关键时期。"十三五"时期，中国经济发展在从高增长转向高质量发展中迈出了坚实的步伐，前所未有的困难和挑战也随之而来。中国经济发展所面临的国内外环境已发生深刻变化，世界经济在国际金融危机后增长趋势衰退。此外，国内市场需求也呈现下行势态。囿于国内外需求持续疲软的束缚，中国经济增速持续回落。新冠疫情给经济发展带来了巨大的挑战，2016 年中国 GDP 增速为 6.7%，但 2020 年的 GDP 增速下降到 4%。是否可以切实把控经济下行趋势，开创经济增长平稳回升的新局面，是从"十三五"规划向"十四五"规划迈进的一项十分重大而紧迫的任务。

科学合理确定中国经济的增长目标，是"十四五"规划需要认真思考的一个关键性问题。到目前为止，一些经济学家通过各种研究得出的中国经济增长率进入换挡期的论断，依旧起着至关重要的作用；在确定年度宏观调控目标方面，依旧对要提高对经济增速下行的容忍度进行强调。可事实上，伴随经济增速下滑至 6% 以下，就业压力增大，企业的效益状况每况愈下，财政特别是地方财政的收支平衡难度不断增加，银企间的债务关系呈现恶化趋势。以上现象均说明，如果经济增长率跌破 6% 且继续下滑，将有很大概率滑出合理增长区间，因此造成的宏观经济环境的恶化，将会对节能减排等转向高质量发展以及企业转型升级，带来严峻挑战和影响，有可能会陷入经济全面衰退的境况。所以，对中国经济当前所处的发展阶段必须进行科学评估、判断，对中

---

① 本案例来自《十四五规划经济社会发展前景与目标研究》，载中经汇成产业规划网：http://www.chanyeguihua.com/3520.html，最后访问日期：2023 年 9 月 13 日。

国经济的潜在增长率作出准确预判,以此精准确定在"十四五"期间中国经济的增长目标以及相应的增长速度。

(一)"十四五"规划中"美丽中国"的目标

党的十九大报告对生态文明建设和生态环境保护提出了新目标[①],建设"美丽中国",以生态环境优美为根本标志与核心要求,是推进生态文明建设的本质特征。

(二)"十四五"规划期中国经济发展分析展望

基于"十三五"时期的经济发展,展望"十四五"规划,整体研判,确定我国目前尚处于工业化、城镇化、信息化和农业现代化持续较快推进的历史阶段,经济有必要也有能力保持较快发展势头。在渡过新冠疫情对全球经济秩序带来前所未有的冲击、顶住贸易保护主义和逆全球化风潮冲击以及渡过国际金融危机影响期,特别是依靠中国经济增长回升向好的拉动,将给世界经济带来强大动力,国际贸易也将同步复苏。预计我国出口环境将逐步改善,出口增速也将逐步有所好转。伴随新型城镇化持续推进,逐渐转向以城市群为推进城镇化的主体形态,完善市政基础设施和公共服务设施,科学定位城市功能与产业分工,制定新时期的合理规划。较"十三五"期间,预计经济增长水平将有所提升。

(三)"十四五"期间中国经济发展的重要特征分析

(1)经济增速平稳上升,社会各领域对经济增长的共识会显著增强。

(2)城镇化进入深入发展的关键时期。

(3)加速推进新型工业化进程,产业发展进入活跃期。

(4)经济发展与生态环保执法二者的关系得到明显改善。

(5)推进深层次、宽领域改革,协调推进法治建设和体制机制建设。

(6)人口老龄化程度不断加深,成为亟须解决的重大课题。

(7)改变传统增长模式和增长动力,加快培育新的增长点。

(8)国际环境发生深刻变化,面临全球治理体系重塑的新问题。

(四)"十四五"发展规划的总体思路与要求

(1)全面深化改革,完善社会治理体系。

(2)进一步推进高水平对外开放。

(3)系统强化科技创新和制度创新。

(五)"十四五"期间中国经济发展的主要目标分析

(1)潜在经济增长出现下行的态势,辅以系统性的改革举措有望保持8%左右的年均

---

① 到2035年,生态环境根本好转,美丽中国目标基本实现;到本世纪中叶,把我国建成富强民主文明和谐美丽的社会主义现代化强国,物质文明、政治文明、精神文明、社会文明、生态文明将全面提升。

增长率。

（2）现代产业体系建设取得进展，产业结构优化升级取得进展。

（3）城镇化率进一步提高，城镇化质量大幅提升。

（4）发展质量和效率有效提升，增长的协调性稳步提高。

（5）生态环境质量显著改善，开创美丽中国建设新局面。

（六）推进"十四五"期间经济社会发展的政策建议

（1）推动绿色发展，促进化石能源消费减量。

（2）坚持创新驱动，不断推进转型升级。

（3）坚持体制机制改革，不断优化资源配置。

（4）坚持扩大开放，进一步融入全球化发展。

法律问题

1.《国民经济与社会发展第十四个五年计划纲要》与经济法有怎样的契合关系？

2. 经济发展目标和社会发展目标有何不同？二者是否均属于经济法的调整对象？

法理分析

1. 经济法是保障"十四五"规划实现的手段和卫士

经济法的核心内容是指经济法的调整对象主要包括两方面：一个是宏观调控关系，另一个是市场规制关系。"十四五"规划是"十四五"时期我国经济社会发展的指导纲领。"十四五"规划与经济法的目标均是促进国民经济高质量发展，具有目标方向的高度契合性。经济法是以法律手段保障国民经济高质量协调发展，防止经济发展过程中政府滥用行政权力的越权、滥权和不作为行为。经济法既能以法制手段保障政府经济干预权的实现，又能约束政府只能在法律允许的范围内依法进行干预。市场规制法的目的是维护公平的市场竞争秩序，宏观调控法的目的是促进国民经济的持续协调发展，经济法的这两个二级法律部门在促进国家"十四五"规划目标的实现方面发挥着基本的法治保障作用。因此，可以说，经济法是保障"十四五"规划实现的手段和卫士。

2. 经济发展目标与社会发展目标的不同

经济发展是指通过改善经济体制、提高科技水平、增加劳动生产率等手段，保持经济的稳定增长和可持续发展。经济的繁荣和人民生活水平的提高有赖于经济的发展，将经济总量做大、重在发展，是经济发展的目标。例如，提高就业率、减少贫困、促进贸易和投资等都是经济发展目标的重要内容。社会发展的目的在于化解因为高度发展的经济而造成的各种社会负效应，以强化社会各系统的作用。

经济发展与社会发展的关系表现为：一是社会发展的重要前提是经济的发展，社会的发展离不开经济的发展，没有高度发达的经济作为基础，任何优越的制度都不能体现其优越性。二是社会发展是经济发展的目的和重要保证。经济的增长与发展是手段，而不是目的，以经济的增长和发展，满足人们不断增长的物质需求、增进人民福祉、激发和挖掘人的潜能。换句话说，即经济发展的目的是社会发展；与此同时，保持社会环境的稳定有序，经济发展才能得以顺利进行。所以，经济发展依赖于社会发展的保障。

经济法的主要目标是以国家干预的方式，实现经济的可持续协调发展，它与经济发展目标具有高度的一致性和契合性。而社会发展的目标是改善社会福利制度、保障老弱病残等弱势群体的生存和发展需要，而社会福利、社会救助、社会优抚和社会保障关系一般由社会法调整，社会法的特征主要是社会性、公平性和保障性。

✎ 思考题

案例①　据统计，2012—2021 年，全国一般公共预算收入从每年 11.73 万亿元增长到每年 20.25 万亿元，年均增长 6.9%，为实现第一个百年奋斗目标提供了坚实的财力保障。与此同时，全国财政支出规模也在逐年扩大，全国一般公共预算支出从 2012 年的 12.6 万亿元增长到 2021 年的 24.63 万亿元，10 年累计 193.64 万亿元，年均增长 8.5%，有力促进了经济社会事业全面发展进步。

10 年来，财政宏观调控不断完善，精准实施了减税降费，科学安排政府债务规模，全面落实"过紧日子"要求，从严控制一般性支出，腾出更多财政资源保重点、补短板，创新建立并常态化实施财政资金直达机制，推动财力下沉，支持经济社会发展行稳致远。财政部强化资金保障，集中财力办大事，支持科技自主自强，加强基本民生保障，促进城乡区域协调发展，支持打赢脱贫攻坚战，着力解决发展不平衡、不充分问题，推动构建新发展格局和实现高质量发展。

这 10 年，税收改革全面发力，纵深推进，我国已初步构建了优化高效统一的税收征管体系。党的十八大以来，在减税降费等宏观政策的综合作用下，全社会创新创业活力持续激发，全国新办涉税市场主体累计达到 9315 万户，每年增加逾千万户，增值税一般纳税人户数由 2015 年底的 544 万户增长至 2021 年底的 1238 万户。

问题：

1. 财政法是否属于经济法的组成部分？为什么？
2. 以该材料为例，分析宏观调控法在促进经济高质量发展中的重要作用。

---

① 本案例来自赵丽梅：《中国财政十年之变："蛋糕"越做越大　保障更精准有效》，载《中国青年报》2022 年 5 月 18 日。

第二章 经济法的体系和地位

一、中国特色社会主义法律体系已经形成的标志

📖 **案事例介绍 2-1**①

2011 年 1 月 24 日上午，中共中央政治局常委、全国人大常委会委员长吴邦国郑重宣告：中国特色社会主义法律体系已经形成。

宪法、法律、法规共同构成我国法律体系。我国法律体系好比一棵大树，树身是宪法，保证宪法实施的宪法相关法部门、行政法部门、民法商法部门、社会法部门、经济法部门、程序类法律与刑法部门七个法律部门为主干。行政法规和地方性法规是在主干上面的旁枝；这棵法律之树上的每颗果实都代表着一项相应的法律制度。

三个标志彰显着中国特色社会主义法律体系的形成：第一，层次完备，涵盖全面。我国法律体系涵盖社会生活各个方面，各个方面的法律部门已经齐全。第二，具有鲜明的社会主义特色，是我国经济、政治、文化和社会制度的法律化。第三，具有鲜明的时代特色。这是几代人共同努力的结晶。早在改革开放初期，邓小平就提出了要依法治国，实现"有法可依，有法必依，执法必严，违法必究"的十六字方针。1997 年，党的十五大提出：到 2010 年要形成中国特色社会主义法律体系。并提出三个阶段的立法任务：1998 年至 2003 年，初步形成中国特色社会主义法律体系；2003 年至 2008 年，基本形成中国特色社会主义法律体系；2008 年至 2010 年，形成中国特色社会主义法律体系。

中国特色社会主义法律体系的形成，标志着我国从无法可依到有法可依的历史性转变，是全面落实依法治国基本方略的前提和基础，具有重大的现实意义和深远的历史意义。

💬 **法律问题**

1. 经济法能否作为一个独立的法律部门？它与民商法、行政法的主要区别是什么？
2. 谈谈经济法的体系是如何构成的？

---

① 本案例来自法言：《判断法律体系形成的主要标志——话说中国特色社会主义法律体系的形成（二）》，载《中国人大》2011 年第 12 期。

✍ 法理分析

1. 经济法是一个独立的法律部门

法律部门是一个典型的学理意义上的概念，法律部门的划分是学者对法律规范进行归类分析和系统化研究的一种方法。学者们通过法律部门的划分，集中研究具有同样特质的法律，它是法学专业分类的基础。经实践检验，该方法是一种切实有效的逻辑方法，对于法学研究资源的优化配置和利用、立法者设计法律体系和制定立法规划、学者们在法学研究过程中的分工与合作，以及执法、司法机关具体的法律适用具有积极作用。

作为大陆法系法学的传统范式的法律部门理论，也是典型的概念法学理论的成果。就继承大陆法系传统而言，苏联法学理论研究中将调整对象作为法律部门划分的基本标准的理论被我国特别接受了，并且将其视为经典教义，迄今毫无保留地予以接纳。法律部门理论作为一种体系化、规范化的工具，事实上是一种分工理论，对于法律知识的系统化和逻辑化构建发挥着关键作用，彰显着法律的知识理性。

主流观点认为，部门法的划分主要以调整对象为标准，调整社会关系的法之所以被划分为不同的部门，是因为社会关系可以划分为不同的类型。任何一个独立的法的部门，必有自己特定的调整对象；倘若没有特定的调整对象，便不能成为一个独立的法的部门。法的部门的划分标准，取决于法的调整对象。

依据上述标准，市场规制关系与宏观调控关系是经济法的独特调整对象。在市场经济体制下，市场配置资源也是最有效的，市场在资源配置中起决定性作用。可是市场也不是无所不能，也常常出现因自身弊端导致市场失灵的现象。法治化的国家干预，可以有效弥补市场失灵。当代市场经济是国家干预与市场调节内在统一的"混合经济"，而不是纯粹的市场调节经济或者纯粹的国家干预经济。市场体制的两大核心要素包括市场调节与国家干预，市场体制是否建立健全决定着市场经济能否发展，也就是国家干预和市场调节能否协同合作，相辅相成。即使市场调节对于资源配置起着决定性作用，可相比于国家干预，市场调节稍显无力，所以市场调节是否存在、如何开展、范围大小、是否有效，从根本上取决于国家干预。确立和规范国家干预，实现国家干预的法治化，更好发挥国家干预的作用以服务于市场调节，是建立健全市场体制的侧重点和着力点。换言之，市场调节和市场体制的建立健全，取决于法治化的国家干预。而经济法就是这方面的法律。①

经济法是法律体系的重要组成部分，作为一个独立的法律部门，同其他法律部门既有联系也有区别。

(1)经济法与民商法的关系。经济法与民商法都是调整社会经济关系的基本法律部门，二者有以下不同：

第一，经济法与民商法的调整对象不同。平等主体之间的人身关系与财产关系是民商法调整的对象，私人性、微观性、平等性和自治性是该种社会关系具有的特点；市场规制关系与宏观调控关系是经济法调整的对象，公共性、宏观性、不平等性和干预性是该种社会关系具有的特点。

① 《经济法学》编写组：《经济法学》(第二版)，高等教育出版社 2018 年版，第 39 页。

第二，经济法与民商法的主体性质不同。民商法的主要主体都是私人主体，包括法人和自然人；与市场规制、宏观调控有关的当事人是经济法的主体，包括市场规制机构、宏观调控机构和被规制、被调控的市场主体。

第三，经济法与民商法的权利(力)范畴不同。知识产权、债权、物权等属于民商法上的权利范畴，它们可以由当事人自由行使、自行约定，亦可以转让或放弃的一种私权利；宏观调控权和市场规制权是经济法上的主要权力，它们是一种要遵循法律规定、按部就班履行的公权力，不能转让、不能放弃。

第四，经济法与民商法的构成要素不同。民商法涵盖《物权法》、《知识产权法》、《侵权责任法》、亲属法、《企业破产法》、《公司法》、《海商法》、《保险法》等；市场规制法与宏观调控法则是经济法的主要的构成。

第五，经济法与民商法的法律属性不同。民商法以意思自治为圭臬，以私权为本位，以保护私权为目的，以私人为主体，从本质上讲，它是一种典型的私法，是一种自主调整机制的法；而经济法具有公法的属性，其以宏观全局为本位，以促进社会公共利益为目的，以公职机构为主体，以促进社会协调为宗旨，从本质上讲，它是一种社会整体调整机制的法。

(2)经济法与行政法的关系。行政法与经济法都是法律体系的重要组成部分，都调整纵向的不平等的社会关系，但二者之间的区别也很明显：

第一，行政法与经济法的调整对象不同。行政管理关系是行政法主要的调整对象，通过明确行政责任、规范行政行为、控制行政权力，保障行政机关正常运行。市场规制关系与宏观调控关系是经济法的调整对象，其是一种政府干预市场旨在克服市场失灵的国家意志性经济关系。市场规制关系与宏观调控关系亦不属于行政命令关系，行政隶属关系不存在于规制主体与规制受体、调控主体与调控受体之间。

第二，行政法与经济法的主体不同。行政机关和行政人员是行政法的主体。与市场规制、宏观调控有关的当事人，是经济法的主要主体，具有经济调节职能的政府部门是涉及其中的主要国家机构。在经济法领域，进行市场规制与宏观调控的主体应具有较大的独立性，有的甚至要去行政化，如中央银行、反垄断机构等。

第三，行政法与经济法涉及的权力不同。因为行政所针对的社会关系具有特殊性，进行实体立法有较大难度，所谓的依法行政主要是按照行政程序行使行政权，可以说自由裁量权就是行政权的本质。行政权即决定、支配其他行政相对人的权力，在行政法关系中，行政权是一种主导性权力。市场规制权与宏观调控权是经济法领域的主要权力，它们作用的社会关系具有普遍性，法律可以作出较为详尽的规定，应依法行使，进一步压缩自由裁量权的空间。

第四，行政法与经济法的构成要素不同。行政法的基本构成要素包括行政组织法、行政程序法、行政诉讼法和国家赔偿法。经济法的构成要素主要是宏观调控法和市场规制法，其调整的是宏观调控关系和市场规制关系。

第五，行政法与经济法的宗旨不同。政府本身是行政法规制的重心与关注的核心，着重于解决政府失灵的问题，管理行政机关、限制政府权力是行政法规制的目的。市场秩序和市场运行是经济法调控的核心和规制的重心，着重解决市场失灵的问题，进而确保市场经济自由、公平、竞争、有序、协调发展是经济法调控规制的最终目的。

第六，两者追求利益的方式不同。社会公共利益是经济法与行政法的共同追求。可对于社会公共利益的追求，两者有不同的着力点、途径和方式。行政法实现社会公共利益是通过明确行政责任、规范行政行为和限制行政权力的方式。经济法通过市场规制反垄断和反不正当竞争，通过宏观调控克服市场的盲目性和无序性，来确保市场经济自由、公平、竞争、有序、协调发展，保持社会整体秩序稳定，促进社会共同利益。①

2. 各类经济法规范所构成的和谐统一的整体，就是所谓经济法的体系

普遍来讲，部门法的体系构成主要由其调整对象决定，经济法的体系构成亦如此。在国家进行宏观调控和市场规制过程中产生了两种不受传统部门法调节的社会关系，即市场规制关系与宏观调控关系，这两类社会关系都需要由新兴的经济法调整，从而使两类经济法规范得以形成，即调整市场规制关系的市场规制法规范和调整宏观调控关系的宏观调控法规范，前者可以统称为市场规制法，后者可以统称为宏观调控法。②

依据具体调整对象，宏观调控法和市场规制法还可以做进一步的分类。世界各国在宏观调控领域，主要采取财税、金融和计划这三类经济政策和经济手段，进行间接调控，从而形成了财税法、金融法和计划法三个二级法律部门。各国在市场规制领域，主要运用消费者政策与竞争政策来实施直接规制，从而形成了《消费者权益保护法》《反不正当竞争法》《反垄断法》三个二级法律部门。诚然，依据部门法原理，上述部门法还能够进一步细分。

二、建立并不断完善社会主义市场经济法律制度

📖 **案事例介绍 2-2**③

中国实行社会主义市场经济是不断创新和完善制度的过程，也是一个不断解放思想的过程，更是一场伟大的革命。全国人大及其常委会围绕建立和完善社会主义市场经济体制，加强立法工作，破除重重困难，用法律手段促进生产关系同生产力、上层建筑同经济基础相适应，促进经济社会持续健康发展。社会主义市场经济法律制度激发了广大人民群众的创造性，增强了社会活力，人民生活水平有了明显提升，国家综合国力有了明显增强，国际地位有了显著提升。

改革开放之初，为适应社会主义现代化建设需要，建立市场经济法律制度的任务迫在眉睫。全国人大及其常委会从 1979 年到 1982 年，有 12 个经济类法律、法令通过。《个人所得税法》《中外合资经营企业法》《外国企业所得税法》《商标法》《经济合同法》等是其中有代表性的立法。第六届全国人大及其常委会制定的 37 件法律中，有 10 件关于对外开放的法律，有 22 件关于经济方面的法律。这一时期的一项重大立法成就，就是制定《民法通则》。这部法律包括法人制度、财产所有权制度、债权制度、民事责任制度等，确立了我国民事法律的基本制度，是促进商品经济发展的制度保障，同时也为确立社会主义市场

---

① 《经济法学》编写组：《经济法学》(第二版)，高等教育出版社 2018 年版，第 43~44 页。
② 《经济法学》编写组：《经济法学》(第二版)，高等教育出版社 2018 年版，第 29 页。
③ 本案例来自信春鹰：《改革开放 40 年全国人大及其常委会的立法工作》，载《求是》2019 年第 4 期。

经济体制构建了制度基础。

第七届全国人大常委会五年间通过了《宪法修正案》，制定法律 59 件，通过了关于法律问题的决定 27 个；其中，有 21 件关于经济方面的法律，涉及《著作权法》《全民所有制工业企业法》《中外合作经营企业法》《税收征收管理法》《外商投资企业》《外国企业所得税法》《产品质量法》《海商法》等一些对中国经济发展以及改革开放有典型意义的法律法规。

1993 年《中共中央关于建立社会主义市场经济体制若干问题的决定》明确提出，建立和完善社会主义市场经济体制，必须有完备的法制来规范和保障。第八届全国人大及其常委会坚持把经济立法放在最重要的位置，积极协调解决立法工作中遇到的重大问题和实际困难，围绕市场经济体制的主要环节，建立完善社会主义市场经济法律体系框架。五年间共通过 85 件法律，其中有 33 个关于法律问题的决定。

党的十五大把"依法治国"确立为党领导人民治国理政的基本方略，并提出到 2010 年形成中国特色社会主义法律体系的立法工作目标。第九届全国人大及其常委会五年间共审议法律、法律解释和有关法律问题的决定草案 124 件，113 件得以通过，进一步充实和完善了有关社会主义市场经济的立法。在此期间制定了《合同法》，规范市场交易关系、维护交易秩序；制定了《农村土地承包法》，用法律形式维护农村土地承包当事人的合法权益。履行世界贸易组织条约义务，对《著作权法》《商标法》《专利法》进行修改，强化知识产权保护，进一步完善和落实知识产权保护的各项制度。

第十届全国人大及其常委会五年间共审议 106 件宪法修正案和其他法律案，其中 100 件被审议通过。在此期间制定的《物权法》，经历八次审议，清除了来自社会不同方面的阻力。当时有一种观点认为，制定《物权法》是对资本主义的认可，将资本主义合法化了，对于《物权法》，社会主义国家不应该制定。反之，另一种观点认为，保护私有财产是《物权法》的核心，私有财产应该被上升到"神圣不可侵犯"的高度。全国人大常委会坚持正确的政治方向，以宪法为依据，坚持社会主义基本经济制度，遵循平等保护原则，确立了中国特色社会主义物权法律制度。在此期间还制定了《企业破产法》，其适用于所有企业法人，对企业有序退出市场进行有效规范。制定了反对垄断和保护竞争的法律，即《反垄断法》，《反垄断法》是维护市场竞争的主要法律手段，是为预防和制止垄断行为，保护市场公平竞争，坚决禁止滥用行政手段和权力排除、限制竞争的法律。

第十一届全国人大及其常委会在提高立法质量的前提下，一方面抓法律的制定和修改，在制定新法律的同时注重现行法律的修改完善，另一方面抓与法律体系相关工作的整体推进，集中开展法律清理工作。五年间共审议 93 件法律、法律解释和有关法律问题的决定草案，其中 86 件被审议通过。在此期间制定了《循环经济促进法》《社会保险法》《企业国有资产法》《农村土地承包经营纠纷调解仲裁法》《车船税法》《涉外民事关系法律适用法》《侵权责任法》等。

随着改革开放的不断深化，我国不断完善社会主义市场经济立法。一是通过制定企业法与《公司法》，推进市场主体资格制度的建立健全。市场主体是社会主义市场经济运行的首要条件，《公司法》等法律的制定对于建立社会主义市场经济体制具有十分重要的影响力。当苏联还在因经济制度聚讼纷纭时，中国的社会主义市场经济主体问题通过制定《公司法》等法律快速且安全地解决了。《公司法》建立了现代企业制度，为公司的设立和运作提供了法律依据。自从制定《公司法》后，规范市场主体的行为开始以企业的投资方式和责任形式来展开，《个人独资企业法》《合伙企业法》均采取这种立法方式，作为市场经济中的平等竞争者，所有企业都必须根据现行的市场规则运行。二是制定了《物权法》等尊重和保护财产权的法律，保护市场主体的财产权益。社会主义市场经济不仅离不开市场主体，更离不开作为经济活动客体的财产。产权清晰并受法律的保护是社会财富增加的必要条件。三是制定了《合同法》等维护合同自由的法律，明确市场交易规则。在市场活动中，交易双方强迫对方接受自己的交易条件是不被允许的，所以市场经济最主要的法制基础是由合同法律制度构成。四是制定《反不正当竞争法》《反垄断法》等，确保国家适度干预市场。市场经济不受制约不可能保障市场秩序，所以政府必须适度干预，维护公平竞争的市场秩序，防止市场经济的自发性和盲目性所导致的弊端。五是制定了《社会保险法》等有关社会保障制度的法律，调整社会保障过程中发生的经济关系。为在市场竞争中失败的人，特别是为失业工人和没有竞争能力的社会成员提供基本的物质保障，这是社会保障制度的基本目的。把市场经济和社会主义在法律制度上结合起来，发挥政府调控作用，逐步实现市场在资源配置中起决定性作用，是中国特色社会主义法律体系的创举。

社会主义市场经济法律制度的逐步建立和完善，为国民经济高速健康发展提供了根本制度保证。[①] 改革开放 40 年，中国成功走出了一条有别于西方的现代化道路，具有重要理论意义和实践意义。就理论而言，西方世界主导的现代化发展理论被中国成功的改变了。该观点强调，以生产资料私有制为基础是现代化发展的前提，以多党轮流执政作为民主政治的要件，以竞争性选举作为获得权力的途径，以个人主义和个人自由为价值追求。该理论以及与之相适应的制度模式，被以美国为首的西方国家于第二次世界大战后在全世界实施，制造了所谓的"民主陷阱"，导致许多发展中国家因接受这种理论和制度，而陷入政治和经济双重困境。人民代表大会制度是全体中国人民深刻总结近代以来国家政治生活惨痛教训作出的选择，是中国人民掌握自己命运、当家作主的必然选择。改革开放 40 年取得的巨大成就充分彰显了中国特色社会主义政治制度符合我国国情和实际，具有旺盛的生命力。中国的成功在实践上为广大发展中国家提供了一个与西方国家不同的独特的现代化模式，为解决人类问题贡献了中国智慧和中国方案。

💬 法律问题

结合上述材料，谈谈经济法的重要性。

✍️ 法理分析

经济法在我国社会主义法律体系中有着重要的地位，是我国法律体系的重要组成部

---

① 从 1978 年到 2017 年，我国经济年均增长率为 9.5%，远远高于世界同期平均 2.9% 左右的水平，经济总量从 1978 年居世界第 11 位到 2010 年起稳居世界第 2 位，人均 GDP 从 1978 年的 156 美元提高到 2018 年的接近 1 万美元。我国的工业产值居世界第一位，在全球 500 多种主要工业产品中，我国有 220 多种生产能力居世界第一位。现在我国是制造业第一大国、货物贸易第一大国、商品消费第二大国、外资流入第二大国。

分。我国经济法对于社会主义市场经济体制的建立和发展具有重要推动作用，具体而言：

1. 促进了以公有制为主体、多种所有制经济的共同发展

以公有制为主体、多种所有制经济共同发展的基本经济制度是中国特色社会主义市场经济体制的根基。社会主义市场经济法律制度不断完善，推动了国民经济高速健康发展，促进了以公有制为主体、多种所有制经济的共同发展。改革开放 40 年，中国成功实践了一条不同于西方的现代化道路，具有重要理论意义和实践意义。[①]

2. 引导、推进和保障社会主义市场经济体制的建立和完善

加强立法工作，建立和完善社会主义市场经济体制，用法律手段推动生产关系同生产力、上层建筑同经济基础相适应，推动经济社会持续健康发展。社会主义市场经济法律制度激发了广大人民群众的创造性，增强了社会活力，使资本、知识、劳动、管理、技术等要素的活力竞相迸发，使人民生活有了明显改善，国家综合国力有了明显增强，国际地位有了明显提高。

3. 扩大对外经济技术交流和合作

中国中央政府对接世贸组织经贸规则体系，为了全面履行"入世"承诺，对 2300 多件法律法规进行清理，地方政府清理法律法规和政策文件 19 万余件，废除和修改了与世界贸易组织规则和中方承诺不一致的规定，形成了符合加入世贸组织要求的市场经济制度与政策体系。2001 年我国的进出口总额仅为 4.2 万亿元，2020 年达到了 32.2 万亿元。20 年间扩大了 6.6 倍，年均增长速度高达 11.3%。2001 年中国出口占全球比重的 4.3%，2020 年提高到 14.9%；全球排名也从第六位上升到第一位。[②]

4. 保证国民经济持续、快速、健康发展

《反不正当竞争法》《反垄断法》等法律的制定，确保国家适度干预市场。市场经济不受制约，便不可能使市场秩序得到保障，所以政府必须适度干预，承担维护市场秩序的职能，避免市场经济的盲目性和自发性所导致的各种违法行为，推进国民经济持续、快速、健康发展。

三、环境法在国家发展战略中的重要地位

案事例介绍 2-3[③]

对于环境问题的关注，源于人类在 20 世纪中后期萌发的可持续发展的理念。第一次

---

① 信春鹰：《改革开放 40 年全国人大及其常委会的立法工作》，载《求是》2019 年第 4 期。
② 赵晋平：《入世 20 年，对外贸易量质齐升成就中国大国经济地位》，载新京报社经济新闻官方账号：https：//www.bjnews.com.cn/detail/163894796514342.html，最后访问日期：2021 年 12 月 8 日。
③ 本案例来自翟勇：《环境法在国家发展战略中的重要地位》，载中国人大网：http：//www.npc.gov.cn/npc/c2597/c1628/c1713/201905/t20190522_56924.html，最后访问日期：2023 年 9 月 13 日。

环境与发展大会于 1972 年在瑞典斯德哥尔摩召开。随之,可持续发展问题和环境立法问题开始引发许多国家探讨,适应本国发展要求的环境法开始被部分国家制定。1987 年,"可持续发展"的定义在《我们共同的未来》中首次被提出,即"既满足当代人的需要,又不危及后代人满足其需要的发展"。该定义彰示,事关全人类当前和未来发展的重大问题的可持续发展的理念,胜过一切为寻求人类局部和短期利益的非战略性和战略性思考。1992 年 6 月,在巴西里约热内卢举行第二次联合国环境与发展会议时,为适应本国可持续发展要求,全球很多国家已经制定了适应本国要求的环境法,为应对全球环境问题,有关环境问题的国际公约及其议定书纷纷被国际社会制定出来。环境法规范的内容和调整对象包括因控制人类对环境的污染活动和人类在生产、生活中因利用自然资源而发生的人与人之间的权利义务关系。保护生物多样性,维持生态平衡,更好地利用自然资源,促进人与自然和谐发展是环境法的根本目的和宗旨。环境法的范畴包括有关资源管理的法律、有关污染防治的法律,以及与之相关的有关程序和政策方面的法律规范。具体包括有关保护生态安全的法律、有关资源和能源利用和管理的法律、有关控制污染的法律、有关海洋管理的法律和与之相关的有关程序、政策等方面的法律。

法律问题

1. 环境法能否成为一个独立的法律部门?
2. 谈谈环境法与经济法之间的关系。

法理分析

1. 环境法能否成为一个独立的法律部门,法学界对此尚未达成一致

但对于环境法是一个独立的法律部门,大部分学者已经认同,主要有如下原因:

(1)环境法有特定的调整对象。法的调整对象是法律部门划分的主要标志之一,即法所调整的社会关系。环境法是调整因环境资源的开发、利用、保护、改善和管理所形成的社会关系,简称环境社会关系。此种社会关系的产生和发展同人类环境和环境问题息息相关,这是环境法与其他法律部门本质的区别。

(2)环境法有其产生、发展和存在的特定原因。由于人为因素的干预导致人类赖以生存、发展的环境受到了污染、破坏,以及人与自然关系的冲突与失衡,这些都是环境法的产生、发展和存在的物质基础和根本原因。

(3)环境法有特定的目的、任务和功能。合理开发、利用环境资源,防止环境资源的污染和破坏,保护、改善生活环境和生态环境,确保人类生产效率和生活质量,促进经济社会的可持续发展,促进人与自然的和谐共生,是环境法的宗旨和任务。调整环境社会关系是环境法的特定功能,涵盖与环境有关的人与人之间的关系以及人与自然的关系。

(4)环境法已具备作为一个独立法律部门的体系、规模和地位。当前,我国环境法已经形成科学合理的环境资源法律体系。

(5)其他原因。科学性、公益性和综合性是环境法所具备的特征,环境法有其独特的理论基础以及特定的调整机制和行政执法机构。

2. 环境法与经济法的联系和区别

环境法与经济法均具有通过国家干预方式实现法益目标的公法属性，两者都采用民事、行政和刑事等多种调整手段，并不限于某一种调整方法解决特定领域的社会性问题，而是综合运用多种手段进行解决，这恰恰彰显了它们作为新兴法律部门有别于传统法律部门之处。但是这二者之间的区别也是较为明显的：

（1）立法目的不同，环境法的目的是保护环境，维护生态平衡，避免生物物种的灭绝，减少或者防止人类活动造成的问题，减少环境污染，实现生态效益，推动经济和社会的可持续发展；经济法主要是以经济利益为目的，从而对自然资源作为"资源"进行保护，经济利益是其最终根本目的。

（2）调整对象的区别。环境法的调整对象是因环境资源的开发、利用、保护、改善和管理所形成的社会关系，简称环境社会关系；经济法的调整对象与环境法的调整对象有本质不同，经济法的调整对象是为了克服市场调节的盲目性和局限性而调整的、需要国家干预的具有社会公共性的、整体性的经济关系。

（3）具体内容不同。环境法主要包括环境权益保护、污染防治、自然资源合理利用和环境监测管理，而经济法的组成主要包括宏观调控法和市场规制法两大部分。

思考题

案例①　党的十八大以来，是国有企业发展最全面、活力效率提升最显著、布局结构优化最明显的十年。2022 年 6 月 17 日上午，国务院国资委举行"中国这十年"系列主题新闻发布会，此次发布会上，国资委公布了十年发展的关键数据。截至 2021 年底，全国国资系统监管企业资产总额达到 259.3 万亿元，比 2012 年底增长 2.6 倍，年均增长 15.4%。2012—2021 年，全国国资系统监管企业累计实现增加值 111.4 万亿元，年均增长 9%，超过 GDP 年均增速 2.3%。央企是国民经济的重要骨干和中坚力量，截至 2021 年底，央企资产总额是 75.6 万亿元，比 2012 年底增长了 141.1%。2012—2021 年，央企累计实现利润总额达到 15.7 万亿元，年均增长 8%。"十四五"央企新型基础设施规划投资额超 10 万亿元，央企划转 1.2 万亿元国有资本补充社保。国有企业持续加大新兴产业投入，从 2017 年不足 7000 亿元到 2021 年超过 1.3 万亿元，年均增速超过 20%。其中，中央企业有 70% 以上搭建了高水平工业互联网平台，40% 以上的中央企业设立了人工智能技术研发机构。在新型基础设施布局方面，近 70 家中央企业超过 700 户的子企业在新基建领域加大布局，2021 年投资超过 4000 亿元，"十四五"期间规划投资项目 1300 多个，总投资超过 10 万亿元。在脱贫攻坚方面，2016 年以来，国资委和中央企业累计派出 3.7 万名挂职扶贫干部，投入帮扶资金上千亿元，定点帮扶的 248 个国家扶贫开发工作重点县全部脱贫摘帽。"十三五"时期，国有企业累计上交税费 17.6 万亿元，约占到同期全国税收收入的 1/4，76 家中央企业划转 1.2 万亿元国有资本补充全国社保基金。

---

①　本案例来自张琪、徐芸茜：《国资大数据首次公开！央企资产总额 75.6 万亿，国企混改引资超 2.5 万亿》，载《华夏时报》2022 年 6 月 17 日。

中央企业要担负起重要使命作用，以稳促进、以进固稳，助力国民经济运行，依靠改革激发各类经营主体活力，激活市场主体发展动力，坚持创新驱动发展，进一步增强企业创新主体地位，扎实推动一批重大攻关成果实现转化应用，依靠创新加快培育壮大发展新动能，强调兴产业强实体，推动产业振兴起势发力见效，引领发展战略性新兴产业和未来产业，为经济社会发展提供坚实支撑。

问题：

1. 国有投资经营法是否属于经济法的组成部门之一？请说明理由。
2. 国有投资经营法在经济法体系中的地位如何？

第三章 经济法的宗旨和原则

一、罗斯福的"新政"

📖 **案事例介绍 3-1①**

在 1929—1933 年的资本主义经济危机中，美国最先爆发危机，其工业生产下降了 46.3%，美国危机最严重的时候，5000 家银行倒闭；汽车工业开工率为 5%，钢铁工业的开工率为 15%；1933 年，失业人数占全国劳动人口的四分之一，达 1283 万人；农业收入中的货币收入减少 58%；美国的国民收入由 850 亿美元下降为 370 亿美元。危机随后迅速蔓延到德国等其他资本主义国家，导致资本主义世界 3000 万工人失业，工业生产下降 40%，世界贸易缩减 2/3，相比第一次世界大战期间所遭受的 1700 亿美元的损失，资本主义世界在"大萧条"中遭受 2500 亿美元的损失，远超"一战"损失。

美国总统胡佛在爆发危机时，坚持西方新古典学派经济理论，表明国家对经济的干预是不必要的，只要遵循市场机制，充分就业的均衡状态会通过市场的供给和需求自动达到。他主张救济只能由地方组织和私人团体提供，反对由联邦政府对失业工人提供救济的政策。但是联邦政府的不作为导致危机蔓延，并引发了社会动荡；由于许多失业工人饿死街头，美国工人在全国各地举行了大规模示威，大喊口号团结起来，为摆脱饥寒交迫而斗争；针对政府强迫拍卖农场的措施，农民予以坚决抵制；为获得生活津贴，数十万名退伍军人组织了向政府请愿的游行。

1933 年 3 月 4 日，在社会动荡、经济危机的关键时刻，新当选的美国总统罗斯福在就职演说中强调，但凡国家依然处于危险状态，其便要求国会授予他广泛的行政权，作为应付危机最后的唯一手段，以便他可以在紧急情况下宣战；罗斯福经常借用名言警戒众多的美国企业家，若想维护企业自身发展，必须将实施改革作为一项必要的任务。随之，罗斯福实行"新政"，将复兴、救济和改革作为主旋律，利用国家干预来调整经济生活。具体措施涉及以下内容：

一是出台"整顿金融法案"，保障财政资金安全，向金融界发放巨额贷款，整顿银行，将商业银行与投资银行拆分，放弃金本位制，实行货币贬值等，以防止美国财政体系崩溃。

---

① 本案例来自徐崇温：《资本主义国家干预经济生活的两个典型实例》，载《中国经贸导刊》2000 年第 23 期。

二是提出"全国产业复兴法"，实施国家对工业的管制，内政部为增加就业采取多种举措；制定公平竞争法典，以防止盲目竞争引起的生产过剩，协调各个工业部门的企业活动；在政府监督下实行劳资合作、经济民主，适当提高劳工地位，改善劳工待遇，明确规定劳动者有权组织起来，有权选择代表与雇主进行谈判，签订集体合同；强调雇主不得雇佣童工，必须遵守最高工时和最低工资标准等。

三是出台"农业调整法"，退耕减产，发放补贴使农民休耕部分种植作物，稳定农产品价格，恢复平价，控制农产品的供应量，明确债务低于一定数额的农场可获低息贷款。

四是通过公共工程和保护自然资源法，召集广大青年从事植树护林、设置森林瞭望塔，兴建公共工程，组织各种小型工程，推进桥梁、河流、堤坝系统建设。

五是推出社会安全法，制定保护失业者和残疾人的社会保障法；通过对大公司征收超额累进税的法案，使各阶层社会成员之间的收入差距缩小，调节社会关系，保持社会稳定。

罗斯福实行"新政"使美国经济迅速好转，给千百万人带来了新的就业机会，为其提供了生活保障，在保障资产阶级更安全地享有高额利润的前提下，保障贫困者、失业者的最低限度生活水准，维护社会稳定。

法律问题

1. 分析经济法的宗旨。
2. 经济法的基本原则是什么？

法理分析

1. 经济法的宗旨

经济法调整特定经济关系所要达到的目标，是经济法的宗旨，充分反映了经济法的根本价值。经济法的本质属性和特征在经济法的宗旨中得到深刻彰显，是贯穿整个经济法的理论研究过程与经济法的法治建设的主线，同时也是经济法基础理论非常重要的组成部分，更是立法、司法、执法的行动指南。依据经济法的概念与调整对象，并根据经济法制度运行的基本规律以及中国当代经济法律、法规的具体情况，可将经济法的宗旨界定为，旨在依法采取国家调制手段，通过对市场失灵问题的不断克服并加以化解，确保普遍公正价值在经济与社会中的落实，维护社会公共利益，平衡社会稳定与经济发展的关系，使其得以良性循环。

经济法宗旨的具体内容：

(1)市场机制及其失灵是经济法运行的客观基础。国家调制经济过程中必须遵循市场至上的原则，也就是说，资源配置的决定性力量永远是市场，但凡市场可以有效运行的地方，干预便是不需要的；此外，不能进行干预的情况还包括由于干预的成本超出市场缺陷所造成的损失，因为这种干预一样没有效率。

(2)经济法的实施是以国家调制与公权力的体系革新为依托工具。20世纪以来，各种经济性、社会性矛盾在市场经济国家不断激化，特别是市场失灵的客观存在，需要政府这只强有力的手对经济活动进行干预调整，以此弥补市场缺陷、保障社会公平正义、提供公共服务，由此国家调制经济的概念便产生了。经济法上国家调制理论的产生，其实是对传统行政法视野下消极、保守、内敛的公权力体系的一种创新，公权力体系通过其创制出的"国家调制权"得以丰富，行政权和国家调制权成为并行不悖的、新的公权力手段。依法行政在现代法治理念下主要体现在两个方面，即行政行为合法和行政程序合法，其基本前提是行政权力的不自由。在国家干预的观念下，非权力手段是经济法的主要内容，协调和促进经济与社会的稳定发展是经济法的最高目标。

（3）经济法的价值追求是社会正义。经济法以权利体系和保护力度上的"不公正"追求真正的、普遍性的公正，也即追求结果公正、实质公正和代际公正。

（4）社会利益与个人利益的矛盾统一是经济法的目标取向。公平和效率是社会公益性和个体营利性矛盾的具体化。以利润为导向，追求利润最大化的目标是市场经济主体的显著特征。社会公共利益可能会因为市场经济主体的私人逐利行为遭受不利影响，而社会公共利益则是社会成员不可侵犯的共同利益。所以，有必要限制个体盲目的逐利行为，防止各种不当的、非法的逐利行为给国家、社会和国民造成损害，消除个体营利行为的不良影响，保护社会公共利益。国家应切实保障社会公共利益，对市场经济进行调控和规制，行使其经济职能和社会职能。

2. 经济法的基本原则

法律原则在法学中是指可以作为规则的基础或本源的综合性、稳定性原理和准则。[1]法律原则彰显法的本质和根本价值，是整体法律活动的指导思想和出发点，决定法的统一性和稳定性，构成法律体系的灵魂。[2]

以经济法宗旨和根本价值为引领的经济法的基本原则，对经济法的立法、执法、司法和守法具有全局性的指导意义，也是经济法的基本准则，集中体现经济法的特性。经济法具体原则与经济法基本原则相对应，前者于经济法的各个部门法中存在，是对经济法基本原则的进一步具体化，但只对经济法二级部门法的运行起具体指导作用。如《反垄断法》《反不正当竞争法》等二级部门法中贯穿的公平竞争原则，就是市场规制法的具体原则，它对宏观调控法等其他经济法二级法律部门并不适用，故而不可以将其看作经济法的基本原则。后者承载着经济法的价值、理念、基本精神，指导经济法规则的制定，并作为具体原则的出发点，在经济法运行的全过程贯穿始终，具有最高层次的效力。

关于经济法基本原则的具体内容，学界也是见仁见智，众说纷纭。一些研究者强调，经济法只有一条基本原则："强调维护社会总体效益，兼顾社会各方经济利益公平。"因为效率终究是有关获取精神利益与物质利益的效率，公平也主要是关于利益方面的公平，而秩序、安全、自由及其他价值均能够归纳为利益，所以，经济法维护和促进社会经济利益和社会经济公平，换言之，即维护和促进社会公共利益和总体经济利益。因为全部经济个

---

① 张文显：《规则·原则·概念——论法的模式》，载《现代法学》1989年第3期。

② ［美］迈克尔·D. 贝勒斯：《法律的原则——一个规范的分析》，中国大百科全书出版社1996年版，第469页。

体(企业和个人)是社会经济总体的组成部分，所以维护而不是妨碍广大个体的效率是维护社会总体经济效率的重点所在，否则维护社会总体效率便只是空言虚语。可是，个体效率与社会总体效率终归有矛盾和冲突的存在，比如垄断企业由超额垄断利润形成的效益就会妨碍广大中小经营者和消费者的效益，因此，努力在社会同个体之间作出平衡，寻求最合适的平衡点、界限，是维护社会总体效益，兼顾社会各方利益的关键问题。①

有人认为经济法有两个基本原则：一个是国家协调本国经济运行法定原则，另一个是经济法主体利益协调原则。经济法的理念和经济法的基本原则密切相关。经济法的基本原则由经济法的理念所决定；经济法的理念体现在经济法的基本原则中。据上述所言，经济法理念的内容，能够归纳为宗旨及其实现方式两个层面：一是经济法的宗旨，它的基本内容是从维护掌握国家政权的阶级的根本利益出发，实现经济法主体利益的协调发展；二是经济法目的的实现方式，依法对本国经济运行进行国家协调是其基本内容。所以其决定了经济法的基本原则包括国家协调本国经济运行法定原则与经济法主体利益协调原则。②

还有人认为经济法有三个基本原则：一是平衡协调原则。经济法的价值体现在平衡协调，经济法兼顾公与私，既要保持整个社会范围内的经济秩序，实现社会整体效益的提高和国家对于经济生活的意志，又要保证民法调整范围内的意思自治。作为一种法律规范，平衡协调原则可能在多数情况下并不直接适用于具体的经济法律关系和经济执法，而是作为一种理念或宏观标准，被经济执法、司法、经济管理所遵循。二是维护公平竞争原则。该原则是经济法的核心和基本原则，反映了社会主义市场经济的内在要求和理念。应该将该原则作为经济法立法和执法的重要依据之一。三是责权利效相统一原则。责权利效相统一原则，是指各管理主体和公有制经营主体所承受的义务、权利(力)、职责和利益在经济法律关系中必须保持一致，错位、脱节、不平衡等现象的存在是不应当的。"责"在责权利效相统一原则中具有两个不同层次的意义：一方面，作为一种角色责任，表明了经济法律关系对特定角色的权利(力)义务要求；另一方面，在主体违反义务时，作为对主体进行否定性评价的责任，是义务与制裁的纽带，相应的法律制裁由执法、司法者通过责任来确定。经济法的三大原则鲜明地体现了经济法所要追求的价值目标。平衡协调原则体现了经济法力求实现社会效益与实质正义的追求，维护公平竞争原则反映了经济法对经济效益与市场精神的追求，责权利效相统一原则则是公有制与市场经济之契合和联结点。经济法三原则和谐共存，共同致力于实现效益、公正、经济民主、经济秩序和经济自由的统一。③

另有人认为经济法的基本原则有四个：效率优先、兼顾公平原则，经济民主原则，经济公正原则，可持续发展原则。④

还有学者认为经济法有八项基本原则：社会本位原则、资源优化配置原则、国家适度干预原则、经济公平原则、经济民主原则、经济安全原则、经济效益原则、可持续发展原

---

① 漆多俊：《经济法学》，高等教育出版社 2017 年版，第 55~56 页。
② 杨紫烜：《经济法》，北京大学出版社、高等教育出版社 2010 年版，第 68~69 页。
③ 潘静成、刘文华：《经济法》，中国人民大学出版社 2002 年版，第 73~77 页。
④ 顾功耘：《略论经济法的理念、基本原则与和谐社会的构建》，载《法学》2007 年第 3 期。

则。经济法的上述八项原则是相辅相成、息息相通、不可或缺的。八项原则的内在逻辑联系如下：经济法追求的目标首先是寻求资源的优化配置；国家干预在寻求资源的优化配置中起着非常关键的作用；然而，国家干预的范围不是任意的，它的出发点和归宿必须维护社会公共利益；国家对经济实行干预必须对经济民主和经济公平的实现起到促进和保障作用；推动和提高经济效益的关键因素是经济公平与经济民主；最后，促进全球性的可持续发展战略在中国的实施，是经济法的现代化发展趋势或者说是经济法所追求的终极目标。①

马工程《经济法学》教材认为经济法的基本原则有三个，其具体内容为：(1)有效调制原则。包括调制法定、调制适度与调制绩效原则以及市场决定性原则。(2)社会利益本位原则。立法和司法实践均应以社会整体利益为出发点是社会利益本位的要求，在尊重个体利益基础上将整体利益作为衡量行为之标准，必须以社会公共利益为本位对固定资产投资、产业调节、价格水平、货币发行、产品质量控制、垄断和不正当竞争行为以及消费者权益保护等关系进行调整。在开展市场交易行为时，市场主体必须注重对社会公共利益的关注，而不能只顾追求自身利益的最大化，否则，经济法就会对其行为进行否定和制裁。实质公正原则与综合效益原则共同构成社会利益本位原则。(3)经济安全原则。经济安全是指政府依照既定的法律程序，履行一定的经济职能，克服经济危机和经济衰退，保持经济增长速度的稳定，熨平经济周期，在国际市场中提高国民经济的竞争力。国家整体经济安全是经济法上的经济安全的着眼点。经济法通过设定国家宏观调控和市场规制的条件、权限、内容和方式，调适国家与经济投资者、国家与个人、国家与国家之间的各种经济关系，保障国家经济发展的可持续性和经济主权的独立性，有效预防和处理危机、维护基本经济秩序、强化对经济主体利益的保障性以及增强国民经济的国际竞争性。总而言之，经济发展原则与宏观经济安全原则均属于经济法的经济安全原则。

我们认为，经济法的基本理念与价值追求是经济法的基本原则必须体现的，并贯穿于经济法立法、执法、司法和守法全过程，是经济法各个二级部门法必须共同遵守的综合性、稳定性原理和准则。同时，经济法的基本原则必须能够与民商法、行政法等相邻部门法的基本原则区分开来。鉴于此，笔者认为经济法包括以下四大基本原则：(1)实质公平原则。区别于民商法的形式公平原则，民商法假定自然人和市场主体之间无大小、强弱之分，法律地位一律平等，在民事活动中遵循平等自愿、意思自治、等价有偿原则，所有人适用同一规则，也即形式公平原则。而经济法假定市场主体之间因资源、禀赋等差异，存在大小、强弱不同之分，国家通过政府之手对市场进行干预，矫正市场失灵，对国民财富进行再分配，抑强扶弱，从而实现各不同主体的实质平等，因此，实质平等原则是经济法追求的基本目标，也是经济法的一项基本原则。(2)社会总体经济利益优先原则。经济法作为新兴的法律部门，其产生的根源是为了弥补市场调节的盲目性和滞后性，矫正市场失灵，实现国民经济的平衡协调和快速发展，因此，在个人利益与整体利益发生冲突的时候，应遵循社会整体利益优先的原则，这使它与民商法的私权神圣原则截然区分开来。(3)国家依法适当干预原则。经济法本质上属于公法范畴，准确来讲，应该叫经济公法。

① 李昌麒：《经济法学》，中国政法大学出版社1999年版，第78~88页。

为了克服市场失灵，政府可以通过货币政策、产业政策、金融政策、财税政策、科技政策等手段对国民经济进行干预，以实现国民经济平衡协调发展，然而，运用政府之手对经济活动进行干预时，不能随意干预、越权干预，也不能尸位素餐、无所作为、不干预，而只能依法适度干预，这与民商法的契约自由，私人权利可以行使，也可以放弃的原则存在本质区别。(4)可持续发展原则。经济法克服市场失灵，追求整体经济利益的最终目标是实现国民经济的可持续发展，所以，经济法必须遵循可持续发展的基本原则。尽管国家干预经济是经济行政部门作为调控和干预的主体，但是经济法采用的调控和干预手段都是间接的经济手段，最终决策均由企业等市场主体自主决定，政府无法取而代之；而行政法虽然涉及行政机关作为一方主体，但是，在服务型政府的理念下，行政法追求的目标是实现便捷高效的政府服务，"小政府、大社会"成为未来政府行政改革的目标。经济可持续发展和行政服务便捷高效是两种完全不同的目标追求，在实现手段和运行方式上均存在显著差异，这也让经济法与行政法这两个法律部门彻底区分开来。

二、中国为化解 2008 年金融危机作出了重大贡献

📖 **案事例介绍 3-2**[①]

2008 年全球金融危机，又被称为美国次贷危机，它引发了雷曼兄弟的倒闭，也导致全球 50%股价的蒸发。自 2008 年 11 月以来，中国政府为应对全球金融危机带来的不良影响，毅然密集出台了一连串大规模的调控"重拳"，发起了一场旋风行动，向外界释放出了克服困境和战胜挑战、全力以赴保增长的信心和决心。

中国政府于 11 月 9 日提出实施积极的财政政策以及适度宽松的货币政策，财政政策由稳健向积极转变，向民生工程、重点项目建设与基础设施建设投资 4 万亿元。

积极的财政政策主要内容包括：(1)扩大政府投资和优化投资结构。2008 年国务院常务会议上提出了 10 项措施以进一步扩大内需、促进经济增长，重点加强基础设施建设、民生工程、节能减排重点工程、汶川地震灾区恢复重建、企业技术改造后兼并重组等领域，总投资额达 4 万亿元。(2)推进税制改革，实行结构性减税。减免个人所得税，免征利息所得税，推进增值税转型改革减税，降低住房交易税，完善出口退税和关税政策，活跃资本市场，激发经济发展活力，保障和改善民生，刺激居民消费、繁荣消费市场。(3)调整国民收入分配格局，加大财政补助规模。(4)调整优化财政支出结构，切实保障和改善民生。抓好教育、医疗卫生、"三农"、保障性安居工程。(5)大力支持科技创新和节能减排，促进经济结构调整，转变发展方式。(6)减轻中小企业负担。中央财政对用于支持中小企业信用担保的资金大幅度提高，累计投入 18 亿元，以促进中小企业发展。投入 19 亿元专项资金，以支持中小企业科技创新和技术进步。投入 12 亿元资金用于鼓励中小企业走出去，推动国际合作共赢。加大退税，清理各项收费，使中小企业负担进一步减轻。(7)增加国债发行量。2009 年发行 1.64 万亿元国债，2010 年计划发行 1.8 万亿元国债和

---

① 本案例来自《中国为化解 2008 年金融危机作出了重大贡献》，载百家号：https：//baijiahao. baidu. com/s？id＝1767513219332869498&wfr＝spider&for＝pc，最后访问日期：2023 年 12 月 25 日。

2000 亿元地方政府债券。

适度宽松的货币政策主要内容包括：（1）利率政策。下调金融机构存贷款基准利率，同时下调再贷款、再贴现利率。截至 2008 年底，央行 5 次下调金融机构存贷款基准利率，一年期存款基准利率下调 1.89 个百分点，一年期贷款基准利率下调 2.16 个百分点。（2）促进对外贸易。一是增加出口退税；二是人民币升值，通过这些手段可以提高外贸竞争力。（3）调整存款准备金政策和信贷政策。央行于 2008 年 7 月至 2008 年底，对存贷款基准利率进行连续 3 次下调，存款准备金率两次下调，对商业银行信贷规划的约束取消，同时引导商业银行扩大信贷总量，积极调整金融机构宏观调控措施。

中国政府所采取的多种举措，不仅是应对危机的临时性举措，也是对环境保护、自主创新、可持续农业、新能源、社会保障等中国经济社会发展的深层次和长期性战略问题的统筹解决，为各国摆脱危机提供了较为全面的路径样本。

💬 法律问题

1. 结合上述材料，谈谈经济法的社会利益本位原则。
2. 结合上述材料，谈谈经济法的有效调制原则。

✍ 法律分析

1. 经济法的社会利益本位原则

社会利益本位原则要求立法和司法实践均应以社会整体利益为出发点，在尊重个体利益基础上将整体利益作为衡量行为之标准。社会公共利益具有整体性和公益性两大特征。在经济法视域下，社会公共利益具体体现为以下几方面内容：一为自由竞争秩序，自由竞争是经济秩序的基础；二为对特殊群体人格的限定和保护，如对消费者、中小企业、农民利益的保护；三为维护和发展对社会持续发展有利的和谐稳定的社会关系，比如，通过宏观调控法来实现协调稳定的宏观经济秩序，通过市场规制法来规范市场行为，营造诚实守信的竞争环境。

社会利益本位原则要求，对产业调节、固定资产投资、货币发行、价格水平、垄断和不正当竞争行为、产品质量控制以及消费者权益保护等关系进行调整时，都必须以社会公共利益为本位，一方面为国家公权力的行使设置栅栏，另一方面也为私权利的行使划定边界。国家在制定经济法规范时，以维护和实现社会公共利益为出发点和根本归宿；市场主体在进行市场交易行为时，不能一味地追求自身利益的最大化而忽视对社会公共利益的关注，否则，其行为就会受到经济法的否定和制裁。总之，社会利益本位原则是对传统个人主义法律体系的改进和超越，展现出了与传统私法体系完全不同的内涵。①

2. 经济法的有效调制原则

经济法的有效调制原则包括两类具体的子原则：第一类是市场决定性原则，第二类是

---

① 《经济法学》编写组：《经济法学（第三版）》，高等教育出版社 2022 年版，第 69~70 页。

调制法定、调制适度和调制绩效原则。这两类子原则之间呈现一种组合结构：有效调制原则得以落实的前提是市场决定性原则；有效调制原则的具体内容包括调制法定、调制适度与调制绩效三原则。调控权法定是调控法定原则的要求，具体表现为税收法定原则、预算法定原则、计划法定原则、货币法定原则、国债法定原则等。在市场规制法领域，市场规制权法定是调制法定原则的主要体现。作为一种灵活有效的调节原则，调制适度原则强调政府调制行为要符合客观实际，合理调制经济的范围和目的，此外还需顾及调制的可能和需要，确保各类主体的基本权利。调制绩效原则是指国家对经济的调制应当追求总量的平衡和社会总福利的增长，从而满足社会整体对效益的追求。调制绩效原则是调制适度原则与调制法定原则在经济效益上的重要体现，它要求在国家调制经济过程中有效平衡不同利益的相关主体。

📝 思考题

案例①　2022 年中国企业不断克服外部环境的不利影响，对外投资稳中有进、平稳增长。从地域看，71.8%的企业将"一带一路"共建国家作为对外投资的优先选择，其次是欧洲和北美；从行业看，48.7%的企业对外投资优先选择制造业，25.2%的企业优先选择批发零售业；从投资目的看，近六成企业对外投资是为了开拓海外市场，35.9%的企业为降低生产经营成本，32.9%的企业为提升品牌国际知名度；从投资成效看，超半数企业对外投资收益率增加或保持稳定。

问题：

1. 谈谈经济法上的宏观经济安全原则。
2. 结合上述材料，谈谈经济发展原则。

---

① 本案例来自杨帆：《2022 年中国企业对外投资平稳发展，超七成企业维持或扩大对外投资规模》，载京报网：https：//www. 360kuai. com/pc/9037f4bfc77d1707d？cota＝3&kuai_so＝1&refer_scene＝so_3&sign＝360_da20e874，最后访问日期：2023 年 9 月 18 日。

第四章 经济法的主体和行为

一、宏观调控七年之旅

案事例介绍 4-1①

1998—2004 年中国政府通过采取一系列宏观调控措施应对 1997 年亚洲金融危机带来的经济衰退，刺激社会总需求的增长，降低失业率，加快经济复苏。而促进经济增长、稳定物价、增加就业、平衡国际收支是国家宏观调控的目标。这次宏观调控所采取的主要手段是法律手段与经济手段，辅以必要的行政手段，充分发挥了宏观调控手段的整体功能。

1. 增发国债

1998 年增发长期国债 1000 亿元；1999 年增发 1100 亿元普通国债和 2700 亿元专项国债；2000 年安排长期建设国债 1500 亿元；2001 年继续增发建设国债 1000 亿元，特种国债 500 亿元；2002 年发行 1500 亿元国债；2003 年全年国债安排 1400 亿元；2004 年全年实际安排 900 亿元国债。1998—2004 年七年间共发行约 9000 亿元长期建设国债，同期银行发放 2 万多亿国债项目配套贷款，直接拉动约 4 万亿元投资。

2. 加强基础设施建设

1998 年，为加强基础设施建设，配套了 1000 亿元银行贷款，主要用于城市基础设施、交通通信、农林水利、城乡电网、国家直属储备粮库建设等；1999 年国债中有 1100 亿元是用于各类固定资产投资；2000 年共发行长期建设国债 1500 亿元，主要安排用于国有企业技术改造、基础设施建设、生态环境建设、科教事业发展及西部大开发；2001 年继续增发建设国债 1000 亿元，支持西部开发的特种国债 500 亿元；2002 年发行 1500 亿元国债，着重用于国债资金支出方向和结构的调整；2003 年增加公共支出，进一步对国债支出结构进行调整优化；2004 年减少生产性固定资产投资支出。七年间，对过去多年的一些基础建设欠账进行弥补，投资 9000 多亿元国债资金用于安排 1000 多个基础设施建设项目，如新增公路 8 万多千米、新建了大批城市污水治理工程、新建改建机场 30 多个、新建 6000 多千米铁路、治理淮河污染、长江堤坝加固等，这些措施使吸引外资的整体经营环境得到了改善，奠定了我国经济持续稳定发展的良好基础。

---

① 本案例来自林跃勤：《积极财政政策回顾与评价》，载《中国金融》2005 年第 1 期。

3. 调整税收政策

1998 年调整税收政策，对部分产品的退税率予以分批提高，进而刺激出口增加，降低或免除关税和进口环节增值税；1999 年调整部分税种税率，包括降低固定资产投资方向调节税、提高出口退税率、对个人存款征收个人所得税以及国产设备投资部分抵免企业所得税；2000 年降低部分大中型国有企业的资产负债率；2002 年降低关税、金融保险营业税率与证券交易印花税等，持续推进农村税费改革。

4. 调节收入分配，完善社会保障制度

1999 年调节个人收入差距，征收个人存款所得税，鼓励消费，进一步提高预算单位职工工资、调整企业离退休人员待遇，加强和改进下岗职工等低收入人群的最低生活保障工作；2001 年对收入分配政策进一步完善，对预算部门职工工资和离退休人员养老金进行提高；2002 年加大科教投入，切实减轻农民负担，提高社会保障水平；2004 年增加公共社会保障方面的支出。

💬 **法律问题**

1. 结合本案，谈谈经济法主体的类型及属性。
2. 谈谈经济法主体行为的类型及属性。

✍ **法理评析**

1. 经济法主体的类型及属性

经济法主体是指依据经济法而享有权力和权利，并承担相应义务的组织和个体。主要包括两类：一类是宏观调控机构和市场规制机构，从事宏观调控行为和市场规制行为的政府机构；另一类是接受调控和规制的主体，主要是各类市场主体，如企业、公司、个体工商户、证券公司、商业银行等。经济法主体的属性如下：

（1）宏观调控机构的属性。第一，政府经济职能部门是宏观调控的主要机构，如中央银行、财政部、国家发展和改革委员会等。第二，宏观调控机构应具有统一性。中央宏观调控机构负责"顶层设计"，履行全国宏观调控职能，局部要服从全局，地方要服从中央。第三，宏观调控应具有权威性。宏观调控机构的设立应有法律依据，要有法律授权，要有权有威，令人信服信从，做到令行禁止。第四，宏观调控机构应具有专业性。专业性应是其权威性的基础，宏观调控机构的工作人员应当由专家和精英组成，不能由无知的外行进行瞎指挥和乱干预。第五，宏观调控应具有民主性。宏观调控关系国计民生，需要集思广益，充分发扬民主、依靠民主，才能实现调控的预期目标。第六，宏观调控应具有相对独立性。相对独立性是指宏观调控机构应独立于行政机关，以避免和减少行政干预。

（2）市场规制机构的属性。第一，市场规制机构主要是国家市场监管部门，具体包括反不正当竞争执法机构、反垄断执法机构和其他市场规制机构。第二，市场规制机构是一个专业机构，反不正当竞争、反垄断工作的政策性、技术性、专业性均极其强，因此决定了市场规制机构应是一个专业性很强的、由各种专家组成的机构。第三，市场规制机构是一个相对独立的机构，如果市场规制机构没有独立性，那么其执法的公正性便难以保证。第四，市场规制机构不完全是行政机关，比如，美国的联邦贸易委员会作为一个独立于政府的机构，其工作由国会直接领导和监督；德国的联邦卡特尔局有权对具体案件进行独立裁决，它具有准司法机构的性质。目前，我国反垄断和反不正当竞争的执法机构是市场监管部门，该部门不同于其他纯粹的行政机关，因为其不但享有执法权，而且享有一定的准司法权。

2. 经济法主体行为的类型及属性

经济法律行为是指通过市场主体作出意思表示所表现出来的、能够产生经济法上效果的一种法律事实。该定义包括如下涵义：

第一，经济法律行为是一种人的有意识活动，可以引起经济法律关系的产生、变更和终止。

第二，经济法律规范对经济法律行为进行规定和调整。这是经济法律行为区别于其他法律行为的显著特点。比如，行政法律规范规定的行为是行政法律行为，民事法律规范规定的行为是民事法律行为，刑法规范规定的行为是犯罪行为。

第三，能够产生经济法上效果的法律事实是经济法律行为。经济法上权利的变动是这里所谓的经济法上的效果，即经济法权利和义务的产生、变更、终止。

经济法律事件是指不以当事人意志为转移的，能够引起经济法律关系产生、变更和终止的自然事件和社会事件。如战争爆发是当事人无法预料的，则可以认定为不可抗力事件，从而使债务人的责任与义务免除。倘若战争持续时间很久，当事人在战争状态下签订合同，当事人不能主张将战争状态认定为不可抗力而免责。

经济法律行为包括根据当事人的意志引起经济法律关系产生、变更或者终止的合法行为和非法行为。

经济法主体的行为分为两类：第一类是市场规制机构与宏观调控机构所实施的市场规制行为和宏观调控行为，统称为"调制行为"；第二类是受到宏观调控和市场规制直接影响的经营者所从事的市场行为。

宏观调控行为和市场规制行为具有如下属性：（1）二者都是国家干预行为。（2）二者都是法定行为。（3）二者均是公权行为、公职行为、公共行为，它们唯一的宗旨是为公。

二、现实中的市场失效与政府干预
——以武汉市共享单车市场为例

案事例介绍 4-2①

在国家倡导绿色出行、节能减排，以及共享经济加速发展的大趋势下，共享单车作为

————————

① 本案例来自《现实中的市场失效与政府干预——以武汉市共享单车市场为例》，载知乎：https：//zhuanlan.zhihu.com/p/545664106，最后访问日期：2023年12月25日。

一种新型商业模式,于2016年引来无数资本为之投资,使其在武汉市安身立命,迅速发展。共享单车的问世曾让人们感到欢欣鼓舞,它以一种快捷、方便、绿色的方法,使人们出行"最后一公里"的问题得以解决,令人眼前一亮,便捷出行的同时还为环保做出了贡献。然而,随着武汉市共享单车市场"野蛮生长",武汉市共享单车迅猛发展,投放数量趋于饱和,各种问题也日益暴露。

(1)无序停放现象突出。随借随还、随取随用的共享单车,在为人们带来快捷方便的同时,乱停乱放的问题也随之而来。大街小巷是无序停放的共享单车随处可见,部分单车被随意丢弃到路边绿化带上,或者在路边人行道上横放,还有部分单车在草坪上被横七竖八地摆放等,共享单车乱停乱放及其引发的相关问题对市民造成了极大困扰。

(2)行人和机动车共用道路,造成极大的安全问题。武汉骑行用户数量在共享单车入驻后大幅增加。但是,武汉市之前城市发展对非机动车道的建设重视不够,市民骑车出行的需求是目前的非机动车道无法满足的。所以,部分行人和机动车共用道路的现象时常可见,带来了极大的交通安全隐患。

(3)部分区域内单车数量过多,盲目投放。在一些地区,共享单车被盲目过多地放置,给市民带来了诸多不便和风险。无序停放的共享单车将原本宽敞的人行道堵塞为只能至多两人并排通行的小路,经常导致非必要的堵塞。无人问津的坏损车辆与肆意堆放的单车在街头上随处可见,这些车辆不但对城市道路交通环境造成了影响,还严重损害了武汉的城市形象。

(4)市民素质低下,私占、毁坏的现象频发。由于部分市民素质低下,共享单车被私占、毁坏。部分市民私自撬锁加锁,单车共享秒变私享,有些市民将单车停放到楼梯间、花坛等一些不容易找到的地方,甚至有一些单车被损毁废弃。想要让共享单车在环保的大环境中稳步发展,就需要政府加强干预,及时控制住共享单车的市场乱象。

法律问题

1. 结合上述材料,谈谈共享单车市场失灵的原因。
2. 为了克服共享单车市场失灵,政府应如何干预?

法律分析

1. 共享单车市场失灵的原因

在不完全竞争市场条件下,共享单车仅仅依靠市场调节,出现乱象的情况不可避免。从市场失灵角度来看待武汉市共享单车市场乱象,主要存在下列四个方面的问题:

(1)公共物品导致市场失灵。公共物品造成市场失灵体现在两方面:一是共享单车具有公共物品属性;二是共享单车市场发展需要城市道路、单车停车位等公共资源。

共享单车可以认为是一种公共物品。共享单车用户为了实现自身利益最大化,有些将共享单车随意停放,堵塞交通;有些将单车藏到角落,将共享变为私享。共享单车作为公共物品缺乏必要的保护措施,公众的不文明行为也破坏了共享单车市场,损害了所有人的利益。

此外，单车停车位、城市道路等公共资源总量是有限的，资源的合理分配无法仅仅依靠市场机制得以实现。共享单车的迅速发展带来了更多的车流量，造成了交通拥挤。同时，单车的随意停放也给城市的道路带来巨大影响。共享单车企业为了实现自身利益最大化，对共享单车用户征收使用费，从某种意义上说，共享单车企业从每个人都可以免费使用的公共资源中获得价值，就是攫取了公共资源的价值。此外，共享单车企业担心对共享单车用户的违规行为进行惩处，可能会造成用户流失，因此对于部分用户的不文明行为，共享单车企业往往选择容忍。这种情况助长了共享单车使用的不文明行为，造成了市场失灵。

(2)共享单车的外部效应导致市场失灵。外部效应在共享单车市场上明显存在，包括正、负两个层面。

共享单车的正外部效应主要体现在便利居民出行，用户能够随借随还，随取随用，快捷方便，使市民出行"最后一公里"难题得以有效解决。同时，单车出行能有效节约能耗，减少碳排放，保护环境。

共享单车的负外部效应主要体现在导致交通堵塞，增加风险隐患。因为急剧增加的共享单车，以及武汉市的道路设施无法在短时间内快速满足单车短期内急剧增长的需求，共享单车在机动车道上大肆横行，违反交通规则，导致交通的阻塞与混乱。与此同时，武汉市机动车与非机动车混行的情况严重，增加了交通事故的发生概率，带来了非常大的交通隐患。

(3)信息不对称导致市场失灵。在用户使用共享单车的过程中，用户的行为无法实现全程监控，因此他们拥有比企业更多的信息。在用户使用共享单车的过程中，由于共享单车不归用户所有，用户在骑行使用时往往会以个人利益的最大化为目的。但是因为信息不对称的缘故，共享单车被某些用户悄悄存放在不为人知的地方，以便利自己之后使用，更有甚者在使用的过程中有意破坏单车，胡乱扔弃。这些用户的详细信息也很难为共享单车企业所了解到，使得素质低下的用户得不到惩罚。

(4)不合理竞争导致市场失灵。共享单车作为一个新兴行业，具有较为广阔的市场前景，引来大量资本的投入。而共享单车企业明白，在新兴市场中只有抢先拥有大量的用户群体，才能够占领较大的市场份额，实现最终的获利。因此，共享单车企业在共享单车市场还缺乏相关的法律法规约束时，一拥而上，进行无序的不良竞争，不顾城市交通和环境，疯狂地投放共享单车以获得用户，占领市场份额。这种只考虑企业的经济利益，不考虑社会效益，忽视对单车的服务和管理优化的恶性竞争造成了市场失灵。

2. 政府干预措施

(1)政府加强监管力度，推进市场的健康有序发展。武汉市共享单车市场发展乱象表明仅仅依靠市场调节是不可能的。武汉市政府在发现共享单车市场乱象后，从企业和用户两方面着手，加强监管力度，推进共享单车市场的健康有序发展。

首先，武汉市政府约谈了共享单车企业，强调相关企业要依法承担自身责任，推动共享单车的质量提高，将符合相应质量检验评定要求的共享单车投入使用，对不符合质量标准和损坏的共享单车进行回收，并对单车的维护和调度进行优化。

其次，武汉市城管委一直致力于推动共享单车停放问题的解决，在人流量较大的区域增加共享单车停车位。此外，武汉市城管委还建立了单车巡查员联络群，共同监督解决单车乱停乱放的问题。此外，武汉市城管委不断推进巡逻整治活动的开展，处罚不按规定停放共享单车的行为，对影响交通安全的违章市民处以 20 元的罚款，从而达到规范用户行为的目的。

（2）政府合理规划城市空间，完善基础设施建设。武汉市此前大约有 60 万个停车位可以供共享自行车停放，但目前该市有 100 余万辆共享单车，共享单车停放的需求远远不能被满足。为了实现共享单车有位可停，武汉市政府合理划分公共自行车停车区域，增加了旅游景点、地铁、公交车站、医院等人流较大区域的共享单车停车位。对于停车区域的规划，武汉市政府与单车企业进行合作协商。共享单车企业通过大数据，计算出共享单车需求较大的地点。武汉市政府也尽可能地合理分割了现有的公共空间，尽可能合理地设置了公共自行车停车点位。在保证每个区域不影响交通的情况下，尽可能满足各个区域的需求。

（3）政府及时出台相关政策，健全相关法律法规。为了解决共享单车市场发展中面临的问题，促进武汉市共享单车的健康发展，2017 年 8 月武汉市发布了《市人民政府关于鼓励和规范互联网租赁自行车健康发展的意见》（以下简称《意见》）。作为对武汉市共享单车市场的唯一规范和引导文件，《意见》明确提出了坚持绿色发展的理念，坚持以人民为中心的发展思想，强化政府监管责任和企业主体责任，科学合理配置城市公共资源，明确了承租人、企业、政府三方的责任，提出了要完善慢行交通设施的长期目标。

☑ 思考题

案例① 2015 年 2 月，江苏省丹阳市珥陵镇鸿润超市（以下简称鸿润超市）向丹阳市市场监督管理局提交了个体工商企业登记申请，申请在原营业执照批准的经营范围内增加蔬菜零售项目。2015 年 2 月，该局下发《鸿润超市个体工商企业注册受理通知书》，随后审核材料，前往实地调查核实，确定鸿润超市营业地点距离丹阳珥陵农贸市场不到 200 米。其申请不符合丹阳市人民政府丹政办发〔2012〕29 号《关于转发市商务局〈丹阳市菜市场建设规范〉的通知》（以下简称 29 号文）的规定，随即作出不予受理通知书，决定不予登记其变更申请。鸿润超市不服向法院起诉，要求撤销驳回通知书，并判定对其申请进行变更登记。

丹阳市人民法院一审认为，《个体工商户条例》第 4 条规定，国家对个体工商户实行平等的市场准入和公平待遇原则。申请登记的经营范围不属于法律、行政法规禁止准入的行业的，登记主管机关应当依法登记。本案中，原告鸿润超市申请变更登记，增加蔬菜零售的经营项目，蔬菜零售并不是法律、行政法规禁止准入的行业。被告丹阳市市场监督管理局适用 29 号文中"在菜市场周围 200 米范围内不得设立与菜市场经营类似的农副产品经销网点"的规定，拒绝对原告的申请进行登记，但该规定与商务部《标准化菜市场设置与管理规范》不一致，不符合《商务部等 13 部门关于进一步加强农产品市场体系建设的指导

---

① 本案例来自江苏省丹阳市人民法院（2015）丹行初字第 00052 号民事判决书。

意见》第(七)项"积极发展菜市场、便民菜店、平价商店、社区电商直通车等多种零售业态"的基本精神，也违反了上述市场准入平等、待遇公平的原则，不能作为认定被诉登记行为合法的依据。故判决撤销涉案驳回通知书，责令被告应于判决生效之日起 15 个工作日内对原告申请重新作出登记。一审判决后，双方均未上诉，被告已为原告重新办理了变更核准登记。

问题：

1. 丹阳市市场监管局驳回鸿润超市变更登记申请的行为属于什么性质？如何理解这类行为。

2. 本案中丹阳市市场监管局的干预行为是否合法？为什么？

第五章　经济法主体的权利、义务与责任

一、我国宏观调控内涵丰富、40多年"跨周期"经济持续发展

📖 **案事例介绍5-1**[①]

中国的宏观调控内涵丰富，在"改革、发展、稳定"的平衡中避免了经济和金融危机，实现了40多年"跨周期"的经济持续健康发展。中国的宏观调控，从计划经济时期的指令性管理、渐进式改革演变到宏观管理，再到宏观调控。目前宏观调控目标，不但涉及结构优化以及总量平衡，还涉及风险防范与生产力布局，维持经济总量平衡，促进重大经济结构协调和生产力布局优化，减少经济周期波动影响，避免系统性、区域性风险，维持市场预期稳定，实现经济持续健康发展。除了货币与财政政策工具，还运用供给侧和结构性政策工具，构建了"以国家发展规划为战略指导，以财政政策和货币政策为主要手段，就业、产业、投资、消费、区域等纲领文件通力合作的宏观调控制度体系"，同时强调"推进宏观调控目标制定和政策手段运用的机制化"。

中国的宏观调控已基本形成了以供给侧结构性改革为主线，以财政政策与货币政策等逆周期需求管理工具为重点，以防范系统性风险为底线的宏观调控政策框架。我国还根据不同时期不同的宏观环境，出台关于消费、区域、投资和就业等领域的相关制度文件，建立了调控房地产的长效机制等。

总而言之，跨周期特征是我国宏观调控实践从一开始就已具备的，往往分散在不同的地方，由不同部门按照不同逻辑实施。目前"跨周期"宏观调控的明确提出，也就是说需要统筹协调，纳入统一的宏观调控框架，使偏短期的需求"逆周期"管理有了长远预期，通过"锚"来确定"超常规"和"谨慎"的合理性；同时使改革和结构性政策有节奏、协调合作，防止"运动式"与"一刀切"改革和政策共振，对宏观经济运行造成不良影响。

💬 **法律问题**

1. 调制主体的职权是什么？
2. 分析调制受体的义务。

[①]　本案例来自《中共十八届三中全会在京举行习近平作重要讲话》，载《人民日报》2013年11月13日。

✍ 法理分析

1. 调制主体的职权

在调制市场经济过程中，按照其不同的调制方式，调制主体可分为三种类型，即国家投资经营、市场规制和宏观调控。国家投资经营是指调制主体在"市场失灵"领域，通过完善社会保障、提供公共服务、进行自然垄断行业的经营等，以国有资本直接参与投资经营的形式弥补市场经营主体的缺位，以达到对经济的调制目的。市场规制是指调制主体通过制定规范直接干预经营者的经营活动，进而起到引导、监督和管理经营者的作用，从而实现保证市场秩序、维护消费者利益等目的。调制主体通过制定财税政策、货币政策、经济计划或规划等，对经营者经营活动的行为进行诱导或影响，以达到经济结构的优化或经济总量的基本平衡，推进国民经济持续、快速、健康发展，从而促进社会进步，即宏观调控。

依据上述调制类型的划分，调制主体的权力可以相应地分为国家投资经营权、市场规制权和宏观调控权。但一般观点认为，国家投资经营权不是一类独立的国家调制职权，由于国家投资经营是政府作为"运动员"直接参与生产经营行为，它既是调制者，同时又是参与市场的经营者，这便产生了调制主体与调制受体的竞合。所以，经济法上的国家调制体系，应当以宏观调控权和市场规制权的二元结构为主要类型。

(1)宏观调控权。通过财税政策、货币政策、国家规划等手段，宏观调控权的享有主体对经济运行和发展实行总体指导和调控，主要包括货币政策调控权、规划调控权、财政税收调控权等内容，有助于熨平经济周期、调节国家产业经济结构、平衡总供给与总需求的关系，实现经济发展。宏观调控权作为一项国家公权力，不但具有国家权力的一般特征，而且有其自身的特点，具体体现在以下几个方面：

第一，宏观调控权配置上的中央属性。宏观经济调控权，必须集中在中央，包括对货币的发行、汇率的调节、重要税种税率的调整和基准利率的确定等。第二，宏观调控权实施目标上的公共物品属性。第三，宏观调控权具有长期性、诱导性和间接性的特点。第四，宏观调控权的弱可诉性，抽象行政行为是宏观调控的主要行为，按照现行行政诉讼法的规定，不能提起行政诉讼。第五，宏观调控在未达目标的情况下，难以确定调制主体是否存在过错，也难以确定谁是应当受到追责的主体。

(2)市场规制权。市场规制权是指国家市场规制主体依法享有的直接限制经营主体权利，或者增加经营主体义务的权力。相较于宏观调控权，存在以下显著特点：

第一，市场规制权实施主体的独立性。第二，市场规制权对实施对象的直接强制性。第三，市场规制权实施过程中的"品"字形结构，最上端是行使市场规制权的市场监管机构，处于结构下端的是市场经营过程中的法律主体双方，其时而表现为"经营者—消费者"结构，时而表现为"经营者—经营者"结构。第四，市场规制权实施方式的谦抑性。

2. 调制受体的义务

在经济法视野下，经营者的义务是调制受体的主要义务，依据其面对的经济法主体类型的不同，其义务构成存在不同：

（1）保护消费者权益的义务。经营者具有保护消费者权益的义务，主要包括依法履行交易行为，接受消费者监督，保证消费者人身、财产安全，依法披露交易信息，出具交易凭证的义务，修理、更换和退货义务（"三包"义务），交易标的瑕疵担保义务，保证消费者人格尊严和人身自由、保护消费者个人信息等。

（2）公平竞争的义务。公平竞争不但是权利，还是义务。在具有竞争关系的经营者之间，彼此在享有公平竞争权的同时，均对其他经营者负有公平竞争的义务，即不得实施垄断、商业混淆、虚假宣传、侵犯商业秘密、不正当奖售等不正当竞争行为。

（3）依法接受调制的义务。相对国家调制主体，经营者还具有依法接受调制的义务，不但包括依法接受宏观调控的义务，还包括依法接受市场规制的义务。

二、三鹿奶粉事件追责相关公职人员

📖 **案事例介绍 5-2**[①]

2008 年 9 月曝光的三鹿婴幼儿奶粉事件，引发社会舆论。3000 多万名婴幼儿被家长争先恐后地带到医院检查诊治，当中被检出患有三聚氰胺结石的婴幼儿有 29 万名，实施取石手术的婴幼儿有数万名，为此三鹿集团承担医疗费等全部费用以及赔偿费共 9 亿多元。昔日全国著名的乳制品巨头，因此轰然倒下。

事件曝光后，石家庄警方就奶粉问题传唤嫌疑人 78 名；在全国范围内开展全面调查检测；卫生部上报病例，启动相关诊疗方案。同日，下架在北京、天津、上海、南京、广州等地的三鹿奶粉。

9 月 13 日，国务院针对三鹿奶粉污染事件，启动国家重大食品安全事故 Ⅰ 级响应机制处置。河北省政府对三鹿集团作出停产整顿的决定，有关部门对三鹿婴幼儿奶粉生产和奶牛养殖、原料奶收购、乳品加工等各环节开展检查。质检单位负责会同有关部门全面检查检验市场上一切在架婴幼儿奶粉。

事件曝光后，对"三鹿牌"婴幼儿奶粉重大食品安全事故负有直接责任和领导责任的河北省监察厅，石家庄市纪委监察局以及石家庄市政府、省直、市直和相关县、区有关职能部门相关责任人员进行了处理。多名领导干部被给予撤职、降级、警告、记过处分。

💬 **法律问题**

1. 谈谈经济法责任的特征。
2. 分析宏观调控机关的法律责任。

✍ **法理分析**

1. 经济法责任的特征

"经济法责任"是一个新的表述方式，它与约定俗成的民事责任、行政责任、刑事责

---

① 本案例来自《"三鹿奶粉事件"始末》，载《决策探索》2008 年第 11 期。

任等在形式上有着明显的不同，是按照法律责任的部门法性质对法律责任进行分类的结果，恰恰使经济法作为一个新兴的部门法所具有的鲜明特征得以凸显。权衡利弊，以防止引起不必要的冲突和误解，学界对于采纳"经济法责任"这一表述方式，已初步达成共识。经济法责任具有如下特征：

（1）复合性。所谓复合性，是指经济法主体所承担的责任常常体现为多种责任形式的竞合，即大量采用传统上属于刑事责任、行政责任和民事责任的形式。刑法、民法和行政法虽然也有借用其他部门法责任形式的情况，但往往属于个别情况，相比之下，经济法责任明显具有形式上的复合性。一是作为新兴的部门法，经济法难以发展出全新的法律责任形式，因此其唯有借用其他部门法的责任形式；二是由于经济法作为现代法、高级法，复杂问题往往是它所要面对解决的，仅仅依靠某一种类型的法律责任要想达到预期目的是非常困难的。比如，从中外经济法的具体立法来看，在《消费者权益保护法》、金融法、税法、《反不正当竞争法》以及《反垄断法》中，民事责任和行政责任往往是经济法主体要承担的，情节严重的，还可能受到刑事制裁。所以，为了对社会经济关系进行更有效地调整，确保国民经济的持续、稳定和健康发展，经济法必须综合地运用各种法律责任的形式。"在三鹿奶粉案件中，对重大食品安全事故负有直接责任的人员要承担生产假冒伪劣食品罪的刑事责任，石家庄市政府、省直、市直和相关县、区有关职能部门的相关责任人员被给予撤职、降级、警告、记过等行政处分，三鹿婴幼儿奶粉的生产企业三鹿集团承担了9亿多元的不安全食品的民事损害赔偿责任。该案体现了经济法责任的复合型特征。"

（2）社会性。因为经济法以社会公共利益优先，所以关于法律责任的规定，经济法在很多方面的考虑是基于社会公共利益。经济法站在全社会的高度之上，对违法行为进行制裁。事实上，经济法主体的违法行为，不但会对特定主体的经济利益与权利带来巨大的损害，而且还可能造成整个社会公众利益的巨大损失。所以，经济法主体的违法责任后果较为严重，应当承担多种法律责任：其责任承担的方式、内容、目标，不仅有经济性的，还有社会性的；不仅有补偿性的，还有惩罚性的。因此要融入更多关于社会成本的考虑。① "三鹿奶粉案件中的不安全食品不仅直接侵害了食用三鹿奶粉的婴幼儿身体健康，而且对受害人的父母、亲人造成巨大的心灵痛苦，更对社会造成巨大的心理恐慌，因此，该案的不安全食品不仅侵害了个人和家庭利益，也损害了社会公共利益，这体现了经济法责任的社会性特征。"

（3）不对等性、不均衡性。在经济法主体的构成中，经济行政主体一般是指具有宏观调控或市场规制职能的政府机构，具有不同角色的消费者、竞争者及经营者则组成市场主体。在政府干预市场运行的过程中，市场主体与经济行政主体不属于同一层面，也不属于同一类，因此规范其行为的法律规范性质不同，享有的权利和承担的义务不同，分别承担的法律责任也不同。在市场规制法中，对市场主体的义务规定较多(如《反不正当竞争法》《消费者权益保护法》中对经营者义务的规定)，其法律责任的规定也较多。同理，在宏观调控法律规范中，以规定经济行政主体的义务为主(如财政机关、征税机关、金融监管机构的法定职责)，相应地其法律责任的规定也应较多。如此，才能确保法律的有效实施，

---

① 李昌麒：《经济法学》，中国政法大学出版社2007年版，第87页。

才能使主体义务的履行落到实处。从以上可以看出，市场主体与经济行政主体间权利义务的不均衡性与不对等性，致使经济法责任显著的不均衡与不对等，这是传统的部门法责任不明显具有或不具有的。"三鹿奶粉案中的被追责主体主要是市场主体，即生产不安全奶粉的生产经营者——三鹿集团，对其规定的法律义务和责任较多，而对政府主管部门食品药品监督部门规定的权力较多，而义务较少，双方呈现出权利义务的不对等、不均衡特征。"

2. 宏观调控机关的法律责任

宏观调控法律规范和市场规制法律规范是经济法规范的主要构成部分，经济法责任也可据此划分。具体来说，在市场规制法领域，由于市场规制法律规范对权利义务有较为明确的规定，通常能够特定化相关主体及其责任，并能够通过诉讼机制得以实现，同一般的责任承担方式差别不大，责任承担问题并不突出。而宏观调控法的法律规范在宏观调控法领域，往往以政策指导的形式展开，法律责任的表述模糊不清，不具体明了，法感、可操作性以及必要的刚性是其所欠缺的，因此，才将责任承担问题断定为"问题"。违反市场规制法的责任承担不是经济法责任理论中的难点，如何承担违反宏观调控法的责任问题才是其难点。

在宏观调控中，个人责任和机构责任往往存在混淆的情形。忽视机构责任，过于强调个人责任，且没有明确规定政府如何承担法律责任；忽视个人责任，过于强调机构责任，以"集体负责"为由淡化个人责任的现象在现实中经常出现，集体意志成为问责的"保护伞"。所以，在个人责任与机构责任难以区分的情况下，不但要向直接责任人员追究责任，还应对作出决策的机构采取行政通报、考核降级、绩效奖金减少以及调整决策班子等措施，进而避免经济行政主体失职、滥用职权、越权和其他违法行为的发生。

在宏观调控过程中，享有宏观调控权的主体怠于履行或不合理履行宏观调控职责时，还要承担受到损害的调控受体的赔偿责任，这种赔偿责任可以叫作"政府失误赔偿制"，这是经济法对政府责任体系的创新。例如，政府在经济结构调整及产业结构调整过程中，对信息导向、技术推广、项目决策等方面的失误，需要依照公法上的信赖利益保护原则与比例原则对调控受体的实际损失进行赔偿。

另外，在宏观调控法领域，还可创设政治责任等新型责任形态。所谓政治责任，是指政治官员在从事政治活动的过程中应承担的一种责任。政治责任是政治官员制定符合民意的公共政策并推动其实施的职责，相应的职责没有得以切实履行应受谴责与制裁，政治责任与法律责任相比有诸多不同之处：第一，法律责任必须有法律的明确规定，而政治责任则无。第二，相对于法律责任，政治责任的追究更具有优先性。第三，有专门的机关对法律责任进行认定，而政治责任的认定不能仅以专门机关来进行。第四，政治责任的承担方式不同于法律责任，政治责任在公法中具有连带性，而法律责任不具有连带性。简言之，政治责任是宽泛的、不特定的，一定程度上对官员产生的压力和制约更为突出，促使其恪尽职守。① "三鹿奶粉案之所以发生，在一定程度上与上述宏观调控机关和市场监管机关

---

① 吕忠梅、陈虹：《经济法原论》，法律出版社 2007 年版，第 102 页。

的法律责任缺位有较大关系，要杜绝以后类似案件的发生，必须建立政府市场规制和宏观调控失误赔偿制和官员集体决策责任制，实现权力、义务与责任的对等和匹配。"

三、城市房地产调控的关键环节和主要措施

📖 **案事例介绍 5-3**①

2022 年 4 月全国两会的《政府工作报告》提出，坚持住房的居住属性，落实地方政府主体责任，加快建立健全促进房地产市场平稳健康发展的长效机制。随之，全国各地陆续出台新一轮房地产调控措施。坚决遏制房价过快上涨，彰显政府切实解决城镇居民住房问题的决心。为巩固房地产市场调控成果，必须坚持调控方向不动摇、调控力度不放松，深化、强化各项调控措施，加大政策执行的监督力度，切实稳定住房价格，促进房地产市场持续平稳健康发展。

有关部委在增加住房有效供给方面，更加注重从土地源头增加供给，出台相关措施。一方面对政府提出要求，如"房价上涨过快的城市，要增加居住用地的供应总量"；另一方面对房地产开发企业土地闲置、改变土地用途和性质、拖延开竣工时间、捂盘惜售等违法违规行为，加大监管力度，提出如有违法违规记录，要暂停其发行股票、公司债券和新购置土地等。

在税收调控方面，要采取"三端调控"策略。"三端调控"即"低端有保障、中端有优惠、高端有约束"。低端有保障，即对低端住房不收配套费，不收税，不收建设企业的利润，不收土地出让金，低端住房包括安置房、公租房等。这四个"不收"，可以使住房建设成本降到最低，这样给老百姓的租金或者卖价也会低，低收入群体住房困难问题也能得到切实解决。截至 2010 年 8 月末，来自住房和城乡建设部的最新数据显示，全国保障性安居工程已开工 410 万套，占年度计划的 70%。完成投资 4700 亿元占全年计划的 60%。中端有优惠，即在税收上对普通民众予以相应的优惠，使其购买自己居住使用的普通商品房。高端有约束，即对房价比商品房平均价格高两倍、三倍、五倍的高档商品房征收房产税，同时在交易环节征收较高的契税和增值税等，这是国际惯例。高端有约束，事实上是一种财产再分配，体现公平。

在房地产金融调控方面，各种措施花样繁多，如出台限购、限价、限贷政策，提高首付贷款利率，收紧房产商投资的信贷等措施。部分人认为，以上对策均没有直击要害。一旦宏观货币政策敲定，便需要实行统一的利率，按照这种利率进行按揭贷款，优惠政策不能任意更改变动。事实上，金融对房地产最有效、最直接的调控只需要一种，即按揭与首付的杠杆比。当实行零首付，杠杆比达到 100%，便会导致次贷危机的产生，美国的次贷危机已是前车之鉴。还有一种情况，采用零按揭，杠杆比为零，以紧缩房地产。以上两种情况是金融调控房地产的两个极端。于政府而言，只要讨论在零首付和零按揭之间采取什么比例，即能发挥金融对房地产的调控功能。譬如，目前多数地方的政策规定，老百姓购

---

① 本案例来自商宇：《城市房地产调控的关键环节和主要措施——黄奇帆在"2011 中国市长论坛"上作主题演讲》，载《重庆日报》2021 年 11 月 14 日。

买的首套普通商品房，首付应该在 30% 左右；对第二套以上的商品房或者高档商品房，首付可以到 60%；第三套以上的可以零按揭。

法律问题

1. 各地方政府种类繁多的房地产调控措施是否具有合法性与正当性？
2. 以房地产调控为例，说明宏观调控权的配置原理。

法理分析

1. 作为宏观调控权的房地产调控措施的合法性与正当性

市场不是万能的，市场以"看不见的手"为主要调节手段，有其自身不能逾越的缺陷，必须依靠政府宏观调控的力量，对市场调节的弱点和缺陷进行弥补，保持市场经济健康发展。宏观调控的必要性和合理性是由市场失灵理论所决定的。我国的房地产市场失灵现象尤为严重，目前，我国商品房价格，特别是北广沪深等一线城市的商品房价格上涨过度，已经远超出了当地普通民众的心理预期与经济承受能力。房价上涨带来租金飙升，让广大进城务工人员居无定所，苦不堪言。同时，房地产市场沉淀的巨额资金挤占了其他行业的发展空间，严重阻碍了我国制造业等实体经济的发展。房地产市场存在严重的市场失灵问题，政府为了克服市场失灵，必然采取相应干预措施。政府试图采取各种宏观调控措施把控房地产市场的走向，采取诸如行政、法律等手段对房地产市场予以调节，以保证其供需平衡，保证市场健康发展。

我国房地产调控过程中，各地方政府出台的限购令只是一种地方政策性文件，与依法行政、法律保留等法治基本原则明显不符。当前我国限购令的实施，国务院并没有依照《行政法规制定程序条例》（以下简称《条例》）规定的程序召开座谈会、听证会等，也未按该《条例》拟定的程序正式公告。因此，各大中小城市出台的限购令程序透明度更低，缺乏基本的告知、评议、参与机制。

宏观调控权的配置对一国经济的整体运行至关重要。在宏观调控权的权限不够明晰的情况下，会产生争权、滥权、弃权、越权等不良后果。所以，细化、法律化宏观调控权的配置应尽快提上日程。从制度的整体架构上看，诉诸宪法规范是必要的。宪法在经济领域的作用在于，为宏观调控提供了作用空间，还对其能力边界进行设定。宏观调控必须在宪法的限度内发挥自己的功能，才不至于沦落退化为经济统制；但对于具体权能的配置，则诉诸行政组织法与专业性、技术性的宏观调控法律规范，以求宏观调控权的分权、制衡与协调。[①]

为了维护中央调控政策的严肃性与权威性，必须在政策出台后，强化对地方调控政策落实情况的检查与监督，检查与监督的最佳手段之一是对地方政府实施的房地产市场调控绩效进行考核。经过绩效考核，以惩处地方政府的"过滤"行为，切实保证实现中央调控

---

① 吕忠梅、陈虹：《经济法原论》，法律出版社 2007 年版，第 430 页。

政策的目标。① 房地产市场调控政策执行的首要主体是地方政府，必须明确地方政府在调控中的主导地位，推进其着力落实调控政策。

2. 宏观调控权的配置原理

自改革开放以来，特别是实行社会主义市场经济体制以来，我国对于经济运行的宏观调控及其相关立法非常重视。宏观调控是指调控主体从社会公共利益出发，为了实现宏观变量的基本平衡和经济结构的优化，引导国民经济持续、健康、协调发展，对国民经济总体供求关系所进行的调节与控制。我国《宪法》第15条规定，"国家实行社会主义市场经济，国家加强经济立法，完善宏观调控"，从而把宏观调控上升到宪法高度。《中国人民银行法》第1条也明确规定，"建立和完善中央银行宏观调控体系，维护金融稳定"。总之，宏观调控作为一个经济法范畴的概念已得到立法机关的正式确认。

社会总供给和社会总需求的关系，构成国民经济总体的供求关系。国民经济的健康运行很大程度上取决于社会总供给和社会总需求能否保持平衡，所以，必须努力保持总供给和总需求的平衡，以保持国民经济持续、稳定与健康发展。

宏观调控是指政府通过市场机制，运用经济手段，使市场主体的活动与宏观经济发展总体目标相适应的措施与手段，而不是直接对市场主体的权利义务进行规定。政府主要通过财政政策、经济规划、货币政策、收入分配政策、区域政策、产业政策等对市场主体的活动进行调控。

宏观调控有其内在的运行机制，认知与尊重市场规律是宏观调控的手段、政策与制度实施的前提条件。通常来讲，"相机抉择"是政府宏观调控的运作机制，即政府要在国民经济呈现出过热的迹象时，依法运用调控手段减少总需求，使消费与投资不要过度旺盛，避免由通货膨胀可能导致经济危机；同时政府要依法运用调控手段，在国民经济转向衰退周期时刺激总需求，激活投资和消费，防止因通货紧缩引发经济危机。

作为一种重要的公权力和资源，宏观调控权具有稀缺性，必须科学合理配置宏观调控权，并依法进行。纵向配置与横向配置是宏观调控权配置的两个方面：第一，宏观调控权的纵向配置——中央与地方分权。实现社会总供给与总需求的平衡是宏观调控的目的，涉及公共权力的行使，因此，宏观调控的立法权和决策权必须集中于中央。鉴于各地经济发展水平参差不齐，同时，存在上有政策、下有对策的客观现实，因此，在遵守中央集中调控目标和原则的前提下，应充分发挥地方政府对经济的宏观调控作用。中央宏观调控政策的执行者和实施者是地方政府，在法律规定和中央政府授权的范围内可以自主行使宏观调控权。第二，宏观调控权的横向配置——政府各职能部门的权力分配。划分宏观调控各职能部门的职责，是宏观调控权的横向配置所涉及的问题。譬如，国家发展和改革委员会、国家税务总局、商务部、财政部、中国人民银行等部门分别行使规划、财税、货币、贸易等经济调控职权。

---

① 吴艳、王佑辉、鲍俊升：《房地产市场调控政策的综合效应研究》，载《中州学刊》2013年第4期。

📝 思考题

案例① 2008 年 9 月 8 日，甘肃岷县 14 名婴儿同时患有肾结石病症的新闻，掀起一片哗然。截至 2008 年 9 月 11 日，甘肃全省共发现肾结石患儿 59 例，其中 1 人死亡，部分患儿已发展为肾功能不全，这些婴儿都使用了售价在 18 元左右的三鹿奶粉。此外，在过去的两个月里，中国的几个省份也发生了类似的事件。三鹿牌婴幼儿配方奶粉是否遭受三聚氰胺污染，引发中国卫生部高度关注。三聚氰胺作为一种提高蛋白质检测值的化学物质，泌尿系统膀胱、肾会因三聚氰胺被人体长期吸收致使产生结石，膀胱癌也极有可能因此产生。

2008 年 9 月 13 日，国务院对三鹿奶粉污染事件，启动国家安全事故 I 级响应机制②进行处置。政府免费治疗患病婴幼儿，财政承担患儿治疗费用。相关部门对三鹿婴幼儿奶粉生产和奶牛养殖、原料奶收购、乳品加工等各环节开展检查。质检总局负责同有关部门全面检验检查市场上一切婴幼儿奶粉。

一场行政问责与司法问责"风暴"，在毒奶粉事件中形成产生。石家庄官方初步认定，不法分子在原奶中添加三聚氰胺导致三鹿"问题奶粉"的出现，已经传唤了 78 人，拘留了 19 名嫌疑人。19 名嫌疑人中有 18 人是牧场、奶牛养殖小区、奶厅的经营人员，其余 1 人涉嫌非法出售添加剂。河北省政府对三鹿集团作出立即停产整顿的决定，对涉事相关责任人给予相应的处理。三鹿集团董事长和总经理田某华被免职，并遭刑事拘留。2009 年 1 月 22 日，河北省石家庄市中级人民法院一审宣判，三鹿前董事长田某华被判处无期徒刑，三鹿集团高层管理人员王某良、杭某奇、吴某生则分别被判有期徒刑 15 年、8 年及 5 年。三鹿集团作为单位被告，犯了生产、销售伪劣产品罪，被判处罚金人民币 4937 余万元。涉嫌制造和销售含三聚氰胺的奶农张某军、高某杰及耿某平三人被判处死刑，薛某忠无期徒刑，张某军有期徒刑 15 年，耿某珠有期徒刑 8 年，萧某有期徒刑 5 年。

中国乳协在三鹿"问题奶粉"事件爆发以来，推动有关责任企业为婴幼儿奶粉事件共筹集赔偿金 11.1 亿元。赔偿金有以下用途：一是设立医疗赔偿基金，安排 2 亿元用于报销患儿急性治疗终结后至年满 18 岁之前可能出现相关疾病发生的医疗费用。二是 9.1 亿元用于支付患儿急性治疗期的医疗费、随诊费以及一次性赔偿金。截至 2010 年底，已有 271,869 名患儿家长领取了一次性赔偿金，但也有极少数受害儿童的父母由于信息不准确或不完整而没有领取一次性赔偿金。根据规定，患儿家长于 2013 年 2 月底之前可以随时在当地领取，如果在该日期之后仍未领取赔偿金，所剩金额则将用于医疗赔偿基金。

问题：

1. 以《产品质量法》为例，经济法责任的特殊性表现在哪些方面？
2. 本案中三鹿奶粉厂作为调控权的受体，应承担哪几种法律责任？

---

① 本案例来自《中国乳制品污染事件》，载百度百科：https://baike.so.com/doc/5376604-5612725.html，最后访问日期：2023 年 9 月 23 日。

② "I 级"为最高级，指特别重大的食品安全事故。

第六章　经济法的制定与实施

一、中国经济法法律体系的形成和立法现状

案事例介绍 6-1①

到目前为止，经济法也尚未有一部龙头法。世界上曾出现过一部以经济法命名的法律——《捷克斯洛伐克共和国经济法典》，可它早已烟消云散了。我国许多经济法学家及老前辈都做了很大的努力，一直想制定一部经济法通则，可至今尚未实现，同仁们还在努力。《反垄断法》是学者们比较公认的、具有纲举目张作用的法律文件。

由于没有一部龙头法，目前经济法的体系主要表现为大量的、分散的法律法规，大致可以分为如下几个方面：

（1）调整市场主体方面的法律，如《商业银行法》《企业登记管理办法》《企业法》《保险法》以及其他相关配套法律法规。

（2）宏观调控方面的法律，如《国债法》《财政法》《证券法》《政府采购法》《预算法》《人民银行法》及有关税收法律等。

（3）市场监管方面的法律，如《反不正当竞争法》《反垄断法》《产品质量法》《消费者权益保护法》《广告法》《城市房地产管理法》《海关法》《对外贸易法》等。

（4）环境资源保护和开发方面的法律，如《矿产资源法》《水污染防治法》《环境保护法》以及相关配套法律法规。

（5）劳动与社会保障方面的法律，如《社会保障法》《劳动合同法》《劳动法》等。

目前我国的经济立法主要表现在如下两个方面：对原有的法律进行修订，如对《保险法》《消费者权益保护法》等进行修订；制定有关市场经济缺位的法律，如《征收法》《房地产税法》《住房保障法》等。

经济法律体系是一个开放和包容的体系。伴随社会经济的发展，该体系会逐渐成熟与完善。

法律问题

1. 经济法的制定和实施具有哪些特点？

---

① 本案例来自符启林：《中国经济法法律体系的形成和立法现状》，载搜狐网：http://news.sohu.com/20110310/n279751791.shtml，最后访问日期：2022 年 7 月 8 日。

2. 影响经济法实施的因素有哪些?

📝 法律分析

1. 经济法的制定和实施的特点

经济法的制定,是指有关主体依据法定权限,经过法定程序,运用一定的立法技术,创制、修改、废止和解释经济法的活动。经济法所调整的宏观调控关系和市场规制关系,是具有显著特征和重大意义的社会关系,这决定了经济法的制定具有重要意义。第一,经济法的制定目的是为市场经济建章立制。经济法的制定是国家经济意志的法定化、国家经济政策的法律化,它使市场经济从人治走向法治,是一个从主观到客观的过程,对避免、杜绝经济调控中的瞎指挥与主观臆断起着重要作用,能为市场经济活动奠定统一规范的行为准则,明确各方的权利(力)义务边界,对定分止争、减少交易成本具有重要意义。第二,经济法的制定是以立法的方式明确、宣扬、推行市场经济的自由竞争精神。没有经济法的制定,规范的市场自由竞争秩序就不存在,也就没有市场经济。第三,市场经济的发展不但要诉诸市场机制,还需宏观调控的助力。制定宏观调控方面的法律是经济法制定的一个重要内容,具体包括财政法、金融法、产业政策法、发展规划法等法律的制定,这些法律对宏观调控的程序、权限、主体、责任和手段等内容进行全面而周详的规定,为宏观调控建章立制,以此推进宏观调控法治化的实现。

经济法的制定具有如下特征:第一,职权立法与授权立法相结合。经济法的制定应主要是职权立法,也就是基本的和主要的经济法法律由国家权力机关来制定,涵盖财政法、金融法、产业政策法、发展规划法、《反不正当竞争法》、《反垄断法》等方面的法律。然而,由于现代社会经济关系的技术性、专业性、知识性的要求与特点,国家权力机关在技术、知识、人力等方面相对欠缺,因此,采用授权立法,也即授权相应的其他机关主要是国家行政机关进行立法是非常必要的。第二,经济法法典和单行经济法并存。目前我国已经制定了大量的单行经济法,仍未制定经济法法典,待时机成熟,经济法法典的制定必定会列入全国人大的立法议程。第三,地方经济法制定和中央经济法制定相并举。中央制定基本经济法有利于维护市场的开放和统一,也有利于保证经济法体系的内在统一性,还有利于地方经济法的制定并保证其统一协调;作为中央经济法制定的补充,地方经济法的制定使中央经济法的制定更具可行性、灵活性与针对性,对于中央经济法的制定具有积极作用。第四,规律性和政策性相统一。应将合规律性和合政策性统一起来,进行经济法的制定。规律性是经济法制定的根本基础,不论是国家的经济政策,抑或是国家的经济法律,均必须符合客观经济规律。

经济法的实施,是一定主体依照法定权限和程序,将经济法规范贯彻落实到社会现实的过程。唯有通过经济法的实施,经济法的预期调整目标才能得以实现。经济法的实施具有以下特点:(1)明显的综合性。经济法实施是经济法守法、经济法执法和经济法司法的总和,具有明显的综合性。(2)独特的行政性。经济法执法机关不同于行政机关,具有较大的执法权,甚至准司法权。(3)高度的专业性。宏观调控和市场规制均涉及较高的专业素养和专业知识,因此,经济法的实施专业性较强。(4)严格的程序性。不论是宏观调控法的实施，抑或是市场规制法的实施，均涉及国家(政府)权力的运用，需要依循法定程序严格进行。

2. 影响经济法实施的主要因素

影响经济法实施的因素主要有：(1)经济法的制定是否科学。包括法律渊源是否明确、法律是否具有可操作性及可预见性、法律是否合乎客观规律、立法是否完备，均对经济法的实施起到直接影响。(2)经济法的实施机构是否独立。要确保经济法公正实施，则经济法实施机构的独立性必须得到保障。(3)经济法的实施机构是否健全。如果在司法体制改革中，能够在人民检察院、人民法院设立经济法检察庭、经济法审判庭，专门负责提起和审理有关财政、金融、产业、发展规划、垄断、不正当竞争等方面的经济法案件，经济法的实施便会得到极大的促进。(4)经济法的实施程序是否完善。经济法有其自身的特点，对程序法有特定的要求，现有的程序法并不能完全适用于经济法案件，如反垄断案件并不能完全适用三大诉讼法。由于我国尚未建立经济法方面的公益诉讼制度，所以，要进一步促进经济法的实施，必须加快完善经济法的程序法。(5)经济法实施人员的素质。经济法的政策性、知识性、技术性、专业性都很强，让经济法较好地实施只有依靠高素质的专业人员才能实现。(6)经济法的实施监督是否到位。经济法的实施是国家权力的贯彻和运用，任何没有制约和监督的权力，势必会被误用、滥用。

二、最高人民法院全面实施机构改革

案事例介绍 6-2[①]

最高人民法院于 2000 年 8 月 8 日召开新闻发布会，正式将机构改革方案向社会公布。大民事格局是法学者特别敏感的问题，即取消原来的经济审判庭，改经济审判庭为民二庭。最高人民法院之所以要对审判庭的设置做出重大调整，其目的是"使人民法院审判工作的职责分类更加清晰、更加科学合理"，建立大民事审判新格局，使审判庭与我国现行三大法律体系相对应，机构设置更规范，布局更合理。

也有人试图从法学理论上解释废除经济审判庭的原因，强调"经济法学是经济审判庭的理论支柱。然而，经济审判庭的业务活动和经济法学的研究对象是不相容的，主要理由如下：第一，虽然经济法的内涵有许多不一样的表达，可普遍的观点是，经济法是调整需要国家干预的、具有整体性和社会公共性的经济关系。所以，具有管理性的行政隶属关系是经济法学调整对象的特征，其性质完全不同于经济审判庭审理的经济纠纷。因此，经济审判庭的审判活动不能够以经济法学的理论为指导"。第二，业务审判庭的设置的目的是按照特定的程序法与实体法来处理某一特定性质的案件，每一审判庭都应有自己的学理基础作为支撑。如行政法学和行政诉讼法学是行政审判庭的支撑；民事审判庭依附于民法学和民事诉讼法学；刑法学和刑事诉讼法学是刑事审判庭的理论基础。但合理的理论依据则很难为经济审判庭找到。第三，经济审判庭的受案范围又呈日益缩小的趋势。现在，从全

---

① 本案例来自李岩峰：《最高人民法院全面实施机构改革》，载《人民法院报》2000 年 8 月 9 日。

国法院的整体层次上看，受理特殊主体的案件是经济审判庭的主要工作，如涉外、涉港澳台经济案件、金融纠纷案件以及国有企业案件。这类案件是市场主体在从事市场交易中发生的经济纠纷，并没有与民事审判庭审理的民事案件有实质性的差别，就其性质而言，其是平等主体之间的纠纷。所以，就理论上而言，经济审判庭的受案范围苍白无力，难以令人信服。

法律问题

1. 经济法的实施机构是否应独立？
2. 谈谈对最高人民法院取消经济审判庭的看法。

法律分析

1. 经济法的实施机构的独立性

徒法不足以自行，谋事在人，法律的实施机构影响着法律实施，法律实施机构的独立性决定着法律实施的状况。法律的独立实施是法律公正实施的关键之处。经济法的实施也是如此。就我国现行的经济法实施机构而言，以行政机构或隶属于行政机构的一些机构为主，如隶属于国务院的实施财政法的财政部，实施《反不正当竞争法》、《反垄断法》的国家市场监督管理总局，实施金融法的中国人民银行和国家金融监督管理总局，实施发展规划的国家发展和改革委员会等。要确保公正实施经济法，这些经济法实施机构的独立性就必须得到保障。经济法的本质就是确立和规范国家（政府）依法干预经济生活，有关政府机关及其工作人员违法干预经济、不作为和乱作为应被追究法律责任。比如在《反垄断法》执法中，反垄断执法机构的独立性就非常重要。事实证明，如果没有独立的经济法实施机构，经济法的公平和有效实施就难以实现。

2. 对最高人民法院取消经济审判庭的看法

法律的实施机构是否健全直接影响法律实施，健全的实施机构是加强法律实施的重要保障。虽然在以往的司法体制下，设有经济审判庭，可是这种经济庭审理的主要是除亲属继承、婚姻家庭外的各种经济纠纷案件，事实上依旧是民事审判庭或民事二庭、三庭，严格说来还不是真正意义上的经济法法庭，即专门审理有关金融、财税、产业政策、垄断、不正当竞争及发展规划等经济法案件的审判庭。在以往的司法体制下，缺乏相应实施经济法的司法机构，没有相应的司法机构，便不存在真正意义的经济法实施。而在现行司法体制下，已增设了各种专门审判庭，如房地产法庭、知识产权法庭、环境法庭等，却单单没有经济法法庭，而是将涉及垄断、不正当竞争相关的经济法案件划归知识产权庭，而有关发展规划、财税、金融、产业政策等宏观调控类的经济法案件几乎就无庭审理。可涉及金融、财税、产业政策、发展规划、垄断、不正当竞争等方面的经济法案件，事关民生社稷、影响治国安邦，倘若这类案件得不到有效的司法审理，就不能说经济法得到了真正全面的实施。如果在司法体制改革中，能够在人民检察院、人民法院设立经济法检察庭、经济法审判庭，专门负责提起和审理涉及金融、财税、产业政策、垄断、不正当竞争及发展规划等方面的经济法案件，势必会对经济法的实施起到极大的促进作用。

📝 **思考题**

案例 截至 2024 年 6 月 28 日，我国现行有效的法律共计 303 件，包括 1 件宪法、52 件宪法相关法、97 件行政法、25 件民法商法、28 件社会法、85 件经济法、4 件刑法、11 件诉讼与非诉讼程序法。

我国现行有效的 85 部经济法律名称，如表 6-1 所示：

表 6-1 **85 部经济法律名称**

序号	法 律 名 称	公布日期	施行日期
1	中华人民共和国对外贸易法（2022 修正）	2022. 12. 30	2022. 12. 30
2	中华人民共和国畜牧法（2022 修订）	2022. 10. 30	2023. 03. 01
3	中华人民共和国黄河保护法	2022. 10. 30	2023. 04. 01
4	中华人民共和国农产品质量安全法（2022 修订）	2022. 09. 02	2023. 01. 01
5	中华人民共和国反垄断法（2022 修正）	2022. 06. 24	2022. 08. 01
6	中华人民共和国黑土地保护法	2022. 06. 24	2022. 08. 01
7	中华人民共和国湿地保护法	2021. 12. 24	2022. 06. 01
8	中华人民共和国种子法（2021 修正）	2021. 12. 24	2022. 03. 01
9	中华人民共和国审计法（2021 修正）	2021. 10. 23	2022. 01. 01
10	中华人民共和国个人信息保护法	2021. 08. 20	2021. 11. 01
11	中华人民共和国数据安全法	2021. 06. 10	2021. 09. 01
12	中华人民共和国海南自由贸易港法	2021. 06. 10	2021. 06. 10
13	中华人民共和国印花税法	2021. 06. 10	2022. 07. 01
14	中华人民共和国草原法（2021 修正）	2021. 04. 29	2021. 04. 29
15	中华人民共和国进出口商品检验法（2021 修正）	2021. 04. 29	2021. 04. 29
16	中华人民共和国乡村振兴促进法	2021. 04. 29	2021. 06. 01
17	中华人民共和国广告法（2021 修正）	2021. 04. 29	2021. 04. 29
18	中华人民共和国民用航空法（2021 修正）	2021. 04. 29	2021. 04. 29
19	中华人民共和国动物防疫法（2021 修订）	2021. 01. 22	2021. 05. 01
20	中华人民共和国长江保护法	2020. 12. 26	2021. 03. 01
21	中华人民共和国出口管制法	2020. 10. 17	2020. 12. 01
22	中华人民共和国契税法	2020. 08. 11	2021. 09. 01

序号	法 律 名 称	公布日期	施行日期
23	中华人民共和国城市维护建设税法	2020.08.11	2021.09.01
24	中华人民共和国森林法(2019 修订)	2019.12.28	2020.07.01
25	中华人民共和国台湾同胞投资保护法(2019 修正)	2019.12.28	2020.01.01
26	中华人民共和国资源税法	2019.08.26	2020.09.01
27	中华人民共和国反不正当竞争法(2019 修正)	2019.04.23	2019.04.23
28	中华人民共和国建筑法(2019 修正)	2019.04.23	2019.04.23
29	中华人民共和国车船税法(2019 修正)	2019.04.23	2019.04.23
30	中华人民共和国外商投资法	2019.03.15	2020.01.01
31	中华人民共和国预算法(2018 修正)	2018.12.29	2018.12.29
32	中华人民共和国港口法(2018 修正)	2018.12.29	2018.12.29
33	中华人民共和国企业所得税法(2018 修正)	2018.12.29	2018.12.29
34	中华人民共和国产品质量法(2018 修正)	2018.12.29	2018.12.29
35	中华人民共和国耕地占用税法	2018.12.29	2019.09.01
36	中华人民共和国电力法(2018 修正)	2018.12.29	2018.12.29
37	中华人民共和国车辆购置税法	2018.12.29	2019.07.01
38	中华人民共和国计量法(2018 修正)	2018.10.26	2018.10.26
39	中华人民共和国节约能源法(2018 修正)	2018.10.26	2018.10.26
40	中华人民共和国旅游法(2018 修正)	2018.10.26	2018.10.26
41	中华人民共和国环境保护税法(2018 修正)	2018.10.26	2018.10.26
42	中华人民共和国循环经济促进法(2018 修正)	2018.10.26	2018.10.26
43	中华人民共和国船舶吨税法(2018 修正)	2018.10.26	2018.10.26
44	中华人民共和国农业机械化促进法(2018 修正)	2018.10.26	2018.10.26
45	中华人民共和国个人所得税法(2018 修正)	2018.08.31	2019.01.01
46	中华人民共和国电子商务法	2018.08.31	2019.01.01
47	中华人民共和国烟叶税法	2017.12.27	2018.07.01
48	中华人民共和国公路法(2017 修正)	2017.11.04	2017.11.05
49	中华人民共和国会计法(2017 修正)	2017.11.04	2017.11.05
50	中华人民共和国标准化法(2017 修订)	2017.11.04	2018.01.01
51	中华人民共和国中小企业促进法(2017 修订)	2017.09.01	2018.01.01

序号	法　律　名　称	公布日期	施行日期
52	中华人民共和国煤炭法(2016 修正)	2016. 11. 07	2016. 11. 07
53	中华人民共和国网络安全法	2016. 11. 07	2017. 06. 01
54	中华人民共和国资产评估法	2016. 07. 02	2016. 12. 01
55	中华人民共和国水法(2016 修正)	2016. 07. 02	2016. 07. 02
56	中华人民共和国航道法(2016 修正)	2016. 07. 02	2016. 07. 02
57	中华人民共和国防洪法(2016 修正)	2016. 07. 02	2016. 07. 02
58	中华人民共和国深海海底区域资源勘探开发法	2016. 02. 26	2016. 05. 01
59	中华人民共和国铁路法(2015 修正)	2015. 04. 24	2015. 04. 24
60	中华人民共和国邮政法(2015 修正)	2015. 04. 24	2015. 04. 24
61	中华人民共和国税收征收管理法(2015 修正)	2015. 04. 24	2015. 04. 24
62	中华人民共和国烟草专卖法(2015 修正)	2015. 04. 24	2015. 04. 24
63	中华人民共和国注册会计师法(2014 修正)	2014. 08. 31	2014. 08. 31
64	中华人民共和国政府采购法(2014 修正)	2014. 08. 31	2014. 08. 31
65	中华人民共和国渔业法(2013 修正)	2013. 12. 28	2013. 12. 28
66	中华人民共和国农业法(2012 修正)	2012. 12. 28	2013. 01. 01
67	中华人民共和国农业技术推广法(2012 修正)	2012. 08. 31	2013. 01. 01
68	中华人民共和国清洁生产促进法(2012 修正)	2012. 02. 29	2012. 07. 01
69	中华人民共和国水土保持法(2010 修订)	2010. 12. 25	2011. 03. 01
70	中华人民共和国石油天然气管道保护法	2010. 06. 25	2010. 10. 01
71	中华人民共和国可再生能源法(2009 修正)	2009. 12. 26	2010. 04. 01
72	中华人民共和国矿产资源法(2009 修正)	2009. 08. 27	2009. 08. 27
73	中华人民共和国进出境动植物检疫法(2009 修正)	2009. 08. 27	2009. 08. 27
74	中华人民共和国统计法(2009 修订)	2009. 06. 27	2010. 01. 01
75	中华人民共和国企业国有资产法	2008. 10. 28	2009. 05. 01
76	中华人民共和国银行业监督管理法(2006 修正)	2006. 10. 31	2007. 01. 01
77	中华人民共和国反洗钱法	2006. 10. 31	2007. 01. 01
78	中华人民共和国中国人民银行法(2003 修正)	2003. 12. 27	2004. 02. 01
79	中华人民共和国海域使用管理法	2001. 10. 27	2002. 01. 01
80	中华人民共和国价格法	1997. 12. 29	1998. 05. 01

序号	法 律 名 称	公布日期	施行日期
81	中华人民共和国乡镇企业法	1996.10.29	1997.01.01
82	全国人民代表大会常务委员会关于外商投资企业和外国企业适用增值税、消费税、营业税等税收暂行条例的决定	1993.12.29	1993.12.29
83	第五届全国人民代表大会常务委员会关于批准《广东省经济特区条例》的决议	1980.08.26	1980.08.26
84	中华人民共和国粮食安全保障法	2023.12.29	2024.6.1
85	中华人民共和国关税法	2024.4.26	2024.12.1

问题：

1. 谈谈经济法制定的意义。

2. 经济法的制定有哪些特点？

第七章 宏观调控法的基本理论与制度

一、适应新常态、面向市场主体的宏观调控创新
——对党的十八大以来我国宏观调控创新的认识

案事例介绍7-1①

党的十八大以来，我国外部环境面临前所未有之大变局，各种风险和挑战接踵而至，增速换挡、结构调整和动力转换成了国内经济发展的新常态。在以习近平总书记为核心的党中央坚强领导下，我国积极适应和引领经济新常态，紧紧围绕市场主体创新宏观调控，有效应对各种叠加风险，确保经济运行保持在合理区间，培育壮大经济发展新动能，向经济高质量发展迈出坚实步伐。

(一) 推进宏观调控创新的背景

我国经济增长自 2008 年国际金融危机后，逐步由高速转向中高速，经济发展面临着前所未有的风险和挑战，科学精准实施宏观调控政策，应对经济下行压力，保障经济合理运行，培育壮大市场主体，不断增强市场主体活力和社会创造力，成为党和政府经济工作的崭新命题和宏观调控的重大使命。

1. 国内经济下行压力增大

经济发展进入新常态，过去的要素条件和供需结构无法促进我国经济高速增长，经济潜在增速逐渐放缓，下行压力逐渐增大。从要素约束而言，2012 年以来中国劳动年龄人口数量呈下降趋势，农民工人口增速呈逐年下滑趋势。资本回报率降低，单位生产总值需要的资本支出比例较 21 世纪初的 2∶1 水平明显提高，已经超过 4∶1。生态环境硬约束不断增强，环境容量已经明显开始约束相对粗放型的发展方式，碧水蓝天等优美环境要求在人民群众心中不断提高。从需求空间看，以住行消费为代表的消费升级趋势有所放缓。2012 年，我国农村人均住房面积 37.1 平方米，比城镇家庭人均拥有住房面积高了 4.2 平方米，每一千人中汽车的拥有量接近 90 辆；房地产和汽车行业发展增速显著放缓；对钢铁、水泥和煤炭等传统工业产品的需求也明显放缓。从结构调整看，工业生产率目前仍较

---

① 本案例来自国务院发展研究中心"宏观调控创新"课题组：《适应新常态、面向市场主体的宏观调控创新——对党的十八大以来我国宏观调控创新的认识》，载《管理世界》2022 年第 3 期。

高，但峰值已过，从 2012 年开始，我国第一大产业变成了人均产出较低的服务业，总生产率的增长也趋于缓和。收入分配的差距明显，劳动报酬在 2011 年占 GDP 比重已经降至 45.6% 的阶段性低点，居民收入基尼系数保持在 0.4 以上，国内消费大市场潜力释放受限。

2. 国际环境更加错综复杂

国际金融危机后，全球贸易与经济增长缓慢，国际治理体系和大国竞争格局加快调整，国际产业链和供应链越来越脆弱，加剧了我国面临的输入性风险和挑战，经济运行的外部环境更加错综复杂。"低增长、高债务"成了全球经济的特点。全球金融危机后，虽然主要经济体已经实行了超常规刺激政策，超低利率甚至负利率在一些国家实施，但全球经济和贸易持续低迷，这使得债务水平急剧提高，金融风险越来越大。随着我国要素成本上升，"两头挤压"成为我国制造业所面临的难题。中东欧、拉美、东南亚等地成为了部分劳动密集型产业的主阵地，中低端制造业的空间在我国不断缩小。全球极端天气频发、新冠疫情等问题也成了全球供应链更加紧张的另一个原因，同时也造成全球性供给短缺。在我国面临"卡脖子"风险的有上千种关键产品，统筹好发展和安全刻不容缓。

3. 潜在风险暴露

全球金融危机后，随着经济增速回落，过去经济高速增长时期积累的产能过剩、债务隐患等问题显现出来，防范化解金融科技、影子银行等领域风险成为不可回避的严峻挑战。产能过剩问题在传统行业中表现突出，传统行业去产能压力加大，尤其是钢铁、水泥等行业，企业利润随着供需不平衡压力的增加不断下滑，PPI 的负增长已持续了 54 个月，这也增加了银行坏账的风险，同时也会不断积累地方政府债务。之前部分地方政府为了实现经济的高速增长，将重点放在了基础设施、园区和城市建设上，但大量的债务随着融资平台、隐性担保等方式的融资而积累。省市县三级政府在 2010 年底负有偿还责任的债务余额约 6.7 万亿元，而截至 2013 年 6 月底，负有偿还责任的债务余额增长了 3.9 万亿元，达到了约 10.6 万亿元。影子银行出现了无序扩张的现象，传统表内工具不断被银行理财、资管、信托等表外工具取代，体系资金链条长、隐蔽性强，监管难度大等影子银行存在的问题，可能会导致风险交叉感染和引发系统性风险。不断增加的金融乱象催生了非法集资、非法融资事件，其中以假借金融创新、科技创新进行融资尤为突出，P2P 网贷、股权众筹等新金融业态的规范势在必行。

（二）我国宏观调控的实践创新

党的十八大以来，我国积极适应、把握、引领经济新常态，牢固树立和贯彻落实新发展理念，直面市场主体困难及发展需求，围绕市场主体创新宏观调控，提振市场主体发展信心，全面持续优化市场营商环境，应对当前经济形势，有效防范和化解经济金融风险，实现了经济平稳运行、增长保持中高速、发展质量稳步提升，对新时代的宏观调控理论和实践进行了丰富发展和重大创新。

1. 直面市场主体发力

经济进入新常态，我国宏观调控需要减少中间环节，直面市场主体出招发力。在财政政策方面，落实落细对市场主体减税降费。在增值税方面，进行全面改革，对有着量大面广特点的中小微企业实行大规模、阶段性减税政策。在货币政策方面，加大对实体经济的支持力度，推动中小微企业融资。在中小微企业金融服务能力方面，对考核激励机制进行改进，激励商业银行服务能力提升。在投资政策方面，进一步增强政府投资效率，激发社会资本投资活力。在直达政策和工具设计方面，根据市场主体的需求开展多项创新。发行特别国债、扩大地方政府专项债规模，由市场主体直接申请使用，保证项目快速获得资金。

2. 以供给侧结构性改革为主线

随着经济增速放缓，进入趋势性回落"换挡期"，产能过剩在部分传统高增长行业中十分明显，供过于求的矛盾日益凸显。尽管出现这样的问题有周期性、总量性因素的存在，但结构性因素才是其根本原因，主要表现为供给侧无法根据行情实时调整，导致经济结构失衡和经济循环不畅。如果仅从需求侧发力，结构转型中的供给不能适应需求升级、供需不匹配等问题不仅难以解决，投资回报率下行的制约与日益增加的隐性债务风险累积在需求管理中也逐渐凸显。所以，宏观调控与经济工作必须有针对性地抓住主要矛盾和矛盾的主要方面，提高供给体系对国内需求的适配性，积极发挥供给引领作用。

我国创新性地实施了一系列结构性改革措施，提质增效，推进供给侧结构性改革，畅通经济循环、增强供给侧活力，不断提升供给对需求的适配性，立足增长阶段转换，达到新的供需平衡。持续推动淘汰落后产能，稳步推动要素节约利用。持续推进"放管服"改革，将政府作用不断落实。全面推行清单管理制度，深入推进行政审批制度改革，对行政审批事项大幅削减，不断降低市场主体经营成本，切实减轻企业综合负担。精准发力补齐短板，优化公共服务供给。

3. 促进深化改革和宏观调控相结合

促进深化改革与宏观调控相结合，将制度性安排和短期性措施有效结合起来，一是彻底松绑、减负广大市场主体；二是将宏观调控作用机制不断地改革完善，通过"营改增"和降低增值税税率，将企业经营成本有效降低，实施综合与分类相结合的个人所得税制度，使广大人民群众享受到改革发展的成果；三是健全宏观审慎政策与货币政策"双支柱"调控框架，优化风险管理方式；四是加速利率市场化改革，健全货币政策传导机制，为实体经济高质量发展创造有利的金融环境。

4. 突出就业政策优先地位

我国宏观调控政策将就业放在优先地位，让就业政策与财政政策、货币政策、投资政策并驾齐驱，成为我国宏观经济政策的重要组成部分，努力实现充分就业的宏观政策目标。推动大众创业、万众创新，深化"放管服"改革，大力促进"双创"，充分发挥创新创业带动就业的作用。鼓励引导各地外出务工人员返乡入乡创业，对留学人员回国创新创业启动支持计划，在用地审批、项目审批和信贷投放方面予以适当倾斜。出台新的就业政策来服务重点人群，鼓励灵活就业，不断改进围绕就业的宏观调控机制。根据经济基本面和就业吸纳能力的变化，强化宏观调控的针对性与科学性，对就业目标进行调整，将保就业作为"六保"的重中之重。将就业优先作为宏观调控重点，牢牢稳住就业基本盘，保证经济社会稳定运行，切实保障好最基本的民生工作。

5. 用新动能拓展经济增长空间

我国宏观调控的一项重要任务就是不断培育增强新动能，通过出台各项政策鼓励创新，强化经济发展动力，保持并提高潜在经济增速，切实保障国民经济平稳运行。不断夯实优化创新驱动的政策环境，保障融资支持创新动力，推进知识产权质押融资、专利许可费收益权证券化、专利保险等服务，建立全国交易市场，统一管理知识产权，推进融资便捷高效。进一步减少创业企业税费，鼓励适当延长双创示范基地孵化期限、对房租进行补贴等，减少创新成本。

6. 注重发挥结构性调控工具的作用

我国不断实施精准调控，创新使用结构性政策工具支持薄弱环节、重点领域和实体经济发展。实行结构性减税降费，不断扩大小微企业税收优惠范围。加大对个体工商户、制造业、中小微企业、科技领域等减税力度，实现制造业企业研发费用加计扣除比例为100%的目标。扩宽增值税期末留抵退税适用行业范围，实行按月全额退还增量留抵税额。针对小型微利企业，不断降低可享受所得税优惠的标准，针对小规模纳税人，提高增值税起征点。针对初创的科技型企业，使其享受更多的优惠政策。通过支出结构的优化，对专项转移支付进行整合压缩，降低一般性支出，切实兜牢基层、保基本民生。加大一般性转移支付力度，对困难地区财力补助与均衡性转移支付进行优化，保障基层政府正常运转和落实中央政策的能力。针对地方政府举债行为和债务结构进行规范和优化。"开前门"和"堵后门"协调起来，在使用地方政府专项债的地方要做到规范发行，将专项债变成补充地方建设资金的主要方式。对地方政府债务实行限额管理，严控新增隐性债务风险，实行财政承受能力评价、物有所值评价等方式对 PPP 等投融资方式进行评估。适时适度运用货币政策工具，确保流动性合理充裕。在疏通货币政策传导机制上，根据实际情况使用非对称降息、定向降准等方式，保障实体经济的流动性。在保障重点或薄弱环节上，利用专项再贷款工具进行支持。

💬 **法律问题**

1. 分析宏观调控的特征、目标和手段。
2. 谈谈违反宏观调控法的法律责任。

法理分析

1. 宏观调控的特征、目标和手段

政府宏观调控是指国家(或政府)对宏观经济运行进行调节和控制的行为。宏观调控的特征如下：(1)国家主体性。国家(或政府)是调控行为的主体，具体调控行为由国家立法机关和政府行政机关等来行使。(2)对象的宏观性。宏观经济或宏观经济的运行是宏观调控行为的对象。(3)目的的宏观性。经济的宏观状况是宏观调控的着眼点，有效克服和预防由市场失灵所导致的一系列问题，保障总供给和总需求的平衡、协调经济平稳运行是其目的。(4)调控手段的宏观性。宏观调控所采用的调控手段，例如财政、税收、金融等方式也是宏观的。(5)调控依据的法定性。宏观调控行为的依据是法律的明确规定，国家的宏观调控行为必须在法律所规定的权力、程序和范围内实施。

宏观调控的四大目标，主要包括：(1)总量均衡。宏观经济总量最基本的平衡，即总需求和总供给的均衡。(2)结构优化。优化各经济要素在产业和地区之间的比例分布，使其符合国民经济结构发展的规律。(3)充分就业。通常而言，失业率保持在5%以内视为充分就业。(4)国际收支平衡。它是指一个国家或地区在一定时期内的国际收支净额基本持平。

宏观调控的手段是指为实现宏观调控目的所采取的方法、措施。宏观调控的手段主要包括规划、财政、税收、金融等调控手段。

2. 违反宏观调控法的法律责任

违反宏观调控法的法律责任，是指宏观调控主体违反宏观调控法律义务而应承担的不利的法律后果。违反宏观调控法的法律责任形式有两种，一种是财产性责任，如财产罚；另一种是非财产性责任，如声誉罚、政治罚、资格罚、自由罚等。[①]

在宏观调控法领域，宏观调控法的法律规范多以政策指导的面目出现，法律责任的表述模糊不清，不具体明了，法感、可操作性差，尤其是缺乏法律刚性，因此，责任承担问题才被认为是"真问题"。

在经济实践中，个人责任与机构责任往往会出现混淆的情况。有时过于强调个人责任，忽视机构责任，尤其是缺乏政府如何承担法律责任的明文规定；有时过于强调机构责任，忽视个人责任，以"集体负责"为由淡化个人责任的追究在现实中经常出现，集体意志成为问责的"保护伞"。所以，在个人责任与机构责任难以区分的情况下，不但要向作出决策的直接责任人员追究责任，还应对作出决策的机构追究责任，从而避免宏观调控主体失职、滥用职权、越权以及其他违法行为的发生。

在我国现有的条件和体制下，如何进行宏观调控法责任的创新，已成为一个富有理论和实践意义的命题。事实上，已有学者和基层政府进行了一些经济法责任形式的创新：

(1)政府失误赔偿制。这是某些基层政府对政府责任体系的创新。政府承诺，在产业

---

① 《经济法学》编写组：《经济法学》(第三版)，高等教育出版社2022年版，第143页。

导向与经济结构调整上，对政府在信息导向、技术推广、项目决策等方面的失误承担连带的赔偿责任。

（2）政治责任。所谓政治责任，就是要求官员（我国称领导干部）的行为必须合情合理，符合人民的意志和利益。倘若领导无能或决策失误，导致出现严重后果，损害人民群众切身利益，即使官员本身没有违法，不受法律追究，但必须承担政治责任，对选民负责，接受全国和地方各级人民代表大会的质询、弹劾或通过"不信任"案。政治责任在公法中具有连带性，而法律责任不具有连带性。政治责任是宽泛的、不特定的，在一定程度上对官员产生压力和制约更为有效，敦促官员恪尽职守。①

二、2023 年上半年我国外贸进出口呈现整体回升向好态势

案事例介绍 7-2②

2023 年上半年我国经济运行整体回升向好，外贸进出口顶住了压力、稳住了规模、提升了质量，总体是符合预期的。具体来看，2023 年上半年外贸进出口呈现出三方面的积极变化：

一是外贸活力增强。据统计，上半年我国 54 万家外贸企业有进出口实绩，同比增加 6.9%。其中，以中小微企业为主、充满活力的民营企业不断扩容，外贸经营主体活跃度明显增强。

二是外贸结构更优。从贸易方式看，产业链更长、附加值更高的一般贸易进出口增速快于整体，占进出口总值的比重提升 1.2 个百分点，达到 65.5%，贸易自主发展能力稳步增强；从区域布局看，中西部地区、东北三省开放发展步伐加快，上半年进出口分别增长 2.8%、4.5%，分别高出整体增速 0.7 个百分点和 2.4 个百分点，合计占我国进出口总值的比重提升至 21%，区域发展更趋平衡。

三是外贸动能汇聚。在外贸承压的态势下，我国大力开拓新兴市场、打造高水平开放平台、培育壮大优势产业，不断汇聚外贸新动能。

2023 年上半年海南自由贸易港、自由贸易试验区进出口增长分别达 26.4% 和 8.6%，开放平台作用发挥明显。"新三样"产品合计出口增长 61.6%，拉动整体出口增长 1.8 个百分点，绿色产业动能充沛。

2023 年上半年，我国对"一带一路"共建国家进出口增速接近两位数，占进出口总值比重提升至 34.3%；同期，对拉美和非洲等新兴市场进出口总值分别增长 7% 和 10.5%，国际市场更加多元。对美国进出口 2.25 万亿元，下降 8.4%，占 11.2%。对欧盟进出口 2.75 万亿元，增长 1.9%，占 13.7%。

---

① 吕忠梅、陈虹：《经济法原论》，法律出版社 2007 年版，第 147 页。

② 本案例来自《国新办举行 2023 年上半年进出口情况新闻发布会》，载国务院新闻办网站：www.scio.gov.cn/xufb/gwyxwbgsxwfbh/w9fbh_2284/49421/40133/w250135/202307/t20230724_729250.html，最后访问日期：2023 年 7 月 13 日。

法律问题

1. 海关是否属于国家宏观调控部门？请说明理由。
2. 海关在国家宏观经济调控中的作用如何发挥？

法律分析

1. 海关的宏观调控职能

海关是集中对进出口货物、运输工具以及人员进行监管的部门。作为国家宏观调控的重要部门，海关在国家宏观调控中占有重要和不可替代的独特地位。

（1）从海关职能与职责来看海关的宏观调控作用。《中华人民共和国海关法》第2条规定："中华人民共和国海关是国家的进出关境（以下简称进出境）监督管理机关。海关依照本法和其他有关法律、行政法规，监管进出境的运输工具、货物、行李物品、邮递物品和其他物品（以下简称进出境运输工具、货物、物品），征收关税和其他税、费，查缉走私，并编制海关统计和办理其他海关业务。"

（2）海关能更好地增强宏观经济政策的前瞻性，保障政策的科学性。海关位于宏观调控过程的前哨，进出口贸易方面真实客观的数据资料可以被及时掌握，为国家宏观调控政策的制定提供依据和判断标准，这样能更好地为宏观调控发挥预警作用。

（3）海关可以科学、全面贯彻落实国家宏观调控政策，确保国家宏观调控政策的实施效果。

（4）国家宏观调控政策的重要杠杆由关税筹集财政收入和再分配的职能直接构成。[1]

2. 海关在国家宏观经济调控中发挥的作用

（1）完善进出口关税政策，不仅在促进国际收支平衡、减少贸易摩擦、抑制国内通货膨胀、实现节能减排、优化出口贸易结构等方面具有积极意义，而且在当前经济严峻复杂的情况下，对于刺激出口，推动国内经济的快速复苏方面具有重要意义。

（2）加大出口征税力度，降低出口退税，可以使我国出口企业遭遇国际贸易壁垒风险降低，缓解与各国的贸易矛盾，减少国内经济面临通货膨胀的风险，促进国际收支平衡。

（3）完善出口关税，转变外贸增长方式，优化出口贸易结构。长久以来，中国外贸出口以劳动密集型产品为主，企业出口自主品牌与高新技术产品的比重偏低，缺乏核心技术，品牌附加值较低。因此，有必要通过完善出口关税来促进外贸结构调整，加快对外贸易增长方式的转变。

（4）完善进出口税收征管机制，提高关税征管水平。

（5）增强出口监管，完善出口税收绩效评估机制。对税收的考核重点从"量"上转变为"以质取胜，量质并举"。

---

[1] 李九领：《海关在我国国家宏观调控中的地位与作用》，载《经济师》2009年第5期。

📝 思考题

案例①　党的二十大报告明确指出，"中国式现代化，是中国共产党领导的社会主义现代化，既有各国现代化的共同特征，更有基于自己国情的中国特色。"坚持中国特色社会主义，是中国式现代化同西方现代化道路的根本区别，是推进中国式现代化的最本质要求。中国特色宏观调控作为中国特色社会主义制度和国家治理体系的重要组成部分，突破了西方宏观调控政策理论与实践的局限。改革开放以来，中国特色宏观调控助推中国实现了举世瞩目的经济增长奇迹，为中国式现代化的推进奠定了历史基础。在新发展阶段，中国特色宏观调控以高质量发展为根本要求，不断地进行创新与完善，为中国式现代化的持续推进提供宏观政策保障。

改革开放以来，中国经济创造了举世瞩目的增长奇迹，从贫困落后的低收入国家一跃成为世界第二大经济体。2022年中国GDP总量已突破120万亿元。中国经济实力的大幅跃升，为中国式现代化的推进提供了坚实的经济基础和物质条件。在这一过程中，中国特色宏观调控起到了不可或缺的重要作用，尤其是以下两方面优势得到充分体现。

在短期内，由于中国特色宏观调控的调控方式较为灵活，所以具备更强大的逆周期调节能力，有效地保证了经济在高增长过程中平稳运行。西方国家宏观政策实践主要是遵循单一规则，较少进行相机调控。其优势在于可以提高政策透明度与预期管理能力，但弊端在于难以对经济波动及时作出反应。相比之下，中国特色宏观调控更加强调相机调控，根据经济形势的变化及时调整调控目标、调控工具与调控力度。例如，2008年国际金融危机爆发之前，中国宏观调控的首要目标是"稳物价"；危机爆发之后，首要目标迅速调整为"保增长"，政策力度随之显著增加，较好地应对了国际金融危机的冲击。党的十八届三中全会明确提出将提高相机抉择水平，增强宏观调控的前瞻性、针对性、协同性。党的十八大以来，中国特色宏观调控体系更加完善，既兼顾了对公众预期的引导，又能够有效对宏观经济进行预调微调，从而使宏观调控的逆周期调节能力得到进一步提升。

长期来看，由于中国特色宏观调控以国家中长期发展规划为导向，所以能更好地促进经济增长，确保长期经济增长目标顺利实现。西方国家的宏观政策实践主要以新凯恩斯主义为指导，仅聚焦实现短期内的产出稳定与通胀稳定，而不聚焦于长期经济增长。这导致西方国家的宏观政策往往存在局限性，特别是在后国际金融危机时期，面对短期产出下滑与长期增长疲软相叠加的新问题，难以提供行之有效的对策。相比之下，中国特色宏观调控将短期稳定目标与长期发展目标有机结合，对经济运行的短期调节是在"五年规划""'三步走'战略""'两个一百年'奋斗目标"等中长期发展规划的指导下进行的。这就使得宏观调控能充分兼顾长期经济增长的需要，"寓改革于调控之中"，在调控中不断推动经济增长方式的转变与经济结构的优化，从而激发经济长期增长内在动力，为长期经济增长目标的实现提供保障。

为了不断夺取全面建设社会主义现代化国家的新胜利，党的二十大报告指出高质量发展是全面建设社会主义现代化国家的首要任务，明确了高质量发展对于实现中国式现代化

---

① 本案例来自陈彦斌、谭涵予：《宏观政策"三策合一" 加强政策协调 着力推动中国经济高质量发展》，载《政治经济学评论》2023年第1期，第12~27页。

的重要意义。推动高质量发展也是对新发展阶段中国特色宏观调控的根本要求。2020年发布的《关于新时代加快完善社会主义市场经济体制的意见》强调，要加快建立与高质量发展要求相适应、体现新发展理念的宏观调控目标体系、政策体系、决策协调体系、监督考评体系和保障体系。2022年召开的中央经济工作会议指出，2023年经济工作要坚持稳字当头、稳中求进，继续实施积极的财政政策和稳健的货币政策，加大宏观政策调控力度，加强各类政策协调配合，形成共促高质量发展合力。

在高质量发展的要求下，中国特色宏观调控在新发展阶段不断创新完善。从调控范围来看，中国特色宏观调控不仅关注对短期总需求的调节，而且正在全面推进"供给侧结构性改革+需求侧管理"新举措。这一新举措既能持续推进增长动力转换，为经济增长注入新动力，促进经济长期稳定增长，又能优化供给结构与需求结构，从而畅通国民经济循环，应对发展不平衡不充分问题，提高经济增长质量。从调控思路来看，中国创新性地提出了"逆周期调节+跨周期调节"新思路，在长期和短期目标中实现动态平衡。与单一的逆周期调节思路相比，跨周期调节思路的补充有助于避免政策"急转弯"对经济发展和居民福利造成的不利影响，保障宏观调控的连续性、稳定性、可持续性。从调控工具来看，中国在全球范围内较早地构建起了"货币政策+宏观审慎政策"双支柱调控框架，有助于更好地实现经济稳定与金融稳定的双稳目标，增强经济运行稳定性。同时，加强了对科技政策、产业政策、投资政策与消费政策等政策工具的运用，更好地促进了经济增长质量的提升。中国特色宏观调控的创新举措有效推动了中国经济质的有效提升和量的合理增长，充分体现了高质量发展的思想，能够为稳步推进中国式现代化提供健全科学的宏观政策保障。

问题：

1. 宏观调控的目标和手段是什么？
2. 谈谈宏观调控法的定位。
3. 宏观调控法的具体原则有哪些？

第八章　财政调控法律制度

一、国务院关于 2021 年度中央预算执行和其他财政收支的审计工作报告

📖 **案事例介绍 8-1**①

2022 年 6 月，审计署向全国人民代表大会常务委员会报告了上一年度的中央预算执行和其他财政收支的审计情况，总体情况如下：2021 年度全国范围内被审计单位达 8.7 万多个，促进增收节支和挽回损失共计 3800 多亿元。根据预算报告，2021 年，中央一般公共预算收入总量 93,405.41 亿元、支出总量 120,905.41 亿元，赤字 27,500 亿元，与预算持平；中央政府性基金收入 4419.9 亿元、支出 4003.31 亿元；中央国有资本经营收入 2420.3 亿元、支出 1077.8 亿元；中央社会保险基金收入 10,621.37 亿元、支出 10,602.99 亿元。

(一) 中央财政管理审计情况

审计报告指出，财政部和发展改革委在预算和投资计划执行方面总体较好，但也存在中央决算草案个别事项编报不够完整、财政资源统筹仍需向纵深推进、中央财政支出分配投向和使用效果还不够精准优化等重大问题。

1. 中央决算草案个别事项编报不够完整

第一，财政部未严格执行《预算法实施条例》关于财政专户资金管理的规定，② 在编制的 2021 年度决算草案中，共计 1506.65 亿元未在财政专户资金中单独反映。第二，其他中央部门接受国外定向援款时，未严格执行财政部印发的《国外无偿援助资金预算管理办

---

① 本案例来自侯凯：《国务院关于 2021 年度中央预算执行和其他财政收支的审计工作报告——2022 年 6 月 21 日在第十三届全国人民代表大会常务委员会第三十五次会议上》，载《中华人民共和国全国人民代表大会常务委员会公报》2022 年 11 月 3 日。

② 《中华人民共和国预算法实施条例》第 52 条第 4 款规定："财政专户资金应当由本级政府财政部门纳入统一的会计核算，并在预算执行情况、决算和政府综合财务报告中单独反映。"

法》规定的应将其使用的定向国外援款列入本单位的部门决算草案附表,[①] 共计 1.85 亿元。

2. 财政资源统筹仍需向纵深推进

第一,存在部分国有资本经营收益应缴未缴的问题。6 户部属企业虽已纳入国有资本经营预算,但未全面完成收益收缴入库任务,未申报收益共计 1487.81 万元;另有 58 个部门所属的共计 679 户企业未依规纳入国有资本经营预算管理,抽查这 679 户企业中的 12 户,发现其应缴收益达 3.59 亿元。第二,存在中央财政结转结余资金未落实统筹使用的要求,共计 6 个部门、13 个所属单位的项目结余资金未及时清理上缴财政,规模较大,达 9068.01 万元;7 个项目获得中央财政结转,规模达到 31.55 亿元,继续安排的 11.2 亿元使用率不高,仅使用了 3.72%,年底结转增至 41.16 亿元。为盘活存量财政资源,已收回的财政结转资金应及时调入一般公共预算统筹使用,但审计结果表明,仍有 164.19 亿元未严格执行规定。第三,存在多申领预算、部分收入游离于预算外等问题。10 个部门和 18 家所属单位在专项资金结存的情况下又申报同类资金,造成 54.48 亿元闲置;4 个部门和 4 家所属单位在已有足额预算安排、无预算需求等情况下,多申领 11.78 亿元。14 个部门和 150 家所属单位未将事业收入、结转资金等 34.36 亿元纳入部门预算;8 个部门未将 24 家所属单位纳入预算管理,涉及 2021 年收入 7.26 亿元;5 个部门和 15 家所属单位 5.03 亿元非税收入未上缴财政。第四,存在政府预算体系定位不清晰、分工不明确等问题。根据《预算法》的规定,一般公共预算、政府性基金预算、社会保险基金预算、国有资本经营预算共同构成了我国政府预算体系。国有资本经营预算的功能定位应与一般公共预算相区别,但实践中这两类预算在企业项目支出、政府投资基金注资等方面存在定位重合的问题,上一年度均向企业拨款,拨款对象共计 36 户,规模达 915.48 亿元。政府性基金预算与一般公共预算存在彩票公益金等部分支出项目重合的问题。上一年度,政府性基金预算向彩票公益金拨入 191.63 亿元,与一般公共预算相关支出项目重合。

3. 中央财政支出分配投向和使用效果不够精准高效,部分中央本级支出没有发挥效益

开展重大支出政策后评估,按照中央要求做好支出预算安排、保持支出力度、优化支出结构等工作,但也存在资金管理不精细、部分支出管理有待加强等问题亟待改进。

(二)审计建议

针对上述问题,审计署提出如下审计建议:(1)推动宏观调控政策更加稳健、有效;(2)完善党中央重大决策部署落实机制;(3)防范化解重点领域风险,严格规范重大经济

---

① 《国外无偿援助资金预算管理办法》第 7 条规定:"项目单位应将定向国外援款上年资金使用情况和当年预算或资金使用计划报送中央归口管理部门。中央归口管理部门应于每年 1 月 10 日前,将本部门管理的定向国外援款上年度执行数和当年预算数报财政部部门预算管理司,经审核后报预算司汇总,作为中央预算草案的附表。"

事项决策权力的运行；（4）进一步增强预算刚性约束，严肃财经纪律。

💬 **法律问题**

1. 谈谈预算应当遵循的基本原则及其类型。

2. 结合本案，谈谈全国人民代表大会和地方各级人民代表大会对预算草案及其报告、预算执行情况的报告重点审查的内容。

3. 结合本案，谈谈设立财政专户的意义。

📝 **法理分析**

1. 预算应当遵循的基本原则及其类型

预算是一国政府根据其施政方针和社会公共需要编制的，经审核批准的国家年度财政收支计划。根据《预算法》第 12 条，① 预算应当遵循的基本原则包括统筹兼顾、勤俭节约、量力而行、讲求绩效和收支平衡。

根据《预算法》第 5 条规定，预算可以分为以下四类：一般公共预算、政府性基金预算、国有资本经营预算、社会保险基金预算。②

（1）一般公共预算是用于保障和改善民生、促进经济社会发展、维护国家安全、维护国家机构正常运行的收支预算。中央一般公共预算包括中央各部门（含直属单位）预算和中央对地方税收返还、转移支付预算。地方各级一般公共预算包括本级部门（含直属单位）预算和税收返还、转移支付预算。

（2）政府性基金预算是指在一定期限内，依照法律、行政法规的规定，向特定对象征收、收取或者以其他方式筹集的资金，用于特定公益事业发展的收支预算。政府性基金预算应当根据基金项目的收入和实际支出需要编制，实行以收定支。

（3）国有资本经营预算是对国有资本收益作出支出安排的收支预算。国有资本经营预算按照收支平衡、无赤字的原则编制，划入一般公共预算。

（4）社会保险基金预算是通过社会保险缴费、一般公共预算安排和其他方式筹集的资金，专门用于社会保险的收支预算。社会保险基金预算应当根据统筹层次和社会保险项目分别编制，做到收支平衡。

2. 对预算草案及其报告、预算执行情况的报告重点审查的内容

根据《预算法》第 48 条规定，全国人民代表大会和地方各级人民代表大会对预算草案及其报告和预算执行情况的报告重点审查下列内容：（1）上年度预算执行情况是否符合本级人民代表大会预算决议的要求；（2）预算安排是否符合本法规定；（3）预算安排是否贯

---

① 《中华人民共和国预算法》第 12 条规定："各级预算应当遵循统筹兼顾、勤俭节约、量力而行、讲求绩效和收支平衡的原则。"

② 《中华人民共和国预算法》第 5 条规定："预算包括一般公共预算、政府性基金预算、国有资本经营预算、社会保险基金预算。"

彻国民经济和社会发展的方针政策，收支政策是否可行；（4）重点支出和重大投资项目的预算安排是否合理；（5）预算编制是否完备，是否符合本法第64条的规定；（6）对下级政府的转移支出预算是否规范合理；（7）预算安排举债的债务是否合法合理，是否有还款计划和稳定的还款资金来源；（8）是否清楚说明与预算有关的重要事项。

本案中，《国务院关于2021年度中央预算执行和其他财政收支的审计工作报告》重点对以下几个方面进行了审计：（1）中央财政管理情况；（2）中央部门预算执行情况；（3）重大项目和重点民生资金使用情况；（4）国有资产管理使用情况，重点聚焦企业、金融、行政事业、自然资源等4类国有资产使用；（5）重大违纪违法问题线索，自2021年5月以来，审计共发现移送重大违纪违法问题线索300余件，涉案金额1300多亿元，涉案人员3000余人。

3. 我国设立财政专户的意义

我国设立财政专户对财政收支进行集中化、法治化、公开化管理，对保证财政资金的有效管理和专款专用具有重要意义。财政专户，是指经国务院批准，依照法律规定设立的，由财政部门管理的用于管理特定专项资金的银行结算账户。财政专户制度是财务管理体制改革的重要组成部分，对提高财务管理水平、规范财政资金使用、促进财务管理法治化发挥了积极作用。随着财务管理体制改革的不断深入，财政专户制度将不断完善，为我国财务管理现代化提供有力支撑。

财政专户具有下列特点：（1）依法设立。设立和变更财政专户，必须严格依照法律规定或者经国务院批准。财政部门应当按照规定对财政专户的设立和变更进行审核，并作出批准或者不批准的决定。（2）财政部门管理。财政专户由财务部门统一管理，由财务部门负责财政专户的开立、核销、变更等事项。财政部门应当对财政专户的资金收支情况进行审查，作出是否结清的决定。对财政专户的核销，应当按照规定进行，并报上级财政部门备案。（3）专款专用。财政专户只能用于管理特定的专项财政资金，不得挪作他用。财政部门应当按照规定对财政专户的资金收支进行监督检查，确保资金安全和专款专用。每一笔财政资金都通过专户进出，体现了对财政资金的集中化严格监管。（4）实施预算管理。财政专户资金收支必须严格按照预算执行。财政专户内的资金来自财政收入，支出也必须经财政部门批准。因此，财政专户的资金往来必须纳入预算体系，严格按照预算执行，并严格审计监督。

根据资金来源的不同，财政专户可分为：（1）财政拨款专户，是指财政部门拨付给各级政府、部门和单位的专项资金的银行结算账户；（2）政府性基金专户，是指各级政府性基金收支的银行结算账户；（3）国有资本专户，是指国有资本经营预算收支的银行结算账户；（4）其他专户，是指除上述三类专户以外的其他专项资金的银行结算账户。

财政专户在财政管理中发挥着重要的作用，主要体现在以下几个方面：（1）提高财政控制水平。通过对财政资金的集中管理，财政专户制度可以有效地加强财政控制，防止财政资金的流失和挪用。（2）规范资金分配。财政专户制度可以通过将财政资金专款专用，有效地规范财政资金的分配和使用，防止财政资金的浪费和低效。（3）推进财政管理法治化。通过依法设立和管理财政专户，可以有效地促进财务管理法治化，维护财政资金的安全和完整。

为严格规范财政专户管理，切实保障资金安全，自2011年以来，财政部多次组织对地方财政专户进行专项检查，并不断健全和完善相关制度。以《预算条例》为例，《预算条例》主要从三个方面规范财政专户的管理：一是明确财政专户的含义和使用范围。财政专户是指财政部门为履行财务管理职能，依据法律规定或者经国务院批准开设的用于对特定专项资金进行管理和核算的银行结算账户。特定专用资金包括依法可以设立的财政专户的资金，外国政府和国际经济组织的贷款、赠款，按照规定存储的人民币以外的货币，以及财政部会同有关部门报国务院批准的其他特定专用资金。二是严格规范财政专户的设立。根据规定，开设或变更财政专户必须经财政部批准，注销财政专户必须报财政部备案，中国人民银行应当加强对银行业金融机构开户的核准、管理和监督。三是规范财政专户资金管理。规定财政专户资金由本级政府财政部门管理，除法律另有规定外，未经本级政府财政部门同意，任何部门、单位和个人不得冻结、动用财政专户资金。财政专户资金由本级政府财政部门统一核算，并在政府预算执行情况、决算和综合财务报告中单独反映。财政专户资金情况应当按照规定向社会公开。①

二、地方违规举债的表现方式

📖 **案事例介绍 8-2**②

自《预算法》和《国务院关于加强地方政府性债务管理的意见》实施以来，各地方政府积极做好地方政府债务防控和管理工作，取得了良好成效。但也有一些地方通过各种方式非法举债，对防范区域性、系统性财政金融风险危害很大，必须坚决制止和纠正。

为提高筹集财政资金的速度和总量，地方政府常常绕过限制，违反国家政策和法律法规，利用建立国有资产管理公司、以政府购买服务的名义借贷、资金调拨以及融资租赁等方式筹集资金。

第一，地方政府通过多种方式建立国有资产管理公司，并通过注入不能产生经济利润的公益性资产来增加其资产规模。为加快城市建设，一些地方政府在成立国有企业时，通过国资委实现100%控股，为各种设施的建设提供资金，并将市政道路和桥梁等难以产生经济效用的公益设施移交给国有企业，从而扩大了国有企业的资产规模。在这种情况下，国有企业作为主要贷款人直接从金融机构获得融资，或者由国有企业从证券交易所或私募股权公司发行债券筹集资金。为帮助国有企业借款或发行债券，地方政府或人大通常会出具承诺声明，承诺将借款本息金额或债券本息金额纳入地方财政年度预算。同时，如果上述国有企业未能偿还本金，地方财政部门也会出具相关文件或承诺声明，承诺国有企业按时足额偿还企业债券本金。

第二，以真实或虚构的购买公共服务合同为幌子的非法借贷。将国家政策明令禁止的不能以政府购买服务方式进行的基础设施建设项目也采取政府购买服务方式，向银行借款

---

① 《司法部、财政部负责人就〈中华人民共和国预算法实施条例〉修订有关问题答记者问》，载司法部网站：http：//www.moj.gov.cn/pub/sfbgw/flfggz/flfggzfgjd/202008/t20200821_151946.html，最后访问日期：2023年8月20日。

② 本案例来自陈华清：《地方违规举债的几种表现形式》，载《中国财经报》2019年4月16日。

筹措资金，实际成了地方政府债务。为保障公共服务的质量，确保财政资金的公开透明，《政府采购法》《招标投标法》等法律规定，在公共服务领域逐步引入竞争机制，通过合同或委托的方式从符合条件的市场主体获取服务。一些政府部门还以虚构公共服务合同的形式向银行借款，即由政府专题会议研究同意，以地方所属的国有公司出面与地方财政部门签订虚构的政府购买服务协议向银行借款，明确该国有公司拥有对地方财政的应收政府购买服务费，并以该应收政府购买服务费作为质押担保，向银行融资，国有公司收到相关融资资金后，主要用于当地各类公益建设支出。

第三，通过资金转移，非法向企业举债。一是地方政府要求其子公司向相关银行、基金公司等金融机构借款，借款金额取决于地方项目的数量。企业向银行、基金公司等金融机构借款后，地方政府以"资金汇兑"的名义与上述企业划转资金。当地政府拨付资金给上述企业时，该笔资金记在"其他应付款"贷方账户，企业记在"其他应付款"借方账户，银行回单上注明资金用途为"往来款"。随后，当地政府将上述借入资金拨付给另一家下属企业，资金拨付时，当地政府记入"其他应付"借方账户，另一家下属企业计入"其他应付"贷方账户，用于市政工程建设，银行回单上注明资金用途为"回购款"或"补贴收入"。同时，该企业将收到的调拨资金中属于工程回购的部分计入"主营业务收入"，将补贴收入的部分计入"营业外收入"，该企业在年报中将上述资金分别反映为经营活动的现金流入、净利润。此时，地方政府在"其他应付款"科目上实现了数量上的借贷平衡，但从实际情况来看，地方政府对上述借款的下属企业形成了负债。

第四，与融资租赁公司合作，以融资租赁的形式违规举债。首先，地方政府指定一家下属企业，通过虚增企业固定资产规模来"做大""做强"企业。然后，该企业代表政府与融资租赁公司签订融资租赁协议，以虚增的企业资产为租赁标的，与融资租赁公司以售后回租合作的形式开展融资租赁业务项目，向融资租赁公司融资借款。为实现这一目的，当地政府授权某机关作为政府采购服务的采购主体，代表政府与上述企业签订《政府购买服务协议》，采购金额通常数以亿元计，并要求地方财政负责将采购资金纳入本级政府年度财政预算和政府采购服务预算管理，以购买服务采购款作为支付融资租赁租金的还款来源。因此，上述企业可以将《政府购买服务协议》项下的应收账款等所有权益质押给融资租赁公司，用《政府购买服务协议》项下的采购资金偿还融资租赁项下的租金，并分年度向融资租赁公司付款，达到非法融资举债的最终目的。

法律问题

1. 谈谈地方政府性债务的内涵、功能与风险。
2. 谈谈地方政府性债务监管的法律机制。
3. 结合本案，谈谈如何监管地方政府违法违规举债行为？

法理分析

1. 地方政府性债务的内涵、功能与风险

地方政府债务，简称地方公债或地方债，是指有财政收入的地方政府和地方公共机构，为满足地方财政支出需要，以按期还本付息为条件，通过借款或发行有价证券等方式向民营企业和个人筹集资金形成的债务。地方债不属于国家公债。

对地方政府性债务的内涵进行全面把握，必须将其与国家公债、地方政府债务区别开来。首先，地方性政府债务不属于国家公债。地方政府性债务是由地方政府发行的，一般用于支持地方政府的基础设施建设和公共服务发展，还款资金来源于地方政府的财政收入，风险也由地方政府承担。而国家公债是由中央政府发行的，一般用于弥补中央政府的财政赤字，中央政府的信用等级高于地方政府，财政收入来源相较于地方而言也更加稳定，因此国家公债的风险一般较小。其次，地方政府性债务不等于地方政府债务。地方政府债务主要指地方政府本级财政负责偿还的政府性直接债务或依法提供担保形成的担保债务。地方政府性债务同地方政府债务相比较，内涵更为宽泛，不但包括地方政府直接举债的债务，也包括地方政府融资平台公司、公用事业单位、经费补助单位举借的债务。因此，二者也可以视为广义与狭义的关系。

地方债既具有积极功能，又具有潜在的风险。由于我国中央与地方财政分税制未能为地方提供足额的财政收入来源，影响了地方政府在提供基础建设、社会服务等方面的财力。地方政府通过发行地方债，可以筹集到资金，用于地方基础设施建设、公共服务提供等方面，从而增强地方政府的财力。地方政府财力增强了，才有资金为社区提供必要的基础设施和条件，创造新的就业机会、吸引私人投资和增加当地消费来刺激经济活动，推动地方经济发展。地方政府债筹集的资金还可用于资助教育、医疗、社会福利和公共安全等公共服务，改善居民的生活质量。

但如果地方债持续扩张，则有可能对财政体系的稳定、系统性金融风险的防范乃至整体宏观经济的安全造成潜在风险。

2. 地方政府性债务监管的法律机制

目前，我国地方债规模较大，法治化程度较低，这加大了地方政府性债务的潜在风险。地方政府应采取措施防范债务风险，建立起完善的地方债管理机制。一个完善的地方债管理机制应当包括规模控制、预算管理、风险预警、应急处置、监督问责五个方面的内容。[①] 首先，在举债规模方面，地方政府必须在国务院限定的数额内举借债务，目的在于有效控制地方政府的举债规模，保证地方政府不会因为过度发债而陷入危机。其次，在预算管理方面，我国现行《预算法》规定，省、自治区、直辖市的地方政府可以通过发行地方政府债券筹措部门建设资金，通过发行债券筹措的建设资金要列入本级财政预算，并且报请本级人民代表大会批准。再次，在风险预警方面，预算执行中发现地方政府债务余额超过本级政府债务限额或者债务风险较高时，应当及时采取措施，并报告本级人民代表大会常务委员会和上一级财政部门；同时，根据地方政府债务风险预警指标体系，及时发现和化解债务风险。然后，在应急处置方面，《地方政府债务管理条例》规定，地方政府应当建立健全债务风险应急处置机制，明确应急处置的组织领导、工作程序、处置措施等，定期进行演练，提高债务风险应急处置能力。最后，在监督问责方面，《预算法》主要规

---

① 乔欣：《问责地方政府违法违规举债》，载《新理财（政府理财）》2017 年第 3 期。

定了行政责任和刑事责任，对违法违规举债或者为他人提供担保的给予撤职、开除等行政处分，对构成犯罪的将依法追究相应的刑事责任。

地方政府性债务的偿还不仅依靠地方财政收入，还依靠地方政府融资平台公司、公用事业单位、经费补助单位的收入，如果这些单位的收入不足，则可能导致地方政府性债务违约。中央政府高度重视地方政府债务问题，并采取了一系列措施来防范和化解地方政府债务风险。为制止地方政府借地方融资平台公司名义进行违规融资举债，财政部出台了一系列规范地方性政府债务的规范性文件。2012年，为全面规范地方政府的融资行为，财政部、发展改革委、人民银行、银监会四部门联合出台了《关于制止地方政府违法违规融资行为的通知》，对直接或间接吸收公众资金违规集资、回购方式举借政府性债务行为、融资平台公司注资行为和融资行为、地方政府违规担保承诺行为等进行规制，防范财政金融风险。2017年，财政部发现一些地区存在违法违规扩大政府购买服务范围、超越管理权限延长购买服务期限等问题，出台了《关于坚决制止地方以政府购买服务名义违法违规融资的通知》，督促相关地区和单位在规定期限内依照相关法律规定整改到位。

3. 监管地方政府违法违规举债行为

近年来，对地方政府债务风险管理进行了重大改革，旨在解决以前的问题并建立透明和问责的体系。过去，地方融资平台公司承担政府融资职能，导致政府与企业界限模糊，导致债务隐蔽化。但通过债务筛查，地方政府的显性债务负担已经被识别出来，并通过发行地方政府债券逐步解决。这一转变使得地方政府债务更加透明，并有利于配套制度体系的建立。尽管进行了一些改革，但非法担保和变相举债等违规举债行为仍屡禁不止，地方政府债务管理仍面临挑战。如上述材料所述，许多地方政府采用各种方式违规举债，主要手段有：(1)通过国有公司借款或发行公司债券形式违规举债；(2)以实际或虚构的政府购买服务协议名义违规举债；(3)通过资金调拨方式违规向企业举债融资；(4)与融资租赁公司合作，采取融资租赁方式违规举债。

2018年，《预算法》修订实施后，预算管理在诸多方面有了重大突破，有效地切断了地方政府投融资平台债务融资渠道，极大减少了显性债务的生存空间。2020年，中央政府出台了《关于进一步做好地方政府隐性债务风险防范化解工作的通知》，要求地方政府全面排查隐性债务，并制定化解方案。2021年，中央政府又出台了《关于做好地方政府债务风险防范化解工作的意见》，进一步明确了地方政府债务风险防范化解的政策措施。这些措施的出台，有助于防范和化解地方政府债务风险，维护地方经济和金融稳定。

要杜绝地方政府违规举债行为，除了建立完善的地方债管理机制外，关键在于建立严格的责任追究机制，将预算问责机制落地。近年，尽管财政部就违规举债向地方政府发出问责函，但还从来没有一例因为《预算法》而被处理的相关案件，这表明，素有"经济宪法"之称的《预算法》在很多地方被当作一纸空文，并未得到有效遵守和执行。因此，必须加强问责机制落地，通过规范地方政府债务、提高透明度、增强偿债能力，降低地方政府债务风险，培育更加稳健的财政金融体系。

三、漯河市财政局、漯河市政府采购中心与漯河市
安居物业管理有限公司行政合同、行政裁决等
二审行政案件

📖 **案事例介绍8-3①**

2016年5月27日第三人漯河市政府采购中心发出漯采谈判采购〔2016〕19号招标项目通知，第三人市政府采购中心对漯河市行政服务中心委托的文件打印服务招标项目进行竞争性谈判和招标。进行投标的单位需具有文印服务经验、对外承包文印服务经历（开标时提供对外承包的相关合同原件）、文印设备特约授权维修站资历。此次招标实行资质后审，资质审查工作在开标时由评标委员会独立负责。原告漯河市安居物业管理有限公司（以下简称安居公司）投标后，第三人市政府采购中心于2016年6月17日开标并于当天向原告安居公司下发漯财政招通字〔2016〕187号漯河市政府采购中标通知书。中标结果出来后，漯河市慧光印刷科技有限公司（以下简称慧光公司）提出疑问。2016年9月19日第三人市政府采购中心下发通知，以原告安居公司不具备招标文件中要求的"文印设备特约授权维修站资历"为由取消原告安居物业的成交候选单位资格。随后原告安居公司向被告市财政局投诉，被告市财政局于2016年11月3日作出漯财购〔2016〕15号处理决定书，原告安居物业对处理决定书不服向漯河市人民政府（以下简称市政府）申请复议，市政府于2017年2月16日作出复议决定书，撤销被告市财政局2016年11月3日作出的漯财购〔2016〕15号处理决定书，责令被告市财政局重新处理投诉事项。2017年3月14日，被告市财政局重新作出漯财购〔2017〕3号决定书，决定如下：1. 第三人市采购中心于2016年9月19日作出的《取消投诉人的候选单位资格的通知》合法有效；2. 安居物业投诉的招标文件中"有关投标单位需具备文印设备特约授权维修站资历"条款有歧视普通文印服务企业的嫌疑，缺乏事实根据，驳回投诉。随后，原告安居公司向郾城区人民法院提起行政诉讼，认为被告漯河市财政局与第三人漯河市政府采购中心在竞争性谈判招标过程中违反公平原则，侵犯了原告的合法权益，请求撤销被告市财政局的漯财购〔2017〕3号决定书。一审法院认为，本案中第三人市政府采购中心未提交证据证明涉案招标项目不能事先计算出价格总额，其招标行为也不符合法律规定的采用竞争性谈判的其他情形，第三人市政府采购中心在不符合法律规定的情况下，下发漯采谈判采购〔2016〕19号文进行竞争性谈判，且在竞争性谈判的过程中未遵循法律规定的程序成立谈判小组、制定谈判文件，其在程序方面存在重大瑕疵，被告市财政局作为监管部门，监管不严，未能及时发现此次招标的问题，在原告安居公司投诉、申请复议的过程中也未能及时纠正第三人市政府采购中心的违法行为，并作出确认《取消投诉人的候选单位资格的通知》合法、驳回原告安居物业投诉的决定，被告市财政局于2017年3月14日作出的漯财购〔2017〕3号决定书认定事实错误，应当予以撤销。

原审被告漯河市财政局不服一审判决，向漯河市中级人民法院提起上诉，请求二审法

---

① 本案例来自河南省漯河市中级人民法院(2018)豫11行终21号行政判决书。

院撤销原审判决，维持一审被告的行政处理决定，驳回原审原告诉讼请求。

上诉人市财政局在二审提供证据，漯采购〔2016〕3 号文件一份，证明印刷服务列入集中采购目录，可以进行集中采购且涉案项目采购金额不足 80 万元不需要经过招标程序，也不需要审批。

上诉人市政府采购中心在二审中提供如下证据：

(1)漯河市市直政府采购申报表、漯河市市直委托协议通知书，证明市政府采购中心严格按照财政部门批复的采购计划实施采购；

(2)河南省电子化政府采购系统评委抽取记录、评委签到表，证明市政府采购中心按照《中华人民共和国政府采购法》(以下简称《政府采购法》)的规定成立了谈判小组；

(3)漯河市行政服务中心所需文印服务招标项目招标文件，证明市政府采购中心按照《政府采购法》的规定制定了谈判文件；

(4)漯河市行政服务中心所需文印服务招标项目竞争性谈判招标公告、投标签到表，证明市政府采购中心按照《政府采购法》的规定确定了邀请参加谈判的供应商；

(5)投标单位价格确认表，证明市政府采购中心按照《政府采购法》的规定实施了谈判；

(6)漯河市政府采购中标通知书，证明市政府采购中心按照《政府采购法》的规定确定了成交供应商。

法律问题

1. 本案原审被告漯河市财政局与第三人漯河市政府采购中心进行的竞争性谈判采购程序是否违反了《政府采购法》的规定，请说明理由。

2. 上诉人市财政局、市政府采购中心在二审期间提供的证据应否被采纳？为什么？

3. 上诉人市财政局〔2017〕3 号确认《取消投诉人的候选单位资格的通知》合法、驳回安居公司投诉的决定是否合法？请说明法律依据。

法理分析

1. 该竞争性谈判采购程序违反了《政府采购法》的规定

原审被告漯河市财政局是负责漯河市财政工作并对漯河市政府采购工作进行全面监督的机构。根据《政府采购法》第 26 条规定，政府采购方式主要包括公开招标、邀请招标、竞争性谈判、单一来源采购、询价以及国务院政府采购监督管理部门认定的其他采购方式。① 《政府采购法》第 30 条规定了可以采用竞争性谈判方式采购的货物或服务种类，明确限定在以下四类：(1)招标后没有供应商投标或者没有合格标的或者重新招标未能成立的；(2)技术复杂或者性质特殊，不能确定详细规格或者具体要求的；(3)采用招标所需

---

① 《中华人民共和国政府采购法》第 26 条规定："政府采购采用以下方式：(一)公开招标；(二)邀请招标；(三)竞争性谈判；(四)单一来源采购；(五)询价；(六)国务院政府采购监督管理部门认定的其他采购方式。公开招标应作为政府采购的主要采购方式。"

时间不能满足用户紧急需要的；（4）不能事先计算出价格总额的。① 《政府采购法》第38条规定了竞争性谈判方式采购的基本程序，其顺序为成立谈判小组、制定谈判文件、确定邀请参加谈判的供应商名单、谈判、确定成交供应商。②

据此，本案中第三人市政府采购中心的政府采购行为存在以下两方面的违法情形。首先，市政府采购中心未提交证据证明涉案招标项目不能事先计算出价格总额，其招标行为也不符合法律规定的采用竞争性谈判的其他情形，第三人市政府采购中心在不符合法律规定的采用竞争性谈判的情况下，下发溧采谈判采购〔2016〕19号文进行竞争性谈判，违反了《政府采购法》第30条的规定。其次，市政府采购中心在竞争性谈判的过程中未依照《政府采购法》第38条之规定成立谈判小组、制定谈判文件，在程序方面存在重大瑕疵，被告市财政局作为监管部门，监管不严，未能及时发现此次招标的问题，在原告安居公司投诉、申请复议的过程中也未能及时纠正第三人市政府采购中心的违法行为，并作出确认《取消投诉人的候选单位资格的通知》合法、驳回原告安居物业投诉的决定，因此，被告市财政局于2017年3月14日作出的溧财购〔2017〕3号决定书认定事实错误，应当予以撤销。

2. 该证据不应该被采纳

《中华人民共和国行政诉讼法》第67条规定了被告的答辩期间，为收到起诉状副本之日起十五日。③ 最高人民法院出台的司法解释规定，被告提出延期举证的期限为收到起诉状副本之日起十五日，且必须以书面形式提出，同时分别规定了原告、被告、第三人逾期提交证据的不利后果。④ 根据上述法律规定，本案的两个上诉人作为原审被告和原审第三人，原审被告应当收到起诉状副本之日起十五日内向法院提交证据，逾期提供的，将承担举证不能的不利后果；原审第三人在第一审程序中无正当事由未提供证据而在第二审程序中提供的，人民法院将不予采纳，两个上诉人将承担举证不能的不利后果。故一、二审法院不予采纳该证据的理由合法。

---

① 《中华人民共和国政府采购法》第30条规定："符合下列情形之一的货物或者服务，可以依照本法采用竞争性谈判方式采购：（一）招标后没有供应商投标或者没有合格标的或者重新招标未能成立的；（二）技术复杂或者性质特殊，不能确定详细规格或者具体要求的；（三）采用招标所需时间不能满足用户紧急需要的；（四）不能事先计算出价格总额的。"

② 《中华人民共和国政府采购法》第38条规定："采用竞争性谈判方式采购的，应当遵循下列程序：（一）成立谈判小组。……（二）制定谈判文件。……（三）确定邀请参加谈判的供应商名单。……（四）谈判。……（五）确定成交供应商……"

③ 《中华人民共和国行政诉讼法》第67条规定："被告应当在收到起诉状副本之日起十五日内向人民法院提交作出行政行为的证据和所依据的规范性文件，并提出答辩状。"

④ 《最高人民法院关于适用〈中华人民共和国行政诉讼法〉的解释》第34条规定："根据行政诉讼法第三十六条第一款的规定，被告申请延期提供证据的，应当在收到起诉状副本之日起十五日内以书面方式向人民法院提出。人民法院准许延期提供的，被告应当在正当事由消除后十五日内提供证据。逾期提供的，视为被诉行政行为没有相应的证据。"第35条第2款规定："原告或者第三人在第一审程序中无正当事由未提供而在第二审程序中提供的证据，人民法院不予接纳。"

3. 该决定认定事实有误，依法应予撤销

《政府采购法》第 13 条规定了政府采购监管责任主体是各级人民政府的财政部门，由财政部门行使政府采购监督管理的权力和责任。[①] 2007 年，为加强政府采购货物和服务项目价格评审管理，财政部出台了《财政部关于加强政府采购货物和服务项目价格评审管理的通知》（以下简称《加强评审管理通知》），具体规定了采购行为效力的认定主体、采购无效的法定情形及后果，即若评审人员未按照采购文件载明的评审方法和标准评审，则采购无效；认定采购效力的权力由财政部门依法行使，后果是责令重新开展采购活动。[②] 本案中，上诉人市财政局是对漯河市政府采购工作进行全面监督的机构，被上诉人安居公司向其投诉另一上诉人市政府采购中心作出的取消安居公司成交候选单位资格的行为违法，上诉人市财政局应当根据《政府采购法》《政府采购非招标采购方式管理办法》规定的竞争性谈判程序对市政府采购中心作出的取消安居公司成交候选单位资格的行为进行审查，即使出现两个上诉人所称的评审错误，亦应按照《加强评审管理通知》第 6 条的规定，由财政部门依法认定采购无效，并责令重新开展采购活动。但市财政局在对安居公司投诉的处理过程中，没有按照上述规定对市政府采购中心作出的取消安居公司成交候选单位资格的行为的合法性进行审查，亦没有调取该取消成交候选单位资格的行为符合上述规定的证据，其作出的确认《取消投诉人的候选单位资格的通知》合法有效的决定，认定事实有误，依法应予撤销。

四、《海南省财政厅政府采购投诉处理决定》

📖 **案事例介绍 8-4**[③]

投诉人：海南潮州旗实业有限公司（以下简称潮州旗公司）

相关供应商：海口明邦实业有限责任公司（以下简称明邦公司）

2017 年 6 月 13 日，投诉人潮州旗公司，就海南省中医院洗涤消毒服务采购项目的中标结果向被投诉人海南省政府采购中心提出疑问。2017 年 6 月 22 日，被投诉人对此做出答复。但投诉人对该答复不满意，并于 2017 年 7 月 11 日向海南省财政厅投诉。海南省财政厅于 2017 年 7 月 18 日正式受理，并于 2017 年 7 月 20 日作出投诉处理决定。投诉人对该投诉处理决定不服，向海南省人民政府申请行政复议。海南省人民政府于 2017 年 9 月 30 日正式受理，并于 2018 年 7 月 18 日作出了行政复议决定书，决定撤销海南省财政厅作

---

① 《中华人民共和国政府采购法》第 13 条规定："各级人民政府财政部门是负责政府采购监督管理的部门，依法履行对政府采购活动的监督管理职责。"

② 《财政部关于加强政府采购货物和服务项目价格评审管理的通知》财库〔2017〕2 号第 6 条："评审人员未按照采购文件载明的评审方法、评审标准进行评审的，财政部门应当认定采购无效，责令重新开展采购活动。"

③ 本案例来自《海南省财政厅政府采购投诉处理决定》，载中国政府采购网：http://www.ccgp.gov.cn/jdjc/jdcf/201809/t20180903_10608673.htm，最后访问日期：2023 年 9 月 3 日。

出的投诉处理决定，并由海南省财政厅重新审查处理。海南省财政厅现已审查终结并作出处理决定。

以下是审查过程中，投诉人、被投诉人的理由与辩解，以及相关供应商明邦公司的陈述。投诉人的主张如下：(1)明邦公司提供虚假材料，该公司正处于"重大违法记录"处罚期内，不具备项目投标资格，应认定中标无效。(2)明邦公司与另一投标人湛江卫洁洗衣有限公司(以下简称"卫洁公司")之间相互勾结，对方存在陪标嫌疑。被投诉人辩称，投标的有效性应由省财政厅作出认定，且投诉人未提供此项质疑的必要证明材料，依照法律规定该质疑无效。① 明邦公司辩称，根据《环境行政处罚办法》②和《海南省行政处罚听证程序规定》③之规定，原海口市环保局做出的"责令停止洗涤服务项目和罚款2万元"的决定不属于重大违法记录，其具备项目投标资格，且不存在串通陪标的行为。

海南省财政厅经审查事实，认为：根据《中华人民共和国政府采购法实施条例》(以下简称《政府采购法实施条例》)第19条④和《中华人民共和国行政处罚法》第8条⑤之规定，原海口市环保局做出的"责令停止洗涤服务项目的使用"的决定达到重大违法记录标准。根据《政府采购法》第22条之规定，⑥该重大违法记录的产生时间距明邦公司参加本次公开招标不满三年，不符合《政府采购法实施条例》第17条之规定，因此，海南省财政厅支持了投诉人的第一项诉求。但经查，明邦公司和卫洁公司投标保证金汇出账户不是同一银行账户，投诉人也没有提供两公司串通的相关证据，因此，海南省财政厅驳回了投诉人的第二项诉求。

据此，海南省财政厅的处理决定认为：投诉影响采购结果，因为第一年的采购合同已经履行，第二年和第三年的采购合同没有签署，合格的供应商没有达到法定数量。根据《政府采购质疑和投诉办法》第32条第2项、第4项的规定，第一年度政府采购合同已经履行，给他人造成损失的，相关当事人可依法提起诉讼，由责任人承担赔偿责任，并责令就第二年和第三年的采购任务重新开展采购活动。

---

① 《中华人民共和国政府采购法实施条例》第55条规定："供应商质疑、投诉应当有明确的请求和必要的证明材料。"

② 《环境行政处罚办法》第12条规定："根据最高人民法院关于行政行为种类和规范行政案件案由的规定，行政命令不属于行政处罚。"该办法于2023年7月1日废止，在本案审查终结前未废止。

③ 《海南省行政处罚听证程序规定》第2条规定："前款所称较大数额罚款系指：……法人或者其他组织100000元以上。"

④ 《中华人民共和国政府采购法实施条例》第19条规定："政府采购法第二十二条第一款第五项所称重大违法记录是指供应商因违法经营受到刑事处罚或者责令停产停业、吊销许可证或者执照、较大数额罚款等行政处罚。"

⑤ 《中华人民共和国行政处罚法》第8条规定："行政处罚的种类：……(四)责令停产停业……"以及《环境行政处罚办法》第十条"根据法律、行政法规和部门规章，环境行政处罚的种类有：……(三)责令停产、停业、关闭……"

⑥ 《中华人民共和国政府采购法》第22条规定："(一)具有独立承担民事责任的能力；……(五)参加政府采购活动前三年内，在经营活动中没有重大违法记录……"

法律问题

1. 明邦公司恶意提供虚假材料参与本项目投标活动，应当承担怎样的法律后果？
2. 如何认定本案所涉政府采购合同的法律性质？

法理分析

1. 明邦公司应当承担如下法律后果

首先，判断某一法律行为的法律后果，要确定案件的当事人。《政府采购法》第 14 条规定，政府采购当事人包括三类主体，分别是采购人、供应商和采购代理机构。① 本案中，海南省中医院为依法进行洗涤消毒服务采购的事业单位，是本次政府采购活动的采购人；海南省政府采购中心为受海南省中医院的委托采购货物、工程和服务的机构，是本次政府采购活动的采购代理机构；明邦公司为向海南省中医院提供洗涤消毒服务的法人，是本次政府采购活动的供应商。

其次，关于恶意提供虚假材料参与采购项目投标活动的投标效力。根据《政府采购法实施条例》第 17 条规定，参与政府采购活动的供应商必须符合一定条件，并提供相关材料，如营业执照、财务状况报告、无重大违法记录书面声明等。② 如果供应商提供虚假材料或不符合要求，失去投标资格基础，则可能被认定为投标自始无效，或面临其他法律后果，但并不等同于承担违约责任。《政府采购法实施条例》第 19 条明确了重大违法记录的范围，强调必须是刑事处罚或者责令停产停业、较大数额罚款等行政处罚。本案中，明邦公司曾因违法经营被海口市环保局责令停止洗涤服务项目的使用和罚款 2 万元，其中"责令停止洗涤服务项目的使用"的处理决定属于重大违法记录，不满足"参加政府采购活动前 3 年内在经营活动中没有重大违法记录"条件，因而不符合参加政府采购活动的条件。故本案中，明邦公司提供虚假材料参与采购项目投标活动，应认定为投标无效或者承担其他法律后果。

最后，关于恶意提供虚假材料参与采购项目投标活动的法律责任。《政府采购法》第 77 条规定了"提供虚假材料谋取中标、成交"的责任承担方式③，根据情节严重与否，由轻及重分为三档：(1)处采购金额 5‰以上 10‰以下的罚款，列入不良行为记录名单，一至三年内禁止参加政府采购活动，有违法所得的，并处没收违法所得；(2)情节严重的，由工商行政管理机关吊销营业执照；(3)构成犯罪的，依法追究刑事责任。本案责任人明

① 《中华人民共和国政府采购法》第 14 条规定："政府采购当事人是指在政府采购活动中享有权利和承担义务的各类主体，包括采购人、供应商和采购代理机构等。"

② 《中华人民共和国政府采购法实施条例》第 17 条规定："参加政府采购活动的供应商应当具备政府采购法第二十二条第一款规定的条件，提供下列材料：……(四)参加政府采购活动前 3 年内在经营活动中没有重大违法记录的书面声明……"

③ 《中华人民共和国政府采购法》第 77 条规定："供应商有下列情形之一的，处以采购金额千分之五以上千分之十以下的罚款，列入不良行为记录名单，在一至三年内禁止参加政府采购活动，……(一)提供虚假材料谋取中标、成交的；……(六)拒绝有关部门监督检查或者提供虚假情况的。供应商有前款第(一)至(五)项情形之一的，中标、成交无效。"

邦公司可能遭受罚款、列入不良行为记录名单、禁止从事特定活动、没收违法所得、吊销营业执照等行政处罚。海南省财政厅行使自由裁量权，综合考虑了合格供应商不符合法定数量等问题，作出"由责任人承担赔偿责任"以及"责令就第二年和第三年的采购任务重新开展采购活动"的决定，符合行政法的依法行政原则和比例原则。

2. 本案所涉政府采购行为的法律性质分析

关于政府采购行为的法律性质，学说颇多，争议不断，主要有以下四种理论学说：

（1）行政合同说。该学说认为，政府采购行为的本质在于政府采购的资金来源是财政支出，以及政府采购的目的具有公益性，因此，政府采购行为应当定性为行政合同。有学者认为，政府采购是政府利用公共资金在市场上购买商品、服务和工程的行为，不同于民商事主体。政府采购合同的法律属性主要体现在政府采购行为的性质上。政府采购作为政府履行行政职能的一种行政手段，一般作用于经济行政领域，其最终目的是通过政府采购实现政府行政效率的最大化，优化公共资金的使用，达到对市场经济的宏观调控作用。[①]所以，一旦达成政府采购合同，除非继续履行会损害公共利益，否则双方均没有任意解除权。由此也可以看出，不同于一般的民事合同，政府采购合同中双方当事人的法律地位也并非绝对平等。

（2）民事合同说。《政府采购法》明确规定政府采购合同适用《合同法》，[②]而《合同法》调整的是平等主体之间的权利义务关系，属于民事关系，因此，政府采购合同的性质应当认定为民事合同。学者李晓英从《政府采购法》第3条的规定入手，着重分析了政府采购的四大原则，尤其是民法上的诚实信用原则对政府采购性质的影响，其核心观点仍然是落在政府采购主体的法律地位平等上。[③]

（3）混合合同说。余凌云在《行政契约论》中说："在某些情况下，政府采购合同可能与一般商业合同有本质的不同，其根源在于政府采购的经济重要性和其本身所包含的公益性。"[④]这一观点与《政府采购法实施条例》第2条第4款的规定具有一致性。该则规定将政府采购的采购目的分为"自身需要"和"向社会公众提供"，其本质上仍是将政府采购行为视为一个整体，只有满足"向社会公众提供"的公益性因素的政府采购合同才可以视为行政合同，反之则为民事合同。[⑤]如果采购人采购办公用品，则该政府采购合同不具有相同的公权力或公益因素，因此即使该机构参与了合同的订立，也不应视为行政合同。

（4）二阶段理论。该理论的核心是以合同成立为界，将政府采购行为从时间上一分为二，第一阶段为公法性质，适用公法规定；第二阶段为私法性质，适用私法规定。[⑥]相对

---

① 肖北庚：《论政府采购合同的法律性质》，载《当代法学》2005年第4期。

② 《中华人民共和国政府采购法》第43条第1款规定："政府采购合同适用合同法。采购人和供应商之间的权利和义务，应当按照平等、自愿的原则以合同方式约定。"

③ 李晓英：《从政府采购活动的原则看政府采购合同的性质》，载《行政与法（吉林省行政学院学报）》2005年第2期。

④ 余凌云：《行政契约论》，中国人民大学出版社2006年版，第26页。

⑤ 杨欣：《论行政合同与民事合同的区分标准》，载《行政法学研究》2004年第3期。

⑥ 陈敏：《行政法总论》（第七版），新学林出版有限公司（台北）2011年版，第79页。

而言，政府采购的公法特征主要体现在第一阶段——在采购人为确定供应商所进行的一系列活动中，这一阶段强调公平公开，为确保公权力行使的正当性，设置了相应的程序对其进行约束。例如，以公开招标方式选择供应商时，在合同成立之前，所有程序都必须遵守《中华人民共和国招标投标法》，而因招标程序出错导致合同无效时，为避免已经投入的财政资金损失，供应商并不立即终止履行，因此具有很强的公法性质。政府采购行为的第二阶段，也就是政府采购合同已经成立，进入实际履行义务的环节。在这一阶段，如果合同的解除或终止非因选择供应商的程序不当所导致，而是由履行不符合约定等违约行为引起，适用现有的《民法典》合同编的内容，就已经能够维护当事人之间的利益平衡，也能防止行政机关以公益为名滥用单方优益权。

不论是行政合同说，还是民事合同说、混合合同说，都存在明显弊端。若采取行政合同说，将政府采购行为全面纳入行政合同，不利于对公权力进行监管和限制，也不利于提高市场经济交易的效率。而且，虽然现行《政府采购法》规定政府采购合同的纠纷依照《合同法》解决，但在该学说下，该规定将失去其存在的法理。若采取民事合同说，则整个政府采购行为过程中所产生的争议均应当适用民事法律制度，不能很好地解决对供应商选择异议等政府采购程序中的问题。另外，政府采购合同对平等自愿原则进行了限制，与民事合同的平等协商内涵存在冲突，不能自圆其说。① 混合合同说在本质上还是对政府采购行为整体进行评价，对于两种法律制度如何同时适用于政府采购行为的问题，未能给出具有可操作性的方案。

二阶段理论的创新之处在于，政府采购行为被划分为两个阶段，每个阶段适用不同的救济规则。根据《政府采购法》第六章的规定，相关供应商可以采取向采购人提出询问、质疑、投诉和行政复议、行政诉讼等救济方法。学者陈又新据此认为，《政府采购法》虽未明确采购人在采购合同签订前行为的法律性质，仅规定其争端解决程序，但可据此推断，《政府采购法》潜在地进行了分段界定。② 在第一阶段，为确保行政机关在行使公权力时不受过多干涉，适用行政法律制度，允许行政机关运用自由裁量权；而在第二阶段，应适用民事法律制度，避免公权力滥用，提高交易效率的同时维护经济秩序的稳定。

综上所述，本案所涉政府采购行为的法律性质应当运用二阶段理论，将海南省中医院依法进行洗涤消毒服务采购的行为，划分为合同成立前的第一阶段和合同成立后的第二阶段。并由此看出，本案的争议焦点集中于第一阶段，且争议的提出方不是中标的供应商，而是参与竞争的其他供应商。潮州旗公司的核心主张是中标供应商无投标资格，投标无效，但它并不能以此为理由直接以海南省中医院、海南省政府采购中心为被告提起诉讼，而只能向海南省政府采购中心质疑；对质疑答复不满意的，向海南省财政厅申请投诉；若对海南省财政厅的投诉处理决定不服，再以投诉处理决定为争议标的提起行政复议或者行政诉讼。潮州旗公司的投诉，实际上是对本案所涉政府采购行为的行政救济手段之一，体现了强烈的公法特征。而如果争议焦点位于第二阶段，即政府认为中标供应商的履行不符

---

① 何红锋：《政府采购合同法律性质再探析》，载《中国政府采购》2017年第2期。

② 陈又新：《政府采购行为的法律性质——基于对"两阶段理论"的借鉴》，载《行政法学研究》2015年第3期。

合约定构成违约，或中标的供应商因为情势变更、不可抗力等要求变更或解除合同，此时适用《民法典》合同编，不仅能以更高效率的方式维护供应商的合法权益，也能避免公权力滥用，符合构建法治政府的时代背景。

思考题

案例一① 2022 年中央财政发行内债 97,218.17 亿元，其中储蓄国债 2540.43 亿元、记账式国债 94,677.74 亿元。储蓄国债主要包括 3 年期、5 年期的凭证式国债和电子式国债，2022 年共发行 6 次凭证式国债和 8 次电子式国债，筹资占比分别为 33.1%、66.9%，其中，3 年期国债占比为 49.5%，5 年期国债占比为 50.5%；平均发行期限 4.01 年，比 2021 年延长 0.02 年；平均发行利率 3.28%，比 2021 年降低 0.37%。记账式国债包括关键期限国债、非关键期限国债，2022 年发行的关键期限国债共 6 个品种，非关键期限国债品种包括 4 种短期国债和 2 种超长期国债。2022 年共发行 193 次记账式国债，包括 100 次关键期限国债、93 次非关键期限国债(含 77 次短期国债)，平均发行期限 4.35 年，比 2021 年缩短 0.94 年；平均发行利率 2.16%，比 2021 年降低 0.42 个百分点；平均投标倍数 3.5 倍，比 2021 年提高 0.13 倍。国债发行后筹集到的资金主要用于两方面，一是国债到期还本付息，二是弥补中央财政赤字，2022 年的国债筹金被用于内债还本共计 71270.33 亿元，内债付息共计 6468.52 亿元。

2022 年末国债余额 258,692.76 亿元，其中，内债余额 255,591.55 亿元，占年末国债余额的 98.8%。其中，储蓄国债 10,665.34 亿元，占内债余额的 4.2%；记账式国债 244,926.21 亿元，占比为 95.8%。从持有者结构看，储蓄国债均为个人持有，记账式国债绝大多数由机构投资者持有。其中，商业银行持有的记账式国债占总余额的 64.8%，人民银行持有占比为 6.2%，境外机构持有占比为 9.4%，基金类机构持有占比为 6.7%。

财政部等有关部门严格执行国债余额管理规定，充分考虑库款和市场变化情况等因素，对国债发行规模进行适当调减，降低国债筹资成本。2022 年末，国债余额为 258,692.76 亿元，未突破全国人大批准的国债限额 267,008.35 亿元。

问题

1. 政府如何通过发行国债实现宏观调控功能？
2. 如何评价国债法在经济法中的法律定位？

案例二 财政转移支付是现代财政制度的重要组成部分，有助于均衡各地区财力，是推动国家治理体系和治理能力现代化的有效途径之一，为基础设施和公共服务的实现提供了财政保障。2010 年以来，为推动落实中央和广西壮族自治区政策目标的实现，广西通过改革市县财政事权和支出责任划分，完善财政管理体制，不断扩大市县财政转移支付的规模。

---

① 本案例来自《关于 2022 年中央财政国债余额决算的说明》，载中华人民共和国财政部官网：http://yss.mof.gov.cn/2022zyjs/202307/t20230714_3896460.htm，最后访问日期：2023 年 7 月 14 日。

(一)广西财政收支规模

广西统计局统计数据表明,广西地区 2021 年生产总值为 24,740.86 亿元,全区公共预算收入 1800.15 亿元、公共财政预算支出 5806.54 亿元,差额达 4006.38 亿元,公共预算收入占地区生产总值比重的 7%~8%,远低于全国平均水平。① 广西 2021 年预算执行情况的审计报告显示,全区 2021 年的收入总量为 6688.23 亿元,支出总量为 6688.23 亿元,达到了收支平衡。其中,全区共获得中央补助收入(含税收返还和转移支付收入)3451.86 亿元。② 可以预见的是,在缺乏中央财政补贴的情况下,广西政府在公共产品上的投入未必能达到全国平均水平。

广西下辖 14 个地级单位,地区间财政经济水平差距明显,部分地区本身财政收入有限,但财政支出较大,其财政支出的大头来自上级转移支付。其中,南宁市的一般公共预算收入总量和增速远高于其他市,主要归因于首府的优越地位所带来的税收资源较好;紧随其后的是柳州市,主要归因于柳州市良好的工业基础和近几年的经济政策;排在第三的是桂林市,桂林市一直是旅游城市,2019 年的公共预算收入达到 152.79 亿元,但受疫情影响,2020 年下滑严重,至 2021 年仅达 117.50 亿元;玉林市、梧州市、百色市近五年的收入总量相差不大,约为南宁市的四分之一;其余地级市的公共预算收入仅为南宁市的八分之一,且增速缓慢。在疫情影响下,国内外经济状况均不乐观,除了南宁市能基本维持原有的收入总量,其他地级市均有不同程度的下滑。对这部分数据整体评估发现,广西各地级市之间的自有财力收入规模不断提高,但差距也在逐年递增。

(二)广西财政转移支付状况分析

广西壮族自治区于 2000 年被纳入民族地区转移支付范围。2009 年至 2018 年间,广西的中央转移支付总额持续增长,年平均增长率为 12.4%。其中,返还性收入的增幅有限,一般性转移支付的增长幅度较大,专项转移支付虽在个别年份有所下降,但总体保持年均增长速度为 9.5%。广西壮族自治区人均中央一般性转移支付金额高于全国平均水平,但与其他少数民族省区、西部地区其他省份相比,远低于平均水平,且连续 10 年在少数民族聚居省区中排名倒数第二。2019 年,考虑到广西少数民族人口总数多、占比高,广西获得的民族地区转移支付总额为 120.22 亿元,占全国总量的 14.2%。此外,中央财政下达广西均衡性转移支付 804.11 亿元,较上一年度的增幅为 11%,高于全国平均增长率。

广西 14 个地级市转移支付规模逐年增长,2009 年的转移支付规模为 842.17 亿元,到 2018 年就增至 2476.82 亿元,几乎翻了 3 倍;返还性收入总额基本不变,一般性转移支付的增长幅度较大,专项转移支付以每年 10% 的速度增长。从纵向来看,广西对下转移支付年平均增长率与中央对广西(12.4%)几乎一致,其中,各市一般性转移支付的平

---

① 见广西统计数据发布库,载广西壮族自治区统计局网站:https://gxsj.tjj.gxzf.gov.cn:18090/pub/easyquery/easyquery.htm? cn=A0203,最后访问日期:2023 年 10 月 3 日。

② 《广西壮族自治区全区与自治区本级 2021 年预算执行情况和 2022 年预算草案的报告》,载广西壮族自治区财政厅网站:http://www.mof.gov.cn/zhuantihuigu/2022ysbghb/202203/t20220301_3791496.htm,最后访问日期:2022 年 3 月 1 日。

均增长率高于中央对广西(15.4%)1.6个百分点，各市专项转移支付年平均增长率与中央对广西(9.5%)持平。返还性收入占比非常小，逐年下降至6%。一般性转移支付的比重虽然逐年增加，但并未达到广西2015年提出的"将一般性转移支付占比提高到70%"的政策要求。2018年的比例仍比政策的要求低11.6%。① 此外，专项转移支付占一般公共预算总支出的比例经历了先增后减，但是占比一直居高不下，这也表明自治区政府主管部门掌握了大量专项转移支付款项。各市的转移支出占一般公共预算总支出的比例一直处于56%以上的较高比重。一般性转移支付是上级政府对下级政府的无条件支援，因此一些地方政府可能会对此过度依赖，进而降低其积极维护和提升本级税收等财政收入水平的动力。近五年来，自治区每年向下级市县进行均衡性转移支付的平均增幅为21.1%，高于一般性转移支付总量的增长速度。

问题：

1. 转移支付的概念与宏观调控功能。

2. 结合本案材料，谈谈广西财政转移支付存在的主要问题。

3. 请你谈谈如何完善广西财政转移支付制度？

---

① 《广西壮族自治区人民政府〈关于改革和完善自治区对市县转移支付制度的实施意见〉》，载广西壮族自治区人民政府网站：http：//www.gxzf.gov.cn/zfwj/zzqrmzfwj_34845/t1509340.shtml，最后访问日期：2023年9月20日。

第九章 税收调控法律制度

一、一般纳税人增值税计算

📖 案事例介绍 9-1

某零食加工厂属于增值税一般纳税人，2022 年 9 月初，进项税额余额为 50,000 元。该工厂当月向农场购入一批芒果，货物金额为 300,000 元；向白糖厂购入一批白糖，增值税专用发票上显示货物金额为 100,000 元，增值税 13,000 元；从包装厂购进一批塑封包装，增值税专用发票上显示货物金额为 100,000 元，增值税 20,000 元。当月向某超市卖出一批芒果干，货款和增值税税款混合收取，共 904,000 万元；向个体户卖出一批芒果干罐头，货款和增值税税款混合收取，共 452,000 万元。月底，应如何纳税？

本月应纳增值税税额计算：

本月可以抵扣的进项税额 = 50,000+300,000×10%+13,000 = 93,000（元）

本月销售税额 = 904,000÷（1+13%）×13%+452,000÷（1+13%）×13% = 156,000（元）

本月增值税应纳税额 = 156,000−93,000 = 63,000（元）

分析： 一般纳税人销售货物或者应税劳务，采用销售额和销项税额合并定价方法的，按下列公式计算销售额：销售额 = 含税销售额÷（1+税率）。增值税税率，如表 9-1 所示。

从包装厂购进一批塑封包装买价是 100,000 元，而增值税发票却是 2 万元，应为 100,000×13% = 13,000 元，说明发票填写错误，根据税法规定，这笔进项税额不能进行扣除。

表 9-1　　　　　　　　　　　　**增值税税率表①**

序号	税率	类　型
1	13%	销售或进口货物等
2	10%	购进用于生产或者委托加工的农产品，原适用 13% 的税率
3	9%	购进农产品，原适用 10% 扣除率的
		交通运输服务、电信服务、建筑服务等

---

① 《关于深化增值税改革有关政策的公告》，载中华人民共和国财政部网站：http：//szs. mof. gov. cn/zhengcefabu/201903/t20190320_3200168. htm，最后访问日期：2019 年 10 月 20 日。

续表

序号	税率	类 型
4	6%	生活服务、现代服务等
5	0%	出口货物等

二、小规模纳税人增值税计算

📖 案事例介绍 9-2

某罐头加工厂属于增值税小规模纳税人，2022 年 9 月购入一批白糖，增值税专用发票上显示货物金额为 50,000 元，增值税 8000 元。该工厂当月销售一批黄桃罐头，货款和增值税税款混合收取，共 72,100 元；销售一批草莓罐头，货款和增值税税款混合收取，共 30,900 元。月底，应如何纳税？

本月应纳增值税税额计算：

应纳税额＝（72,100＋30,900）÷（1＋3%）×3%＝3000（元）

分析：小规模纳税人销售货物或者应税劳务采用销售额和应纳税额合并定价方法的，按下列公式计算销售额：应纳税额＝含税销售额÷（1＋征收率）×征收率。

2014 年 7 月 1 日起，小规模纳税人的征收率一律调整为 3%。小规模纳税人向属于一般纳税人的企业购买货物或接受劳务，既可以索取普通发票，也可以索取专用发票，但专用发票上的增值税不能作为进项税额进行扣除。

三、增值税应纳税额计算

📖 案事例介绍 9-3

某自行车厂为增值税一般纳税人。2022 年 9 月，该工厂购入自行车零部件、原材料，取得的增值税专用发票注明销售金额 140,000 元，注明税额 18,200 元；从小规模纳税人处购进自行车零件 90,000 元，未取得专用发票；直接组织收购废旧自行车，支出收购金额 60,000 元。当月该工厂向当地百货大楼销售一批自行车，收到货款 240,000 元；向外地特约经销店销售一批自行车，收到货款 150,000 元，并支付运输费 10,000 元，运输公司开具了增值税专用发票；向甲工厂销售自用的轿车，收到货款 102,000 元（含税）；逾期仍未收回的出租包装物押金 11,300 元，计入销售收入。月底，应如何纳税？

本月应纳增值税税额计算：

当月销项税额＝（240,000＋150,000）×13%＋102,000÷（1＋2%）×2%＋11,300÷（1＋13%）×13%＝50,700＋3,000＋1,300＝82,000（元）

当月进项税额＝18,200＋10,000×9%＝19,100（元）

当月应纳税额＝82,000－19,100＝62,900（元）

分析：（1）2019 年 4 月 1 日财政部、税务总局和海关总署联合发布了《关于深化增值税改革有关政策的公告》，规定制造业等行业的一般纳税人在销售货物时现行增值税税率为13%，交通运输服务等行业的现行增值税税率为9%。运输公司开具的增值税专用发票税额900元计算正确，允许抵扣。

（2）根据《关于营业税改征增值税试点期间有关增值税问题的公告》第2条规定①，纳税人销售自用的轿车等固定资产时减按2%征收增值税，并且可以开具增值税专用发票。②本案中，轿车收到102,000元货款为含税收入，故应按2%的征收率将含税收入换算成不含税收入计算纳税。

（3）逾期未收回的包装物而不再退还的押金，应按所包装的货物的税率征收增值税，且押金收入属于含税收入。

（4）从小规模纳税人手中购进零件时未取得专用发票，故不得计入进项税额抵扣。

（5）该工厂不是专门从事废旧物资经营的一般纳税人，故收购旧自行车的支出不得计入进项税额抵扣。

四、消费税应纳税额计算

案事例介绍 9-4

2022年9月，卷烟厂向卷烟批发商销售200箱卷烟（1标准箱＝250标准条），每条的调拨价是80元（不含增值税）；卷烟批发商再以每条90元（不含增值税）的价格把上述卷烟批发给其他零售企业。

表9-2   **卷烟生产环节、批发环节消费税**

税　　目	税　　率
1. 生产环节	
（1）甲类卷烟	56%加0.003元/支
（2）乙类卷烟	36%加0.003元/支
2. 批发环节	11%加0.005元/支

消费税一般是单一环节征收，但卷烟的生产环节、批发环节都要征消费税，批发企业在计算纳税时不得扣除已含的生产环节的消费税税款。如表9-2所示，生产环节消费税分为甲类卷烟和乙类卷烟（甲类卷烟，调拨价70元（不含增值税）/条以上（含70元）；乙类卷烟，调拨价70元（不含增值税）/条以下），甲类卷烟税率为每条56%加上0.003元/支，乙类卷烟税率为每条36%加0.003元/支；根据《关于调整卷烟消费税的通知》规定，卷烟

---

① 《关于营业税改征增值税试点期间有关增值税问题的公告》第2条规定："纳税人销售自己使用过的固定资产，适用简易办法依照3%征收率减按2%征收增值税政策的，可以放弃减税，按照简易办法依照3%征收率缴纳增值税，并可以开具增值税专用发票。"

② 袁应发、刘厚兵：《二手车经销增值税最新政策解析》，载《税收征纳》2020年第7期。

批发环节的价税从 5% 增至 11% 加 0.005 元/支。[①] 批发企业在计算纳税时不得扣除已含的生产环节的消费税税款。

问： 上述业务中，卷烟厂和批发商分别应该缴纳的消费税是多少？

本月应纳消费税税额计算：

卷烟厂应纳消费税 = 200×250×80×56% + 200×250×10×20×0.003

= 2,240,000 + 30,000

= 2,270,000（元）

卷烟批发商应纳消费税

= 200×250×90×11% + 200×250×10×20×0.05

= 495,000 + 50,000

= 545,000（元）

五、关税应纳税额计算

📖 案事例介绍 9-5

某公司 2023 年 2 月要进口一批价值为 100,000 美元的高科技产品，HS 编码为 8543.70.9960，产地为德国。该批产品包括主机、显示器、键盘等配件，具体清单如下（见表 9-3）：

表 9-3　　　　　　　　　　　　　进口产品清单

产品名称	数量	单价（美元）
主机	20 台	2500
显示器	20 台	1500
键盘	40 个	50
鼠标	40 个	30
电缆	40 条	20
电源适配器	20 个	100
软件	20 份	500

问： 该批进口的高科技产品应缴纳多少关税、增值税和消费税？

本月应纳税额计算：

1. 确定商品的 HS 编码和产地

根据商品名称和属性，确定该批高科技产品的 HS 编码为 8543.70.9960，产地为

---

① 《关于调整卷烟消费税的通知》规定："将卷烟批发环节从价税税率由 5% 提高至 11%，并按 0.005 元/支加征从量税。"

德国。

2. 查找关税税率

根据《中华人民共和国进出口税则(2023)》(以下简称《税则》)中的规定,高科技产品的关税税率根据功能和产地来区分。该批高科技产品的产地为德国,可以在《税则》中查找德国高科技产品的关税税率。根据《税则》,德国高科技产品的关税税率为0%。

3. 确定完税价格

完税价格是指进口商品的实际成交价格加上运费、保险费等费用。假设该批高科技产品的实际成交价格为100,000美元,运费为5000美元,保险费为2000美元,则该批高科技产品的完税价格为107,000美元。

4. 计算关税

按照完税价格计征关税,可以计算该批高科技产品的关税。

$$关税 = 完税价格 \times 关税税率$$
$$= 107,000 \times 0\%$$
$$= 0(美元)$$

因此,该批高科技产品的关税为0美元。

5. 确定增值税和消费税

除了关税,还需要计算增值税和消费税。根据《中华人民共和国增值税法》和《中华人民共和国消费税法》的规定,进口高科技产品需要缴纳17%的增值税和10%的消费税。

首先,需要确定各个产品的数量和价值(见表9-4):

表9-4　　　　　　　　　　　　进口产品数量和价值

产品名称	数量	单价(美元)	总价值(美元)
主机	20 台	2500	50,000
显示器	20 台	1500	30,000
键盘	80 个	50	4000
鼠标	80 个	30	2400
电缆	80 条	20	1600
电源适配器	20 个	100	2000
软件	20 份	500	10,000
总计			100,000

根据《税则》的规定,增值税和消费税的计算方式为:

增值税 = 纳税价值 × 增值税率

　　　 = (完税价格 + 关税) × 增值税率

$$= (107,000+0) \times 17\%$$

$$= 18,190.00 \text{ 美元}$$

消费税 = 应税消费额×消费税率

$$= 纳税价值×消费税率$$

$$= (完税价格+关税+增值税) \times 消费税率$$

$$= (107,000+0+18,190.00) \times 10\%$$

$$= 12,519.00 \text{ 美元}$$

因此，该批高科技产品的增值税为 18,190.00 美元，消费税为 12,519.00 美元。

总计税费为：关税0美元+增值税 18,190.00 美元+消费税 12,519.00 美元 = 30,709.00 美元。

六、个人所得税税额计算

📖 **案事例介绍 9-6**

中国某互联网公司程序员王某 2022 年度取得下列所得：

(1)全年取得基本工资收入 500,000 元，王某全年负担的"五险一金"39,600 元。

(2)王某与妻子刘女士 5 年前结婚前分别贷款购买了人生中的第一套住房，夫妻双方商定选择刘女士购买的住房作为首套住房贷款利息支出扣除。

(3)王某的儿子强强 2016 年 3 月 20 日出生，女儿若若 2018 年 8 月 20 日出生，夫妻双方商定子女教育支出由郑某扣除。

(4)王某为独生子女，王某的父亲已经年满 60 岁，母亲年满 56 岁，王某的父母均有退休工资，不需要王某支付赡养费。由于王某的岳父母在农村生活，王某每月定时给岳父母汇款 3000 元。

(5)王某参加了 2021 年税务师考试，购买了网校的课程共支出 3000 元，通过努力于 2022 年 3 月拿到税务师证书，并获得了网校颁发的全国状元奖金 50,000 元。

(6)6 月从持有三个月的某上市公司股票分得股息 1500 元，从银行取得银行储蓄存款利息 3000 元，从未上市某投资公司分得股息 2000 元。

(7)9 月份在境内出版图书取得一次性稿酬 95,000 元。

(8)12 月份取得全年一次性奖金 350,000 元，储蓄存款利息 2000 元，保险赔款 5000 元，省政府颁发的科技创新奖金 120,000 元。

根据上述资料，回答下列问题：

(1)计算 2022 年子女教育支出专项扣除额。

(2)计算王某可扣除的住房贷款利息支出额，并简述税法规定。

(3)简述王某不用缴纳个人所得税的收入有哪些？

(4)计算王某 6 月份取得股息、利息应缴纳的个人所得税。

(5)计算王某 2022 年综合所得应缴纳的个人所得税。

应纳个人所得税税额计算：

(1)根据《个人所得税专项附加扣除暂行办法》第 5 条的规定，纳税人的子女接受学前教育和义务教育阶段的相关支出，按照每个子女每月1000元的标准定额扣除。① 因此，王某的儿子强强和女儿若若教育支出2022年可扣除金额＝1000×9×2＝18,000（元）。

（2）根据《个人所得税专项附加扣除暂行办法》第14条的规定，纳税人本人或者配偶单独或者共同使用贷款为本人或者其配偶购买中国境内的住房，只能享受一次首套住房贷款的利息扣除。② 本案中，夫妻双方商定选择妻子刘女士购买的住房作为首套住房贷款利息支出扣除，所以王某不得扣除住房贷款利息支出。

（3）不纳税收入包括省政府颁发的科技创新奖金、储蓄存款利息和保险赔款。

（4）银行储蓄存款利息免税；个人从公开发行和转让市场取得的上市公司股票，持股期限在1个月以上至1年（含1年）的，暂减按50%计入应纳税所得额；从非上市公司取得股息，全额计税。

应纳个税＝1500×50%×20%＋2000×20%＝550（元）

（5）①《中华人民共和国个人所得税法》第6条第2款规定："劳务报酬所得、稿酬所得、特许权使用费所得以收入减除百分之二十的费用后的余额为收入额。稿酬所得的收入额减按百分之七十计算。"故，稿酬所得收入额＝全部稿酬税前收入×（1－20%）×70%。

全年综合收入额＝500,000＋350,000＋95,000×（1－20%）×70%＝903,200（元）③

②全年减除费用＝60,000（元）

专项扣除＝39,600（元）

专项附加扣除＝18,000＋2000×12＋3600＝45,600（元）

2022年1月1日起，居民个人取得全年一次性奖金，应并入当年综合所得计算缴纳个人所得税，因此，本案中王某的全年一次性奖金350,000元应当纳入全年综合收入额计算。

纳税人赡养60岁（含）以上父母的，按照每月2000元标准定额扣除，其中，独生子女按每人每月2000元标准扣除，非独生子女与其兄弟姐妹分摊每月2000元的

---

① 《个人所得税专项附加扣除暂行办法》第5条规定："纳税人的子女接受全日制学历教育的相关支出，按照每个子女每月1000元的标准定额扣除。学历教育包括义务教育（小学、初中教育）、高中阶段教育（普通高中、中等职业、技工教育）、高等教育（大学专科、大学本科、硕士研究生、博士研究生教育）。年满3岁至小学入学前处于学前教育阶段的子女，按本条第一款规定执行。"

② 《个人所得税专项附加扣除暂行办法》第14条规定："纳税人本人或者配偶单独或者共同使用商业银行或者住房公积金个人住房贷款为本人或者其配偶购买中国境内住房，发生的首套住房贷款利息支出，在实际发生贷款利息的年度，按照每月1000元的标准定额扣除，扣除期限最长不超过240个月。纳税人只能享受一次首套住房贷款的利息扣除。"

③ 《关于个人所得税法修改后有关优惠政策衔接问题的通知》规定："居民个人取得全年一次性奖金，符合《国家税务总局关于调整个人取得全年一次性奖金等计算征收个人所得税方法问题的通知》（国税发〔2005〕9号）规定的，在2021年12月31日前，不并入当年综合所得，以全年一次性奖金收入除以12个月得到的数额，按照本通知所附按月换算后的综合所得税率表（以下简称月度税率表），确定适用税率和速算扣除数，单独计算纳税。计算公式为：应纳税额＝全年一次性奖金收入×适用税率－速算扣除数。居民个人取得全年一次性奖金，也可以选择并入当年综合所得计算纳税。自2022年1月1日起，居民个人取得全年一次性奖金，应并入当年综合所得计算缴纳个人所得税。"

扣除额度。[1] 本案中，王某是独生子女，父母的赡养费按每月 2000 元扣除。

纳税人接受技能人员职业资格继续教育、专业技术人员职业资格继续教育的支出，在取得相关证书的当年，按照 36,000 元定额扣除。[2]

扣除项目合计 = 60,000 + 39,600 + 45,600 = 145,200（元）

③综合所得应纳税所得额 = 903,200 - 145,200 = 757,000（元）

计算公式：综合所得全年应纳个人所得税额 = 综合所得应纳税所得额 × 适用税率 - 速算扣除数

④综合所得全年应纳个人所得税额 = 757,000 × 35% - 85,920 = 179,030（元）

85,920 元为个人所得税第 6 级数的速算扣除数。各级速算扣除数的计算过程如下：第 1 级数，速算扣除是 0；第 2 级数，速算扣除是 36,000 ×（10% - 3%）= 2520；第 3 级数，速算扣除是 144,000 ×（20% - 10%）+ 2520 = 16,920；第 4 级数，速算扣除是 300,000 ×（25% - 20%）+ 16,920 = 31,920；第 5 级数，速算扣除是 420,000 ×（30% - 25%）+ 31,920 = 52,920；第 6 级数，速算扣除是 660,000 ×（35% - 30%）+ 52,920 = 85,920；第 7 级数，速算扣除是 960,000 ×（45% - 35%）+ 85,920 = 181,920。王某综合全年个人所得额为 757,000 元，月平均所得额约为 63,083.3 元，对应表 9-6 中的第 6 级数，故速算扣除数为 85,920 元。

表 9-5　　　　　　　　　个人所得税累进税率表（综合所得适用）

级数	全年应纳税所得额	
	新税率额	税率（%）
1	不超过 36,000 元的部分	3
2	超过 36,000 元至 144,000 元的部分	10
3	超过 144,000 元至 300,000 元的部分	20
4	超过 300,000 元至 420,000 元的部分	25
5	超过 420,000 元至 660,000 元的部分	30
6	超过 660,000 元至 960,000 元的部分	35
7	超过 960,000 元的部分	45

---

[1] 《个人所得税专项附加扣除暂行办法》第 22 条规定："纳税人赡养一位及以上被赡养人的赡养支出，统一按照以下标准定额扣除：（一）纳税人为独生子女的，按照每月 2000 元的标准定额扣除；（二）纳税人为非独生子女的，由其与兄弟姐妹分摊每月 2000 元的扣除额度，每人分摊的额度不能超过每月 1000 元。可以由赡养人均摊或者约定分摊，也可以由被赡养人指定分摊。约定或者指定分摊的须签订书面分摊协议，指定分摊优先于约定分摊。具体分摊方式和额度在一个纳税年度内不能变更。"

[2] 《个人所得税专项附加扣除暂行办法》第 8 条规定："纳税人在中国境内接受学历（学位）继续教育的支出，在学历（学位）教育期间按照每月 400 元定额扣除。同一学历（学位）继续教育的扣除期限不能超过 48 个月。纳税人接受技能人员职业资格继续教育、专业技术人员职业资格继续教育的支出，在取得相关证书的当年，按照 3600 元定额扣除。"

表9-6   个人所得税税率表(综合所得适用)

级数	全月应纳税所得额	税率(%)	速算扣除数
1	不超过 3000 元的部分	3	0
2	超过 3000 元至 12,000 元的部分	10	210
3	超过 12,000 元至 25,000 元的部分	20	1410
4	超过 25,000 元至 35,000 元的部分	25	2660
5	超过 35,000 元至 55,000 元的部分	30	4410
6	超过 55,000 元至 80,000 元的部分	35	7160
7	超过 80,000 元的部分	45	15,160

七、企业所得税税额计算

案事例介绍 9-7

某工厂在 2020 年纳税年度内，收支明细如下：

1. 收入：(1)商品销售收入 360 万元；(2)清理固定资产盘盈收入 30 万元；(3)转让商标使用权收入 50 万元；(4)购买国库券利息收入 30 万元。

2. 支出：(1)产品销售成本 60 万元(不包括工资)；(2)产品销售费用 10 万元；(3)产品销售税金 20 万元；(4)职工工资全年支出总额 50 万元；(5)职工福利费支出 10 万元。请计算该企业的应纳税额。

应纳企业所得税税额计算：

国库券利息不征税，故该企业年应税收入总额=360+30+50=440(万元)

准予扣除项目金额=60+10+20+50+10=150(万元)

应税所得额=应税收入总额-准予扣除项目金额=440-150=290(万元)

根据《关于实施小微企业普惠性税收减免政策的通知》第二条规定，对年应纳税所得额不超过 300 万元的小型微利企业，按应纳税所得额分为两段计算，一是对年应纳税所得额不超过 100 万元的部分，减按 25%计入应纳税所得额，并按 20%的税率计算缴纳企业所得税，实际税率为 5%；二是对年应纳税所得额超过 100 万元但不超过 300 万元的部分，减按 50%计入应纳税所得额，并按 20%的税率计算缴纳企业所得税，实际税率为 10%。① 本案中该企业应纳税所得额超过 100 万元但未超过 300 万元，适用上述阶梯计税法。

应纳税额=应纳税所得额×税率=100×5%+(290-100)×10%=24(万元)

---

① 《关于实施小微企业普惠性税收减免政策的通知》第 2 条规定："对小型微利企业年应纳税所得额不超过 100 万元的部分，减按 25%计入应纳税所得额，按 20%的税率缴纳企业所得税；对年应纳税所得额超过 100 万元但不超过 300 万元的部分，减按 50%计入应纳税所得额，按 20%的税率缴纳企业所得税。"

八、土地增值税应纳税额计算

📖 **案事例介绍 9-8**

某单位出售房地产的收入为 600 万元，其扣除项目金额为 300 万元，问：其应纳的土地增值税为多少？

表 9-7 土地增值税税率表

档次	级距	税率	速算扣除系数	税额计算公式	说明
1	增值额未超过扣除项目金额 50% 的部分	30%	0	增值额 30%	扣除项目金额指取得土地使用权所支付的金额；包括开发土地的成本、费用；新建房及配套设施的成本、费用或旧房及建筑物的评估价格；与转让房地产有关的税金；财政部规定的其他扣除项目
2	增值额超过扣除项目金额 50%，未超过扣除项目金额 100% 的部分	40%	5%	增值额 40% - 扣除项目金额 5%	
3	增值额超过扣除项目金额 100%，未超过扣除项目金额 200% 的部分	50%	15%	增值额 50% - 扣除项目金额 15%	
4	增值额超过扣除项目金额 200% 的部分	60%	35%	增值额 60% - 扣除项目金额 35%	

应纳土地增值税税额计算：

土地增值额＝出售房地产的总收入－扣除项目金额

应纳税额＝土地增值额×适用税率

若土地增值额超过扣除项目金额 50% 以上，即同时适用二档或二档以上税率的，则需分档计算：

土地增值额＝600－300＝300（万元）

土地增值额与扣除项目金额之比为：300÷300＝100%，税率分别为 30% 和 40%。

应纳税额＝150×30%＋150×40%＝105（万元）

九、税收征管案例

📖 **案事例介绍 9-9①**

原告：杨某楷

被告：温某进、林某育、林某秋、杨某青、陈某如、郑某明、黄某红

---

① 本案例来自广东省揭阳市中级人民法院(2021)粤 52 民终第 453 号民事判决书。

七名被告原为广东展慈食品有限公司(以下简称展慈公司)股东。2018年1月29日,原告与七名被告,经股东会协议共同签署《股东会决议》,约定被告黄某红转让其股份给被告郑某明,其他被告人转让自己的股份给原告,转让后被告郑某明认缴出资比例为30%,原告为70%。原告将上述股权转让款140万元(除被告黄某红)全部一次性转账到被告郑某明的银行账户,再由被告郑某明将上述股权转让款分别划还给各出让人,各出让人分别开具收款收据给原告。2018年4月10日,原告与七名被告到工商部门办理股权变更登记,被告黄某红与郑某明、原告与其他被告签署《广东展慈食品有限公司股权转让合同》,合同约定被告黄某红以1元价格转让展慈公司股权给被告郑某明,有关费用由郑某明承担,其他被告人以1元价格转让股权给原告,有关费用由原告承担。2020年10月26日,国家税务总局揭阳市揭东区税务局曲溪税务分局向原告出具《股权转让涉税清算意见表》,认定本次股权转让中,七名被告及原告应缴纳产权转移书据印花税分别为30元、200元、30元、200元、200元、3元、3元、700元;除被告黄某红、郑某明以外的六名被告应缴纳股权转让所得个人所得税分别为11,994元、79,960元、11,994元、79,960元、79,960元、1199.4元,由原告和被告郑某明作为代扣代缴义务人于合同签订次月申报缴纳,超过申报期限按日加收万分之五滞纳金。同日,原告作为扣缴义务人分别为七名被告缴了印花税30元、200元、30元、200元、200元、3元、3元,原告同时分别为除被告郑某明以外的六名被告代缴了个人所得税及滞纳金17,853.07元、119,020.46元、17,853.07元、119,020.46元、119,020.46元、1785.31元。原告因此向法院提起诉讼,请求七名被告偿还原告为其垫付的税费以及滞纳金。被告辩称,(1)七名被告人与原告之间对本案股权转让款是税后净收款,股权转让所产生的个人所得税由转让双方通过合同约定实际承担主体并不违反法律强制性规定,交易双方签订的《广东展慈食品有限公司股权转让合同》对本次股权转让所产生的税费承担义务约定由原告方承担;(2)原告作为扣缴义务人有及时申报税务的义务,应承担未及时申报纳税而产生的滞纳金,存在过错,税务申报业务由原告一手经办,未通知七名被告,被告不存在过错,不应承担滞纳金的偿还责任;(3)被告温某进、林某育、林某秋、杨某青、陈某如均实缴出资,原告向税务部门申报税款时,只提收款未提出资,导致税务部门在计算个人所得税时未扣除五名被告的实际认缴出资,其计算税费的基数过大,个人所得税计算结果也与实际不符,溢出的税费及滞纳金应由原告承担;(4)被告六与被告七系夫妻,双方之间进行无偿转让股权,根据《国家税务总局关于发布〈股权转让所得个人所得税管理办法(试行)〉的公告》的规定,被告六(郑某)与被告七(黄某)之间的股权转让是近亲属之间的无偿转让,不产生个人所得税。原告并非该转让的代缴义务人,并且其代缴税款造成两被告的损失,该部分的税款应当由原告承担。

本案中,一审法院和二审法院均支持了原告的诉讼请求。两审法院均认为,应将税和费予以区分:费是指交易过程中发生的费用,费用的支付可以由交易双方约定,属于私法自治的范畴;税是国家按照税率向征税对象收取的货币或实物,税和费是两个不同的概念。个人所得税是对交易后的所得额征收的税,转让方的交易所得只有在交易完成后才能确定,与交易过程中发生的费用不同。个人所得税是一种税负不可转嫁的税种,不能由受让人承担。股权转让合同约定股权转让的相关费用由受让方承担,不应包含个人所得税。

虽然双方同意股权转让的相关费用由原告承担，但并没有约定相关税费由原告承担，而且约定个人所得税由受让方承担，其实质是为了减少交易额，规避纳税义务，因违反税法中的"实质课税原则"而无效，属于滥用私法权利的无效行为。其次，被告人温某进、林某育、林某秋、杨某青、陈某如签订《广东展慈食品有限公司股权转让合同》，只是用于办理股权变更登记备案，股权转让的相关权利义务仍应按《股东会决议》执行，不能以此认定个人所得税应由原告承担，故被告温某进、林某育、林某秋、杨某青、陈某如主张不成立，应不予采纳。最后，税务部门通知原告及被告郑某明作为扣缴义务人缴纳被告郑某明和黄某红的应缴税费，如不缴纳，将给被告郑某明夫妻带来更大的损失，也给展慈公司的正常报税和经营造成影响，原告为了避免损失扩大，替被告郑某明和黄某红缴纳税费，构成无因管理之债，故原告有权向被告郑某明和黄某红主张追偿权。

法律问题

1. 如果原告、被告之间没有由原告代被告缴纳税款的约定，原告代被告缴纳税款后，原告与被告之间是否形成债权债务关系？形成何种性质的债权债务关系？

2. 原告与被告之间由原告承担相关税务的约定效力如何？该约定对税务机关的效力如何？

法理分析

1. 原告代缴被告税务后能够形成债权债务关系，该债权能够通过约定的方式免除

从本案事实部分中可知，国家税务总局揭阳市揭东区税务局曲溪税务分局出具的《股权转让涉税清算意见表》中指明原告为几名被告的代扣代缴义务人，故原告与被告在税收关系中为纳税人与扣缴义务人的关系。那么，原告作为扣缴义务人，代被告缴纳税款后，纳税人与扣缴义务人之间是否形成债权债务关系，也即代扣代缴义务人对纳税人的"追偿权"是否属于债权？要解决该问题，首先要判断代扣代缴义务人在税收法律关系中的地位以及代扣代缴义务人与纳税人之间属于公法关系还是私法关系。

我国《税收征收管理法》第4条明确了纳税人和扣缴义务人的概念，即负有纳税义务的单位和个人为纳税人，负有代扣代缴、代收代缴税款义务的单位和个人为扣缴义务人。[1] 税收关系原本仅发生在国家与纳税人之间，代扣代缴制度将代扣代缴义务人引入税收关系中，让扣缴义务人成为纳税人与国家之间的桥梁。税法规定扣缴义务人的目的是加强对税收源泉的控制，减少税收损失，简化征收程序，方便纳税人。[2] 然而，我国《税收征收管理法》中，并没有明确纳税人与扣缴义务人之间的关系的性质。从扣缴义务人的地位来看，我国《税收征收管理法》中扣缴义务人除了有代扣代缴的义务外，其权利义务几

---

[1] 《中华人民共和国税收征收管理法》第4条规定："法律、行政法规规定负有纳税义务的单位和个人为纳税人。法律、行政法规规定负有代扣代缴、代收代缴税款义务的单位和个人为扣缴义务人。纳税人、扣缴义务人必须依照法律、行政法规的规定缴纳税款、代扣代缴、代收代缴税款。"

[2] 施正文：《论税法主体》，载《税务研究》2002年第11期。

乎与纳税人相同。此外，扣缴义务人在依法履行代扣代缴的义务时，如果纳税人拒绝的，扣缴义务人有及时报告的义务，同时，扣缴义务人有获得代扣代缴手续费的权利。① 扣缴义务人一方面作为连接国家与纳税人之间的桥梁，不需要经过纳税人的同意，代为履行国家扣缴税款的权力，纳税人不得拒绝，具有公法性质；另一方面，扣缴义务人作为个人，没有如行政机关对拒绝缴纳税款的纳税人进行处罚的权力，同时，扣缴义务人拥有与纳税人几乎相同的义务，显然具备私法性质。扣缴义务人在税法中的地位似乎具有公法和私法的双重性质，这导致扣缴义务人在税法中的地位较为模糊。对于扣缴义务人的地位，学界中有三种观点：第一种观点认为，扣缴义务人与纳税人一样，属于纳税主体，这也是大多数学者的观点。在该观点下，扣缴义务人只是将他人应缴税款经手后交给税务机关，自身并不负有纳税义务，但扣缴义务人如果不履行义务，应承担的法律责任与纳税人没有本质区别。② 第二种观点认为，扣缴义务人为受税务机关的委托或授权的特殊行政主体。这种特殊的地位体现在扣缴义务人由征税机关委托，以税务机关的名义，在授权范围内开展税款征收工作，直接对税务机关负责并受到税务机关的监督，扣缴义务人在授权范围内实施的税务行政行为由税务机关承担法律责任。③ 第三种观点认为，扣缴义务人既不是纳税人的代理人，也不是征税人的代理人，而是独立的主体。扣缴义务人是由法律产生，并非产生于委托，且代扣代缴的手续费支付主体为纳税义务人（非国家征税机关），其性质为基于公平正义原则对扣缴义务人所付出的劳动给予的补偿，而非委托费用。④ 第一种观点和第二种观点仅看到了扣缴义务人一方面的性质，而第三种观点虽然看到了扣缴义务人的独特性，但并没有将其公私法的双重特征进行概括。

显然，不能将扣缴义务人简单归为纳税主体或特殊的行政主体，否则就违背了扣缴义务人的双重性质这一特质。那么，应当如何对扣缴义务人的属性作出准确界定呢？我们认为，扣缴义务人的双重性质是在税收关系发生的整个过程中体现出来的，因此，应当从税收关系的全过程来对扣缴义务人的地位进行分析。有学者提出，扣缴征收制度是一个具有三方主体和两重法律关系的复合结构。在代扣代收阶段，扣缴义务人代为履行征税机关的扣留收取纳税人税款的权力和义务，扣缴义务人与征税机关之间属于委托关系，但基于税务机关属于国家公权力机关，该委托关系具有公法性质；扣缴义务人与纳税人之间的关系具有公法与私法的双重性质，扣缴义务人在实施扣留收取税款权力的过程中，其作为征税机关的受托人具有公法的性质，但扣缴义务人在本质上仍旧是私主体，在纳税人拒绝履行纳税义务而扣缴义务人代扣代缴时，扣缴义务人并不能对纳税人做出任何处罚。在解缴税款阶段，扣缴义务人应将从纳税人处代扣代缴的税款缴纳给征税机关，此时对征税机关而

---

① 《中华人民共和国税收征收管理法》第 30 条规定："扣缴义务人依照法律、行政法规的规定履行代扣、代收税款的义务。对法律、行政法规没有规定负有代扣、代收税款义务的单位和个人，税务机关不得要求其履行代扣、代收税款义务。扣缴义务人依法履行代扣、代收税款义务时，纳税人不得拒绝。纳税人拒绝的，扣缴义务人应当及时报告税务机关处理。税务机关按照规定付给扣缴义务人代扣、代收手续费。"

② 陈少英编：《税法学》（第 2 版），格致出版社 2011 年版，第 65 页。

③ 熊文钊、李华：《税务行政法》，中国人事出版社 2000 年版，第 126 页。

④ 黄建文、李凤风：《税法中扣缴义务人扣款行为的法律规制》，载《会计之友》2020 年第 9 期。

言，扣缴义务人与纳税人一样需要履行同样的义务，如果扣缴义务人不履行解缴税款的义务就会受到行政处罚。在解缴税款阶段，扣缴义务人已经完成征税机关的委托，不再具有公法主体的性质，其与纳税人之间属于平等关系的私主体。因此，扣缴义务人总体而言属于纳税主体，但是在代扣代收阶段为具有双重性质的特殊主体，为征税机关的受托人。

本案原告作为扣缴义务人以自己的财物为被告解缴税款，原告跳过代扣代收阶段，回到单纯的私主体的身份，而原告与被告为平等主体之间的私法关系。那么原告是否可以回到代扣代收阶段，并对被告的财产进行代扣代收？从税收法律关系整体来看，纳税人与征税主体之间的法律关系不依赖其他法律关系而独立存在，其在三方主体的多重关系中居于支配地位，为主法律关系；纳税人与扣缴义务人之间的法律关系是以纳税人与征税主体之间的法律关系的存在为基础和前提，居于从属地位的法律关系，为从法律关系。① 在解缴税款阶段，原告作为纳税主体，依法履行了纳税义务，这引起了被告与征税主体之间的税收法律关系——主法律关系的消灭，② 而原、被告之间的从法律关系因其存在的前提和基础的消灭也随之消灭。因此，原告不能再对被告的财产进行代扣代收。从上述可知，原告代被告缴纳税款后，原被告之间的法律关系为平等主体之间的私法关系。

原告代被告缴纳税款后，原告与被告之间是否形成债权债务关系？扣缴义务人虽然有扣缴义务以及将扣缴税款向征税机关解缴的义务，但并没有以自己的财产代替纳税人缴纳税款的义务。原告作为扣缴义务人受征税机关委托，在授权范围内履行代扣代缴义务，具有公法性质，但原告代被告缴纳税款并不是履行其代扣代缴的义务，而是作为私主体实施该行为。原告作为私主体，没有以自己财物代被告缴纳税款的法定义务和约定义务，但原告为了被告的利益代其履行缴纳税款的义务，符合我国《民法典》无因管理的规定，③ 这也与本案法院对"原告替被告郑志明、黄晓红缴纳税费，构成无因管理之债"的观点一致。所以，原告代被告缴纳税款后，原告与被告之间形成无因管理之债的债权债务关系。

2. 原告与被告之间由原告承担相关税务的约定无效，但可约定原告加入税收债务关系中

在本案中，原被告在股权转让的约定中同时约定纳税义务由原告承担，也即在税务关系产生之前或产生之时约定税负由原告承担，原告虽是扣缴义务人，但其与被告进行约定时应为私主体，且与扣缴义务人的身份无关。因此，问题的关键是纳税人与第三人商议由第三人承担税负的约定是否有效？我们应当先对税收法律关系的性质进行分析，才能进一步判断纳税义务是否能通过私主体之间约定的方式由第三人承担。

关于税收法律关系，学界一直有"权力关系说"和"债务关系说"两种说法。"权力关系说"是以奥特·麦雅为代表的传统理论，认为税收法律关系是国民对国家税务机关的服从

① 张正德、付子堂：《法理学》，重庆大学出版社 2003 年版。

② 卢仁法：《税务学》，辽宁人民出版社 1987 年版。

③ 《中华人民共和国民法典》第 979 条规定："管理人没有法定的或者约定的义务，为避免他人利益受损失而管理他人事务的，可以请求受益人偿还因管理事务而支出的必要费用；管理人因管理事务受到损失的，可以请求受益人给予适当补偿。"

关系，是权力关系说的典型代表。① 该观点是从对纳税人进行税收处分的角度来看待税收法律关系，奥特·麦雅通过对征税主体查定征收的行政行为与刑罚权进行对比，认为税收法律关系属于公法性质。支持这一观点的中国税法学者将税收关系定义为国家与纳税人在税收分配和管理活动中，以国家强制力量为保障的具有经济内容的权利义务关系。税收法律关系同时具有经济性质，是财产所有权或支配权的单向转移。② "债务关系说"是由阿尔巴特·亨塞尔提出的理论，他将税收法律关系定义为国家与纳税人履行税收债务请求之间的关系，属于公法债务。国家与纳税人的关系是法律上债权人与债务人的对应关系。该理论认为，只要符合税法规定的课税要件，税收债务即纳税义务就立即产生，税收征收机关的行政行为只具有确定纳税义务具体内容的权力。③

不难发现，两种学说的侧重点不同，"权力关系说"侧重于纳税人不依法履行纳税义务时，行政机关对纳税人的处罚阶段；"债务关系说"则侧重于税收关系的产生阶段。在总结两种学说的基础之上，又有学者先后提出了"二元关系理论"和"多层次关系理论"，前者认为"权力关系说"主要从税收征收关系程序的角度来讨论问题，而"债务关系说"主要从纳税人对国家的税收债务人的角度来讨论问题，而后者则从抽象层面上将税收法律关系的性质定义为公法上的债务关系，在具体层面上，借鉴"二元关系理论"，将税收法律关系的性质定义为债务关系和权力关系。④ 也有学者提出，"债务关系说"与"二元关系理论"的关系并非对立，二者的分歧源于方法论的不同，从不同角度看税收法律关系的性质会有不同的结果：从实然层面上看，税收法律关系在实体法上是债务关系，在程序法上是权力关系；从应然层面上看，税收法律关系是债务关系。⑤ 这种观点与"分层次关系说"有着殊途同归的意味，两种观点均是在认可税收法律关系具有债务性质和公法权力性质的基础上，将债务关系作为主导，再分析税收关系在实践中体现出来的双重属性。

纳税人与征税主体在实体法中属于债权债务关系，但该债务并非私法上的债，而是公法上的债。税收法律关系作为公法之债，以货币作为其内容，从民法关于债的角度来看，货币因不具有人身专属性，债务可以进行转让，但税法的法定原则限定了税务的任意转让。这看似充满矛盾，但有学者提出，基于税收债务的双重属性，一方面，为了保证财政收入的稳定以及尊重私法上的债务承担和转让秩序，原则上允许依法承担和转让税收债务，另一方面，为了保证税收债务的法定性和维护公法秩序，对税收债务的约定承担和转让予以否认。⑥ 对于税收债务可进行法定承担和转让这是无须进行异议的，但约定的承担和转让是否应该禁止？根据《民法典》第551条的规定，⑦ 债务转移需要债权人的同意，该

---

① ［日］金子宏：《日本税法原理》，中国财政经济出版社1989年版，第18~19页。

② 王曙光：《税法学》，东北财经大学出版社2010年版，第27页。

③ ［日］金子宏：《日本税法原理》，中国财政经济出版社1989年版，第19~20页。

④ 刘剑文：《税法学》（第四版），北京大学出版社2012年版，第73~74页。

⑤ 张斌：《关于税收法律关系中几个问题的思考》，载《涉外税务》2004年第4期。

⑥ 刘剑文：《税法学》（第四版），北京大学出版社2012年版，第264~265页。

⑦ 《中华人民共和国民法典》第551条规定："债务人将债务的全部或者部分转移给第三人的，应当经债权人同意。债务人或者第三人可以催告债权人在合理期限内予以同意，债权人未作表示的，视为不同意。"

债务的转移才能生效，这一规定也同样适用于税收债务的转让，因此，纳税人与第三人约定的税收债务的转移，需要经过征税主体的同意才能生效。

税收债务关系的债权人为国家，但是在实践中，征税机关代表国家作为征税主体对纳税人进行征税。那么，纳税人税收债务的承担仅须经过征税机关特定工作人员的同意便可将自己承担的债务转移给第三人。我们认为，税收债权具有国家利益属性，纳税义务人是由税法明文规定的，不能由税务机关工作人员私相授受，也不能由纳税主体私下转移或变更纳税义务人，因为不同纳税主体的税负承担能力和纳税意识是有差别的，改变纳税义务人之后很可能产生纳税不能的情形，减少国家税收收入。另外，纳税人如果通过一定手段让税务机关工作人员同意其税收债务的转移，或税务机关工作人员在对第三人的税收债务承担资格进行审查时出现疏漏，都会使纳税人能够通过合法的方式逃税，这将会给国家的税收财政带来巨大的损失。因此，税收债务的约定承担和转让应当被禁止。但是，根据《民法典》第552条规定，第三人可以加入税收债务中。① 有第三人加入清偿，显然扩张了税收债务关系之"债务人的范围"，使税收债权的获偿更有保障，因而法律上没必要对第三人代偿予以禁止。② 综上，原告与被告商议由原告承担纳税义务的约定无效，但原告与被告约定加入税收债务并通知税务机关，或者原告向税务机关表示愿意代被告缴纳税款，则约定有效，税务机关可以请求原告在其愿意承担的税款金额范围内和被告承担连带责任。

思考题

案例一 某超市为增值税小规模纳税人，采用价税合一计价。2022年9月购入一批粮食，开具的普通发票上显示货物金额为100,000元。当月收入明细如下：（1）粮食销售收入206,000元；（2）水果销售收入103,000元；（3）其他商品销售收入103,000元。同时，该超市当月因食品过期造成的损失共计20,000元。

问题：该纳税人当月应缴纳增值税是多少？

案例二 某汽车厂为增值税一般纳税人。2022年9月，该厂销售一批大卡车，收到货款2260万元（含税），同时负责运输，取得运费收入50万元（不含税）。当月，因本厂运输生产材料需要，将一辆同型号的卡车自用；购进材料取得增值税专用发票，注明价款1500万元、增值税195万元。本月取得的相关发票均在本月认证并抵扣。

问题：计算9月应缴纳的增值税。

案例三 某公司2023年1月要进口一批价值为50,000美元的金属3D打印制造设备，HS编码为8485.10.0000，产地为日本。

---

① 《中华人民共和国民法典》第552条规定："第三人与债务人约定加入债务并通知债权人，或者第三人向债权人表示愿意加入债务，债权人未在合理期限内明确拒绝的，债权人可以请求第三人在其愿意承担的债务范围内和债务人承担连带债务。"

② 刘树艺：《税法上的第三人责任》，载《财税法论丛》2007年第9卷。

问题：该公司应缴纳多少关税?

案例四　某企业 2022 年全年取得收入总额为 4000 万元，取得租金收入 100 万元；销售成本、销售费用、管理费用共计 3000 万元；"营业外支出"列支 50 万元，其中通过希望工程基金委员会向某灾区捐款 20 万元，直接向某贫困地区捐款 10 万元，非广告新赞助 20 万元。

问题：该企业全年应缴纳多少企业所得税?

案例五　某公司职工王某 2022 年 1 月取得工资薪金收入 15,000 元，当地规定的社会保险和住房公积金个人缴存比例为：基本养老保险 8%，基本医疗保险 2%，失业保险 0.5%，住房公积金 12%。王某缴纳社会保险费核定的缴费基数为 8000 元。

问题：计算王某当月应缴纳的个人所得税税额。

案例六　甲工厂是主营白酒生产与销售的企业，年利润大约在 5000 万元。2021 年 3 月，甲工厂新办公楼开始施工，预计 2021 年底能够竣工并投入使用；同年 5 月，甲工厂为提升白酒品质，从国外引进一套全新的生产线，投入资金 1000 万元；同年 10 月，甲工厂将自己的一处厂房转让给乙公司，获利 1000 万元。

问题：甲工厂 2021 年应交纳哪几种税? 法律依据是什么?

第十章　金融调控法律制度

一、我国货币政策的演变历程

📖 **案事例介绍 10-1**

改革开放以来，我国经济发展长期波澜起伏，政府通过各种宏观调控政策刺激我国经济增长。总体而言，我国的经济波动曲线呈现谷位升高、峰位降低、波动幅度缩小的趋势。

1984 年以前，中国人民银行同时行使中央银行和商业银行的职能。在 1984 年以后，中国人民银行专司央行职能，通过货币政策调控经济发展，成为国家金融体系中居主导地位的金融中心机构。自此开始，我国货币政策的演变可以划分为以下几个阶段：

(一) 1984—1986 年"行政调控式"反通胀阶段

1. 政策出台的背景

由于受 1982 年中共十二大制定的翻两番战略目标的鼓舞和激励，我国经济呈现出高速增长的趋势。经济增长率从 1982 年的 9% 快速上升到 1984 年的 13%。1984 年全年社会总产值为 12835 亿元，比上年增长 13%。[①] 但是，与此同时，我国政府的财政赤字逐年上升，例如 1984 年我国的财政赤字高达 50 亿元人民币。[②] 由于当时政府信奉"通货膨胀有利于经济发展"的凯恩斯经济学理论，中国人民银行从国外进口印钞机大量增发货币，引发严重的通货膨胀，导致物价上涨，民怨沸腾。

2. 调控措施

面对严峻的宏观经济形势，中国人民银行实施了以稳定物价、平衡信贷为主要目标的货币政策，主要措施如下：第一，中央银行提高基准利率并实施统一的存款准备金制度；第二，1985 年实施严格的贷款规模限额控制；第三，在 1986 年经济下滑的态势下，实施

---

① 《1984 年国民经济和社会发展统计公报》，载中华人民共和国国家统计局：http://www.stats.gov.cn/xxgk/sjfb/tjgb2020/201311/t20131107_1768634.html，最后访问日期：2023 年 9 月 15 日。

② 《关于 1984 年国家预算执行情况和 1985 年国家预算草案的报告》，载中国政府网：https://www.gov.cn/govweb/test/2008-03/21/content_925591.html，最后访问日期：2023 年 11 月 23 日。

稳中求松的货币政策，并放松了对贷款规模限额的控制；第四，减少货币发行量，控制 M2 增量，抑制通货膨胀率。

(二) 1987—1991 年"硬着陆式"调控反通胀阶段

1. 政策出台的背景

此阶段我国经济面临的最主要问题是通货膨胀严重，我国实施货币政策的目标为抑制严重的通货膨胀。虽然 1984 年至 1985 年央行实施的货币紧缩政策暂时缓和了物价上涨产生的问题，但 20 世纪 80 年代国内经济依赖于经济增速的维持，货币紧缩政策导致的经济增速放缓必然会引发诸多矛盾，进而产生放松货币政策的强烈呼声，故 1986 年开始采取"紧中求松"的货币政策，稍微回落的通货膨胀又在 1988 年有所抬头，老百姓日常生活受到较大影响。

这个阶段的特点是通货膨胀率极为严重，1988 年我国的通货膨胀率达到历史最高点 18.8%。[①] 高通胀主要是因需求扩张、财政赤字和货币超发引起。此外，经济通胀的另一个原因来源于新旧体制交错中产生的经济秩序混乱，以及 1985 年的紧缩政策并没有达到经济结构调整的预期效果。[②]

2. 调控措施

为了抑制物价上涨过快和老百姓生活水平下降带来的严峻形势，中央政府迅速调整货币政策，货币政策由通胀向紧缩转变以抑制总需求。具体分为两个阶段：

(1) 1987 年至 1988 年经济扩张期间，实施"控制总量，调整结构"的货币政策，具体措施为规定发放贷款的指标以控制信贷规模的增长，上调法定存款准备金率和央行再贷款利率，并强制调整贷款结构。中国人民银行于 1987 年将存款准备金率从 10% 调至 12%，并于 1988 年将存款准备金率从 12% 调至 13%，有效地集中资金用于支持国家重点产业和项目，并试图在一定程度上暂时性冷却当时过热的经济形势。[③]

(2) 1989 年至 1990 年经济收缩期间，实行先紧后松的货币政策。一是严格控制信贷总量增长，提高银行存贷款利率。然后，为了恢复经济，扩大贷款规模，降低出口汇率和存贷款利率。

(三) 1992—1997年为防止通货膨胀和实现国际收支平衡而实行"软着陆"政策

1. 政策出台的背景

在邓小平"南方谈话"和党的十四大精神的鼓舞下，加上此前实施的宽松货币政策，

---

① 《改革开放以来中国货币政策的演变、效应及趋势》，载中华人民共和国国史网：http://www.hprc. org. cn/gsyj/yjjg/zggsyjxh_1/gsnhlw_1/d12jgsxslw/201310/t20131019_244927. html，最后访问日期：2023 年 8 月 20 日。
② 张晓慧：《中国货币政策》，中国金融出版社 2012 年版，第 96 页。
③ 张晓慧：《中国货币政策》，中国金融出版社 2012 年版，第 31 页。

中国经济步入高速发展轨道。1993 年上半年，由于固定资产投资规模的过度扩张和金融秩序的持续混乱，通胀开始抬头，中国社会经济出现"四热"（开发区热、房地产热、股票热和集资热），"四高"（高货币增长、高物价、高投资和高工业增长），"四紧"（资金紧张、能源紧张、交通紧张和重要原材料紧张）和"一乱"（具体指经济秩序尤其是金融秩序混乱）。通货膨胀率在 1994 年又攀升至新高峰，达到了 24.1%，这一年又被视为改革开放以来物价涨势最快、涨幅最高的年份。[①] 外贸逆差创历史新高达 679.4 亿美元，人民币也开始大幅贬值。这个阶段中国经济的主要特征是总需求超过总供给，经济过热，因此，货币政策的主要目标是遏制通货膨胀和实现国际收支平衡。

2. 调控措施

鉴于过去货币政策过度紧缩导致经济下行的经验，央行采取了适度从紧的货币政策，主要包括：第一，在贷款限额管理下，实施资产负债率比例管理；第二，自 1995 年《中国人民银行法》颁布后，货币政策的最终目标定位为"保持货币币值稳定，并以此促进经济增长"，即货币政策的首要目标确定为稳定币值；第三，1996 年 4 月，中国人民银行创建了新的货币政策工具——公开市场操作，以求通过经常性、连续性地在公开市场买卖证券的方式控制市场流通的货币量；第四，中央人民银行通过回收再贷款来进一步紧缩货币量；第五，实行以市场供求为基础、官方汇率与外汇市场汇率相结合的单一管理浮动汇率制度。[②]

（四）1998—2002 年以反通缩和促进经济增长为主要目标的货币政策

1. 政策出台的背景

1997 年下半年爆发的亚洲经济危机对我国经济影响很大，减缓了我国出口需求的增长，人民币也面临巨大的贬值压力。1998 年开始，我国出口需求就猛烈下滑，同时国内市场总需求不足的情况也较为明显，经济增长和就业率同时下降，物价持续走低。加上 1998 年我国部分地区遭受了罕见的洪涝灾害，给经济运行造成了更大的冲击，我国经济进入通货紧缩时期。

2. 调控措施

面对国内外严峻的经济形势，中国政府一方面坚持人民币不贬值、稳定国际市场汇率的原则；另一方面，采取稳健的货币政策扩大内需，应对通货紧缩，刺激经济增长，为未来宏观经济运行的重要转折点铺平道路。主要措施有：第一，取消了贷款规模的限额控制；第二，金融机构存款和贷款基准利率连续五次大幅下调，一年期存款基准利率从 5.67% 降至 1.9%，三年期贷款基准利率从 9.36% 降到 5.49%；第三，法定存款准备金率

---

① 张晓慧：《中国货币政策》，中国金融出版社 2012 年版，第 97 页。

② 凌一楠：《货币供给、通胀预期对我国农产品价格波动的传递效应研究》，西南大学 2015 年硕士学位论文，第 41 页。

五次下调，由 7.56% 下调至 1.89%；第四，扩大公开市场操作，主要通过逆回购操作调节货币供求，释放基础货币，同时将政策性银行债也纳入公开市场操作范围，保持货币供应量适度增长；第五，加强外汇管理，完善外汇市场。

（五）2003—2007 年实行稳健从紧的货币政策

1. 政策出台的背景

2003 年，虽然我国宏观经济遭受了"非典"等不可抗力因素的冲击，但是在我国加入 WTO 的国际背景下，仍然迎来新一轮的经济上升期，具体表现为投资、出口、信贷以及外汇快速增长。我国房地产市场化和加入 WTO 持续性拉动需求，货币的通胀压力凸显。同时，伊拉克战争也导致国际石油和粮食的供求关系趋紧，我国贸易顺差减少。

2. 调控措施

2003 年至 2007 年期间，中国人民银行采取了稳健而紧缩的货币政策，强调宏观经济调控的"渐进式"，以防止经济增长从过快转变为过热，同时，也是为了应对刚开始出现的物价上涨现象。实施的主要政策包括：一是 2004 年取消人民币存款利率下限和贷款利率上限；二是金融机构存款基准利率（一年期上调至 4.14%）和贷款基准利率（一年期上调至 7.47%）上调了 8 次；三是灵活运用公开市场业务（发行央行票据），保持基础货币稳定增长；四是 15 次提高存款准备金率（从 6% 提高到 14.5%），实行差别存款准备金率制度。[1]

（六）2008—2012 年实行旨在恢复经济并保持稳定增长的货币政策

2008 年初，为了防止结构性价格上涨升级为显著通货膨胀，防止经济增长过快过热，中国人民银行实施了紧缩货币政策。从 9 月开始，美国次贷危机加剧，加上年初的雪灾和 5 月份的汶川地震等灾害造成的资金需求，中国人民银行结合国际国内经济背景，按照保持经济平稳发展、控制物价上涨的要求，及时调整宏观经济调控政策，实施适度宽松的货币政策。主要措施包括：一是金融机构人民币存款基准利率已连续四次下调（一年期从 4.14% 下调至 2.25%）；二是人民币存款基准利率已经下调了五次（一年期从 7.47% 下调至 5.31%）；三是法定存款准备金率连续四次下调，中小金融机构从 17.5% 降至 13.5%，大型金融机构从 17.5% 降至 15.5%；四是取消对商业银行信贷规划的约束，引导扩大贷款总量；五是实施暂停发行 6 个月、1 年、3 年期央票等措施，支持投资 4 万亿元的积极财政政策。[2]

2010 年是 4 万亿元投资计划实施的最后一年。[3] 中国经济继续沿着宏观调控预期的方向发展，总体表现良好。农业和工业生产稳步增长，消费平稳较快增长，外贸快速恢复。

---

① 张晓慧：《中国货币政策》，中国金融出版社 2012 年版，第 25 页。
② 张晓慧：《中国货币政策》，中国金融出版社 2012 年版，第 102~104 页。
③ 刘伟：《我国货币政策体系与传导机制研究》，经济科学出版社 2015 年版，第 74 页。

面对当前国内外经济形势，中国政府继续把促进经济平稳较快发展作为宏观调控的首要任务，实施适度宽松的货币政策，保持政策的连续性和稳定性，管理好通胀预期，逐步引导货币条件从反危机状态恢复到常态水平。

2010年至2012年，虽然欧美国家的经济仍然处于低迷状态，但整个金融体系的动荡已经减弱。我国的金融市场总体运行良好，但由于欧洲爆发的债务危机，并且国内物价持续上涨、产能过剩、人民币贬值等多重问题并发，国内和国际的经济形势都趋于复杂。同时，房地产市场、投融资平台、民间借贷等领域潜在风险增大，国内需求存在放缓压力。在多重因素并发的压力下，我国货币政策由适度宽松转为稳健，把"稳增长"作为宏观调控的首要任务。主要实施的货币政策如下：第一，中国人民银行开始频繁调整存款准备金率，在2010年至2011年间共调整了6次存款储备金率，从2010年1月的16%上调至2011年5月的16.5%。[1]；第二，金融机构存贷款基准利率也经历了先升后降的阶段，到2012年底基本恢复到2011年初的水平；第三，推动逆回购等公开市场操作，调节市场流动性；第四，加大信贷资金投向实体经济，特别是中小企业和"三农"等领域。[2]

（七）2013—2019年实施精准定位、稳中有进的货币政策

从2013—2015年，我国宏观经济发展进入新常态。宏观经济失衡逐步由总量性失衡为主转向结构性失衡为主，[3] 我国的货币政策呈现出"精准定位、稳中有进"的发展局势。具体措施表现为：第一，灵活运用公开市场双向操作这一调控法宝；第二，稳定公开市场操作市场利率，有效引导市场预期；第三，使用常备借贷便利操作，解决金融机构的短期流动性需求，接受高等级债券和优质信贷资产等合格抵押品，向符合国家产业政策和宏观审慎要求、支持实体经济的金融机构提供流动性倾斜；第四，发挥差别准备金动态调整机制的逆周期调节作用，建立定向降准考核机制，满足审慎经营要求，符合标准的"三农"或小微企业贷款将获得优惠准备金率；[4] 第五，进一步推进利率市场化，2013年10月，市场利率自律定价机制《贷款基础利率集中报价和发布规则》发布，这意味着我国贷款利率市场化已基本完成。[5]

从2015—2019年，我国货币政策重新进入"稳健"的轨道。政策的制定与实施主要有以下几条主线：第一，以深化利率市场化改革为目的，取消存款利率上限，完成狭义的利率市场化；[6] 第二，完善利率市场化形成机制，加大市场资源配置的决定力度，强化人民币汇率浮动弹性；第三，构建跨境资本流动监测预警体系，有效防止资本大量外流，调节汇率，同时稳步推进资本项目可兑换；第四，落实政策性金融改革方案；第五，鼓励金融市场创新，完善互联网金融监管措施，完善金融风险的监测预防和处置体系。

① 刘伟：《我国货币政策体系与传导机制研究》，经济科学出版社2015年版，第79页。
② 姚星星、韩瑛：《我国财政政策与货币政策的演变、内容及特点》，载《中共宁波市委党校学报》2018年第2期。
③ 杨为乔：《金融调控40年之法治化进程》，载《人民法治》2019年第13期。
④ 朱怡婷：《差别准备金制度对我国商业银行的影响浅析》，载《现代金融》2017年第3期。
⑤ 魏雁飞：《我国利率市场化制度演进的法治逻辑》，载《海南金融》2023年第1期。
⑥ 魏雁飞：《我国利率市场化制度演进的法治逻辑》，载《海南金融,》2023年第1期。

（八）2020—2022 年实施精准施策、精准引导的货币政策

自 2020 年 2 月新冠疫情以来，我国的货币调控主要从以下四方面进行精准发力：一是保持流动性合理稳定。二是针对疫情不同阶段特点，采取针对性措施。新冠疫情以来，中国人民银行没有过度使用传统货币政策工具，而是根据疫情防控的阶段性要求和重点，采取了有针对性的结构性政策精准引导。先后推出疫情防控专项再贷款 3000 亿元、复工复产再贷款 5000 亿元、普惠性再贷款再贴现 1 万亿元等政策，着力保障供给、复工复产、发展实体经济。疫情防控初期，经济社会生活全面停顿，政策重点放在财政支持抗击疫情、保障供给上，政策要求精准高效。第一个精准直达政策工具——疫情防控专项再贷款，针对疫情防控的关键环节和核心领域，实行清单管理，加强跟踪监管，要求金融机构快速授信、快速放贷。三是围绕实体经济痛点精准引导，有效降低实体经济融资成本。为应对疫情引起的市场恐慌央行加强预期引导，综合运用多种货币政策工具，提供短期充足流动性支持，并在 2020 年春节金融市场开市后提供了 1.7 万亿元的短期流动性，有效稳定了市场预期，维护了货币市场、债券市场利率运行平稳。针对疫情防控阶段的资金需求和融资困难（面临企业短期资金需求不足和融资成本高的挑战），央行重点将窗口指导作为货币政策工具使用，加强窗口指导，加大逆周期调节力度，及时出台专项政策激励措施，引导金融机构加大对疫情防控工作的资金支持力度。疫情最严重的 2020 年 1—4 月，我国人民币贷款增加 8.8 万亿元，同比多增进 2 万亿元；4 月末，广义货币 M2 和社会融资规模增速分别为 11.1% 和 12%，均明显高于上年末。针对受疫情影响较深的中小微企业痛点，配合财税、监管等政策，落实好减免防疫物资生产企业税负等财政政策。同时，引导金融机构不盲目放款、断贷、压贷，对还款困难的企业，适当降低贷款利率，增加信用贷款和中长期贷款，降低担保和再担保费用。前三季度，小微企业融资新增 3 万亿元，同比增加 1.2 万亿元；普惠型小微企业新增贷款利率比上年全年下降 0.82 个百分点。围绕经济社会复苏和发展的关键环节，综合运用窗口指导、信贷政策和宏观审慎政策为促进经济复苏，营造良好的货币环境，引导金融行业加大对制造业和基础设施的支持。前三季度，制造业中长期贷款同比增加 6362 亿元，基础设施中长期贷款同比增加 8408 亿元。四是创新结构性直通工具，疏通传导渠道。结构性工具是货币政策传导机制的创新。目前我国央行使用的结构性货币政策工具多达十余种，其中包括疫情期间实施的专项再贷款等结构性政策工具。[①] 疫情发生时，中国人民银行迅速建立疫情防控专项再贷款，精准直达疫情防控领域各方面，有力支撑了疫情防控阻击战，疫情防控取得显著成效。随着疫情防控形势逐步稳定，根据复工复产阶段的特点，推出了两个直达工具，即专项再贷款再贴现政策和贷款延期支持工具、普惠小微信用贷款支持计划。[②]

---

① 张明、陈胤默、路先锋：《结构性货币政策工具：比较分析、研究述评与前景展望》，载《国际经济评论》2023 年第 6 期。

② 徐诺金：《新冠肺炎疫情冲击下我国货币政策应对之策及相关分析》，载《金融时报》2020 年 12 月 28 日。

💬 法律问题

1. 谈谈中国人民银行的货币政策目标与工具。

2. 结合我国货币政策的演变历程，谈谈我国货币政策的发展与完善。

✍️ 法理分析

1. 中国人民银行的货币政策目标与工具

《中国人民银行法》第3条明确了我国的货币政策目标，即"保持货币币值稳定，并以此促进经济增长"。该条款具有多重含义：(1)我国实行双重货币政策目标而非单一货币政策目标，分别为"稳定币值"和"促进经济增长"。(2)"稳定币值"和"促进经济增长"的货币政策目标并非并列关系，在这两个目标彼此之间存在一定冲突以致于很难同时实现，需要根据货币环境予以优先保全其中一个目标。(3)稳定币值是经济增长的基础，这意味着经济增长不能以牺牲稳定币值为代价。

中国人民银行为执行货币政策，可以运用下列货币政策工具：

(1)存款准备金制度。要求银行业金融机构按照规定的比例交存储蓄准备金。存款准备金制度以保证存款的支付和清算为设立初衷，后面逐渐演变为可以调控信贷规模、影响货币供应量的货币政策工具。

(2)存贷款基准利率制度。存贷款基准利率，是央行对商业银行等存款类金融机构制定的存贷款利率，通过上调或者下调基准利率影响货币供求，以达到货币政策调控的既定目标。

(3)再贴现制度。再贴现是相对于贴现而言的，贴现是指持票人持未到期票据向商业银行等金融机构兑付现金的行为。再贴现，是中国人民银行买入商业银行等金融机构的未到期票据的行为。再贴现率是商业银行等金融机构向央行贴现时支付的利率。中国人民银行通过调整再贴现率控制商业银行的贴现成本，进而调节银行类金融机构的再贴现规模，以间接调控的方式达到扩张或者收缩社会信用的目的。

(4)再贷款制度。再贷款是央行向商业银行等金融机构发放的贷款，这也是央行被称为"银行的银行"的主要缘由。中国人民银行通过再贷款调节社会信贷总规模，吞吐基础货币供应量，实现合理引导资金流向与信贷投放的目的。

(5)公开市场业务。公开市场业务，又称公开市场操作，是指央行以金融调控为目的，运用其专业判断在金融市场买卖证券或外汇的行为。公开市场操作的优势在于自主性，通过央行的自主行为吞吐货币，实现增加或者减少货币供应量的目的。

(6)常备借贷便利操作制度。常备借贷便利操作制度由中国人民银行于2013年年初创设，目的在于向符合宏观审慎要求的政策性银行和全国性商业银行提供短期流动性支持。

2. 我国货币政策的发展与完善

我国货币政策的演变过程，即是我国政府和央行基于国内经济发展现状和特定的金融环境，选择运用适当的货币政策工具和手段，通过不同的传导机制和传导渠道来影响经济运行并实现预期调控目标的过程。

20 世纪 80 年代到 90 年代初期，我国的货币政策以稳定物价、平衡信贷为主要目标。这一时期，我国经济投资过热，无法摆脱行政主导的过度投资增长模式，特别是应否采取加息的手段成为各方关注的焦点，利用行政手段管理土地和收紧信贷仍然是当时实施宏观经济调控的关键手段。在我国货币政策中介目标的选择上，采用了改革开放前的做法，以贷款规模和现金发行量作为货币政策的中介指标。只要贷款得到控制，货币供应量就可以得到控制。

然而，中国货币政策的预期政策目标与实际操作效果往往存在一定偏差。如果这种偏差很小，那么货币政策的效果是显著的；如果这种偏差很大，就会削弱了货币政策的效果。依据所有制为划分标准，作为投资主体的企业分为多种类型，包括国有企业和非国有企业等。国有企业对货币政策的反应相对迟钝，其投资行为与商业银行利率的调整不匹配，导致传导效率较低；非国有企业对货币政策更为敏感，货币紧缩政策对其投资行为具有较强的抑制作用。此外，居民的消费行为对货币政策极不敏感，这也是央行多次降息对提振内需效果不佳的主要原因。[①] 目前我国社会保障体系滞后，住房、医疗、教育需要消耗居民大量储蓄以应不时之需。

1992 年邓小平南方谈话后，中国建立了社会主义市场经济体制，经济进入高速发展的轨道，我国央行实行适度从紧和反通胀的货币政策。这一期间，我国经历了 2003 年"非典"、2007 年亚洲金融危机和 2008 年全球金融危机的影响，导致经济增长放缓。央行及时实施适度宽松的货币政策，2008 年实施了 4 万亿元投资的积极财政政策。

从我国的实践来看，央行制定货币政策是形成货币政策传导机制的起点，其政策调整主要集中在引导基本货币、利率和信贷政策上。面对央行的政策调整，商业银行按照自主决策、自主经营、自负盈亏、自担风险、盈利性、安全性和流动性的经营原则，对企业和居民贷款总额、投向和利率浮动幅度进行调整，从而影响企业和居民的生产、投资和消费行为，最终对宏观经济产生影响。由于我国社会主义市场经济体制的初步建立，货币政策在传导过程中受到商业银行经营体系和企业管理机制的影响，削弱了货币政策的传导效果，甚至阻碍了货币政策传导。

随着市场化金融体系的建立，中国实施货币政策的基础和环境正在发生根本性变化。贷款规模作为货币政策的中介指标，已经逐渐失去了赖以生存的两个基本条件：一是资金配置从计划转向市场；二是来自国有银行的存款在全社会融资总额中的比例趋于下降，而来自其他银行和金融机构的直接融资，特别是在金融市场上的直接融资比例正在迅速上升。因此，央行的指定性贷款规模不应再作为中介指标，而应作为一种指导性变量。为了便于调节货币供应量，中国人民银行每月进行统计监测。

2010 年至 2012 年，虽然欧美国家的经济仍然处于低迷状态，但整个金融体系的动荡已经减弱。我国的金融市场总体运行良好，但由于欧洲爆发的债务危机，国内物价持续上涨、产能过剩、人民币贬值等多重问题并发，国内和国际的经济形势都趋于复杂。因此，

---

① 刘传哲、何凌云：《经济主体对货币政策的反应及其行为调整》，载《金融教学与研究》2007 年第 2 期。

我国货币政策由适度宽松转为稳健，把"稳增长"作为宏观调控的首要任务。2013 年起，我国宏观经济发展进入新常态。宏观经济失衡逐步由总量性失衡为主转向结构性失衡为主，我国的货币政策也转变为"精准定位、稳中有进"的发展策略，改变了过去"大水漫灌"的总量调控方式。①

2020 年 2 月新冠疫情以来，中国人民银行不拘泥于再贴现、再贷款等传统货币工具，而是灵活运用多种货币工具实施精准调控，助力企业复工复产、抗疫保供和实体经济复苏。一方面央行推出了 3000 亿元疫情防控专项再贷款，5000 亿元复工复产再贷款、再贴现，10,000 亿元普惠性再贷款、再贴现政策。另一方面向严重遭受疫情冲击的中小微企业提供临时性延期还本付息等举措，全力减轻疫情对市场主体的冲击力度。

总体来看，我国统筹防疫和发展的宏观经济调控政策取得显著成效，四大货币政策目标保持在可控区间并逐步好转。经济运行稳中复苏，通胀温和，就业形势稳中向好，国际收支基本平衡，外汇储备稳定，金融逆周期运行。

二、俞某甫诉工商银行股份有限公司成都滨江支行储蓄合同纠纷案

📖 案事例介绍 10-2②

2019 年 7 月 10 日至 2019 年 7 月 11 日，俞某甫在中国工商银行股份有限公司成都滨江支行(以下简称工商银行滨江支行)办理的借记卡在澳大利亚和美国被他人分 208 笔取款 48,789.21 元。

2019 年 7 月 16 日，俞某甫发现借记卡被盗刷，遂向四川省成都市公安局锦江区分局督院街派出所报案。每笔交易发生之时，工商银行滨江支行均向俞某甫预留的手机号码发送了交易短信，但交易短信是否同时到达俞某甫手机情况不明，俞某甫称交易短信是取款后几天才收到。

另查明，俞某甫的借记卡密码除告知其妻子，并未告知他人。涉案借记卡交易期间，俞某甫本人并未离开中国。

一审法院认为：本案当事人对涉案取款交易并非持卡人本人操作没有争议，但是工商银行滨江支行提出俞某甫保存密码不善，存在自身过错予以抗辩。对此，根据《中华人民共和国商业银行法》第 6 条和第 29 条第 1 款规定，银行对储户存款具有安全保障某务，其中包括对储户信息的安全保障义务。本案中，俞某甫的借记卡在美国和澳大利亚发生交易，而俞某甫本人在四川省成都市，且借记卡亦由俞某甫本人保管，从地域及时间上可以认定俞某甫的卡内资金被他人利用伪卡在异地 ATM 机上盗刷，因此，工商银行滨江支行未能充分尽到借记卡交易的安全保障义务，给俞某甫造成经济损失，应当承担赔偿责任。俞某甫自认向其妻子分享了密码，俞某甫向妻子分享密码的行为虽然并无不妥，但是，这种分享在带来家庭生活便捷的同时，也会在一定程度上增加密码泄露风险，利弊相生，一审法院认为也应当在一定程度上对这一风险进行符合实际情况的反映，既不能过高以伤害

---

① 杨为乔：《金融调控 40 年之法治化进程》，载《人民法治》2019 年第 13 期。
② 本案例来自四川省高级人民法院(2020)川民终字第 1510 号民事判决书。

正常家庭生活的便捷性，也不能完全无视风险性的增加，据此，确定俞某甫自身承担10%的责任。另外，关于交易信息发送，持卡人发现交易异常的，也具有及时通知义务，以减少相应损失，但是本案银行系统短信是否及时为俞某甫收悉，并无证据支持，持卡人的减损通知义务的前提是收悉，因此不能适用发送主义以送达替代收悉。所以，滨江支行以发送短信为据提出的抗辩，一审法院亦不予以支持。

综上所述，俞某甫的诉讼请求部分成立，一审法院予以部分支持，判决如下：（1）工商银行滨江支行于判决生效之日起三日内向俞义甫赔偿资金损失 43,911 元；（2）驳回俞某甫的其他诉讼请求。

二审法院撤销一审判决并改判如下：

本案中，持卡人俞某甫有义务妥善保管借记卡并保护密码安全，银行有义务确保持卡人借记卡内资金的安全，并对借记卡的真伪进行鉴别和谨慎审核。根据《中华人民共和国商业银行法》第 6 条规定，工商银行滨江支行作为商业银行及俞某甫涉案借记卡的发卡银行，负有保障持卡人账户安全及存款安全的义务，该保障义务包括防止俞某甫的数据信息被非法窃取和使用，以及对交易借记卡进行实质性审查的义务。俞某甫的借记卡被伪造复制且在境外盗刷的过程中，工商银行滨江支行没有识别出伪造的借记卡，导致俞某甫的存款被盗。现工商银行滨江支行抗辩认为本案所涉的境外取款交易为凭密支取，因密码泄露造成的损失应由持卡人承担，但其未提供证据证明俞某甫的借记卡密码发生泄密；一审中，俞某甫虽自认将其借记卡密码告知其妻子，但由于该借记卡系俞某甫用于其家庭资金周转存取使用，俞某甫的该行为并无不妥，且现亦无证据证明俞某甫或其妻子泄露了密码进而导致其存款被盗刷。同时，俞某甫作为借记卡的持有者，在发现借记卡被盗刷后，及时对自己借记卡被盗刷一事进行挂失和报警处理，已尽到谨慎注意义务和及时通知义务。因此，俞某甫将其借记卡密码告诉其妻子并无过错，一审法院以此为由判决俞某甫自身承担 10% 的责任，属于适用法律不当，本院予以纠正。

法律问题

1. 工商银行滨江支行是否应对储户银行卡资金被盗刷承担责任？为什么？
2. 原告俞某甫对涉案借记卡被盗刷行为是否应承担责任？为什么？

法理分析

1. 发卡行应对储户银行卡被盗刷承担无过错赔偿责任

根据最高人民法院 2021 年 5 月 25 日发布的《最高人民法院关于审理银行卡民事纠纷案件若干问题的规定》（以下简称《银行卡规定》）第 15 条规定：伪卡盗刷交易是指他人利用伪造的银行卡提取现金、消费、转账等，造成持卡人账户非基于本人意愿的资金减少或透支金额增加的行为。网络盗刷是指他人窃取并使用持卡人银行卡网络交易识别信息和交易验证信息进行网上交易，导致持卡人账户非因本人意愿减少资金或增加透支金额的行为。《银行卡规定》第 7 条规定：发生银行卡盗刷交易或者网络盗刷交易，借记卡持卡人依据借记卡合约法律关系请求发卡行支付被盗刷存款本息、赔偿损失的，人民法院应依法予以支持。发生盗刷交易或者网络盗刷交易，信用卡持卡人基于信用卡法律关系请求发卡银行返还透支款本息、违约金并赔偿损失的，人民法院应依法予以支持；信用卡发卡银行请求信用卡持卡人偿还透支款本息或者违约金的，人民法院不予支持。在前两种情况下，持卡人未妥善保管银行卡、密码、验证码等身份信息和交易验证信息存在过错，发卡银行主张持卡人承担相应责任的，人民法院应予支持。持卡人未及时采取挂失等措施防止损失扩大，发卡银行主张持卡人承担损失扩大责任的，人民法院应予支持。也就是说，在当事人之间就银行卡欺诈损失的分担没有明确约定的情况下，原则上所遭受的欺诈损失由处于防止欺诈、防止损失最佳位置的一方当事人承担，也就是由最有能力控制银行卡欺诈风险者承担。确立这一原则有利于鼓励技术进步，鼓励能力最强的一方采用新的防范欺诈风险的技术措施。[①] 若持卡人具有过错，应承担相应的责任。

《银行卡规定》明确规定的举证原则是"谁主张谁举证"和"谁占有证据谁举证"，要求持卡人主张争议交易为伪卡盗刷交易或者网络盗刷交易的，应当提供生效法律文书、银行卡交易时真卡所在位置、交易行为发生地、账户交易明细、交易通知、报警记录、挂失记录等证据材料进行证明。如果发卡行、非银行支付机构主张争议交易为持卡人本人交易或者其授权交易的，发卡行、非银行支付机构可以提供交易单据、对账单、监控视频、交易身份识别信息、交易验证信息等证据材料予以证明。

商业银行对客户的个人信息保密义务属于商业银行作为特殊经营者而应承担的安全保障义务之范畴，并且工商银行滨江支行对原告俞某甫承担的保密义务为法定义务而非合同义务。本案被告工商银行滨江支行未举证证明原告授权他人使用借记卡及泄露密码的事实，故其应承担举证不能的法律后果。因此，工商银行滨江支行应对储户银行卡被盗刷承担无过错赔偿责任(严格责任)。

2. 原告俞某甫对涉案借记卡被盗刷行为不应当承担责任

《中华人民共和国商业银行法》第 6 条、第 33 条规定，商业银行对储户存款具有安全保障义务。工商银行滨江支行为俞某甫提供借记卡服务，就应当确保该借记卡内的数据信息不被非法窃取和使用。并且，工商银行滨江支行作为发卡行拥有相关技术、设备和操作平台，在其与储户的合同关系中明显占据优势地位，应当承担伪卡的识别义务。涉案借记卡系银联卡，在澳大利亚和美国被他人分 208 笔取款 48,789.21 元，已构成违约。因此，俞某甫要求发卡行赔偿全部存款 48,789.21 元，具有事实和法律依据，应予以支持。

三、新沂市新安镇墨河农民资金互助合作社诉宋某良民间借贷纠纷案

📖 案事例介绍 10-3[②]

2010 年 5 月 10 日，李某云(甲方)向新沂市新安镇墨河农民资金互助合作社(以下简

---

① 阳东辉：《论银行卡欺诈民事责任分配规则》，载《法学评论》2015 年第 6 期。
② 本案例来自江苏省高级人民法院(2019)苏民再 2011 号民事裁定书。

称墨河合作社）（乙方）申请借款 30 万元，借款合同约定"申请借用互助资金 30 万元，计划使用 20 个月。如不按期归还，愿按照《合同法》有关规定接受乙方处罚，由保证人承担连带偿还责任以及乙方为实现债权的一切费用。"同日，宋某良、李某、张某北在借款合同担保人处签名，并约定"为合同借款人按期偿还全部互助金本息及乙方为实现债权而垫付的全部费用承担连带责任保证，如甲方到期不还，按照《民法典》第 688 条之规定，承担连带偿还责任"。墨河合作社负责人张某在合同文本底部签署审批意见"审定贷款金额 30 万元，资金占用费率 2%（月），限定还款期限 2012 年 3 月 10 日"，审批日期为"2010 年 5 月 9 日"。2010 年 5 月 10 日，墨河合作社向李某云交付 30 万元后，李某云出具 30 万元借据一张，约定借款期限为 20 个月，资金占用费率 20‰，张某北在借据担保人处签名。之后李某云支付 4 个月利息，每月 5400 元，共计 2.16 万元。剩余本息，至今未还。

经法院审理查明：墨河合作社仅在新沂市民政局登记为民办非企业单位，并未经银行业监督管理机构审批，不属于《农村资金互助社管理暂行规定》第 2 条规定的社区性金融机构，不能从事对外发放贷款的金融活动。墨河合作社成立时股东为张超等 10 人，李某云并非该合作社的股东。

法律问题

1. 墨河合作社与李某云签订的借款合同是否有效？保证合同是否有效？请说明理由。
2. 双方约定的 2%（月）利率标准是否受法律保护？为什么？
3. 本案责任应该如何承担？

法律分析

1. 涉案借款合同为无效合同

首先，墨河合作社不具备发放贷款的主体资格。依据《农村资金互助社管理暂行规定》第 2 条①规定，墨河合作社仅在新沂市民政局登记为民办非企业单位，并未经银行业监督管理机构批准，不属于社区性金融机构，不能从事对外发放贷款的金融活动。其次，李某云不是墨河合作社可以发放贷款的合法对象。墨河合作社确认墨河合作社成立时股东为张某等 10 人，李某云并非该合作社的股东。因此，李某云不符合《农村资金互助社管理暂行规定》规定的社员条件，不属于墨河合作社可以合法发放贷款的对象。根据《中华人民共和国银行业监督管理法》第 19 条②规定，墨河合作社向不是合作社社员的李某云发放贷款，其性质属于向社会上不特定人员发放贷款，并约定收取高额利息，明显超出农村资金互助社社员之间的互助性借贷范围，属于非法金融经营活动，故墨河合作社与李某云

---

① 《农村资金互助社管理暂行规定》第 2 条规定："农村资金互助社是指经银行业监督管理机构批准，由乡（镇）、行政村农民和农村小企业自愿入股组成，为社员提供存款、贷款、结算等业务的社区互助性银行业金融机构。"

② 《中华人民共和国银行业监督管理法》第 19 条规定："未经国务院银行业监督管理机构批准，任何单位或者个人不得设立银行业金融机构或者从事银行业金融机构的业务活动。"

签订的借款合同无效。

墨河合作社与李某云签订的借款合同无效，担保人宋某良、李某、张某北为该借款合同提供的担保也属无效。

2. 该利率标准不受法律保护

该案中的"资金占用费率"，实为借款利率，双方约定的资金占用费率为2%（月），换算成年利率为24%，违反了我国有关借款利率法律红线的规定，即双方约定的利率不得超过放贷时一年期贷款市场报价利率（2021年5月我国1年期贷款市场报价利率3.85%）的四倍，即贷款年利率不得超过3.85%×4=15.4%，超出部分不予保护。

3. 对本案责任承担的分析

根据《最高人民法院关于适用〈中华人民共和国民法典〉有关担保制度的解释》第17条第2款的规定：主合同无效导致第三人提供的担保合同无效，担保人无过错的，不承担赔偿责任；担保人有过错的，其承担的赔偿责任不应超过债务人不能清偿部分的三分之一。本案中，宋某良、李某、张某北对无效保证合同的订立也存在过错，故应对李某云不能偿还本金及资金占用利息所造成损失的三分之一承担相应的赔偿责任。

四、外汇违规典型案例

📖 案事例介绍 10-4

近年来，我国外汇管理机关查处了以下外汇违规典型案件：

(1)2016年1月，恒丰银行温州分行未按要求对转口贸易真实性进行尽职审查，以企业虚假提单办理转口贸易付汇业务。

(2)2015年11月至2016年12月，索尔维生物化学(泰兴)有限公司使用作废的合同向国外企业支付预付款300万欧元和50万美元，且没有相应的进口货物。

(3)深圳一所大学派往美国的代表团用外汇资金为每位成员购买了一台笔记本电脑，随后用人民币偿还。

(4)2016年7月至2017年8月，扬州市甲金属材料有限公司编造虚假出口申报，办理贸易融资，结汇418万美元。

(5)2018年1月至2020年6月，张某为实现非法向境外转移资产的目的，将1800万元人民币汇入地下钱庄控制的境内账户，并通过地下钱庄兑换外汇汇入其境外账户。

💬 法律问题

根据《外汇管理条例》和《个人外汇管理办法》的规定，上述各种外汇违法行为的性质是什么？应该如何处罚？

✍ 法理分析

(1)恒丰银行温州分行未对结售汇业务的真实性与一致性进行尽职审查。

《外汇管理条例》第 12 条："经常项目外汇收支应当具有真实、合法的交易基础。经营结汇、售汇业务的金融机构应当按照国务院外汇管理部门的规定，对交易单证的真实性及其与外汇收支的一致性进行合理审查。"根据《外汇管理条例》第 47 条的规定，办理经常项目资金收付，未对交易单证的真实性及其与外汇收支的一致性进行合理审查的，由外汇管理机关责令限期改正，没收违法所得，并处 20 万元以上 100 万元以下的罚款；情节严重或者逾期不改正的，由外汇管理机关责令停止经营相关业务。本案中，恒丰银行温州分行未审核转口贸易单据的真实性，未尽到尽职审查义务，可由外汇管理机关责令限期改正，没收违法所得，并处 20 万元以上 100 万元以下的罚款。

(2)索尔维生物化学(泰兴)有限公司使用作废合同的行为属于采用欺骗手段将境内资本转移境外的逃汇行为。

根据《外汇管理条例》第 39 条的规定："有违反规定将境内外汇转移境外，或者以欺骗手段将境内资本转移境外等逃汇行为的，由外汇管理机关责令限期调回外汇，处逃汇金额 30% 以下的罚款；情节严重的，处逃汇金额 30% 以上等值以下的罚款；构成犯罪的，依法追究刑事责任。"本案逃汇金额单笔在 200 万美元以上，属于情节严重，因此，外汇管理机关应当对索尔维生物化学(泰兴)有限公司处以其逃汇金额 30% 以上等值以下的罚款。另外，根据《最高人民检察院、公安部关于公安机关管辖的刑事案件立案追诉标准的规定(二)》第 41 条的规定："公司、企业或者其他单位，违反国家规定，擅自将外汇存放境外，或者将境内的外汇非法转移到境外，单笔在二百万美元以上或者累计数额在五百万美元以上的，应予立案追诉。"

(3)该大学代表团在国外用外汇资金购买电脑并用人民币偿还的行为属于以外汇收付应当以人民币收付的款项的套汇行为。

根据《外汇管理条例》第 40 条的规定："有违反规定以外汇收付应当以人民币收付的款项，或者以虚假、无效的交易单证等向经营结汇、售汇业务的金融机构骗购外汇等非法套汇行为的，由外汇管理机关责令对非法套汇资金予以回兑，处非法套汇金额 30% 以下的罚款；情节严重的，处非法套汇金额 30% 以上等值以下的罚款；构成犯罪的，依法追究刑事责任。"因此，本案外汇管理机关可对该大学处以非法套汇金额 30% 以下的罚款，并责令对非法套汇资金予以回兑。

(4)扬州市甲金属材料有限公司编造虚假出口报关单、办理结汇的行为属于提供虚假材料将外币兑换成人民币的非法结汇行为。

根据《外汇管理条例》第 41 条第 2 款的规定："非法结汇的，由外汇管理机关责令对非法结汇资金予以回兑，处违法金额 30% 以下的罚款。"

(5)张某通过地下钱庄兑换外汇的行为属于非法买卖外汇的行为。

《个人外汇管理办法》第 30 条规定："境内个人从事外汇买卖等交易，应当通过依法取得相应业务资格的境内金融机构办理。"根据《外汇管理条例》第 45 条的规定："私自买卖外汇、变相买卖外汇、倒买倒卖外汇或者非法介绍买卖外汇数额较大的，由外汇管理机关给予警告，没收违法所得，处违法金额 30% 以下的罚款；情节严重的，处违法金额 30% 以上等值以下的罚款；构成犯罪的，依法追究刑事责任。"本案张某通过地下钱庄非法买卖外汇数额在 500 万元以上，已属于情节严重，应处违法金额 30% 以上等值以下的罚款。

思考题

案例一 中国人民银行甲分行近年来业务发展良好。在 2020 年的审计检查中，发现该银行在 2020 年 1 月至 2020 年 12 月 31 日的会计年度中，有以下业务：

①2020 年 3 月 25 日，中国人民银行甲分行向甲市教育局发放贷款 500 万元人民币，期限 3 年；

②2020 年 5 月 3 日，中国人民银行甲分行向甲市某信托投资公司发放贷款 300 万元人民币，期限 1 年；

③2020 年 5 月 18 日，中国人民银行甲分行向建设银行甲分行发放贷款 400 万元人民币，期限 1 年；

④2020 年 8 月，中国人民银行甲分行直接认购 1 年期国债 500 万元；

⑤2020 年 9 月，中国人民银行甲分行直接购进某公司股票 60 万元；

⑥2020 年 9 月底，中国人民银行甲分行向在其行开户的工商银行甲分行透支 500 万元；

⑦2020 年 10 月 3 日，中国人民银行甲分行向建设银行甲分行再贴现人民币 200 万元；

⑧2020 年 10 月 5 日，经国务院决定，中国人民银行甲分行向甲市人民保险公司发放贷款 600 万元；

⑨2020 年 11 月 6 日中国人民银行甲分行为甲市政府副市长何某贷款 50 万元，期限 1 年；

⑩2020 年 12 月 5 日，中国人民银行甲分行为甲市某大型国有企业提供债务担保，担保额 200 万元，担保期限 2 年。

问题：

本案中，中国人民银行甲分行的 10 项业务中，合法业务和非法业务分别有哪些？为什么？

案例二 2021 年 12 月 20 日，张某到中国农业银行某支行办理了一张金额为 10 万元、存期为 1 年的定期存单，存单左上角标有"凭密码自动转存和支取"字样。印在存单背面的"客户须知"第 2 项写道："如客户留有密码，请牢记密码，谨防遗漏。一旦忘记密码，需按有关规定办理挂失手续。"第 4 项规定："如存单不慎遗失，应立即向原开户银行办理挂失，并提供存单户名、账号、金额、存期、存入日等信息。"2022 年 12 月 21 日，张某来到银行要求查询自己储蓄存款的转存情况，但查询结果却让他大吃一惊，自己的 10 万元存单早在几个月前办理了挂失，后被人冒领。

经调查发现，2022 年 6 月 16 日，一位自称是储户张某(以下简称假张某)的男士来到银行，称存单不慎遗失，要办理存单挂失手续，并假冒挂失人，提供了伪造的身份证复印件。经核对开户时间、户名、金额和身份证号码后，经办人员为假张某办理了存单挂失申报手续。7 天后，假张某凭密码支取了遗失存单的 10 万元存款本息，随后转存到假张某名下的定期存单上；第 2 天，该款被人从该行 4 个储蓄网点取走。另查明，银行在为假张某办理存单挂失申请时，应由客户填写的部分未要求客户填写，而是由银行工作人员代为填写，冒名挂失人仅在挂失人签单处签名。

张某多次要求银行按照存单兑付存款，均被银行以各种理由推托。无奈之下，张某于2023年2月10日向人民法院提起民事诉讼，要求银行支付其10万元存款本息。

问题：

1. 银行和张某是否有过错？为什么？
2. 银行应否兑付10万元存单的存款本息？请说明理由。

第十一章　规划调控法律制度

一、"十一五"规划与增长方式的转变

📖 **案事例介绍 11-1**①

"十一五"规划中一个具有中心地位的问题，就是增长方式的转变问题。增长方式里面一个很重要的问题，就是怎么能够促进技术创新，特别是自主技术创新。"十一五"规划具有很多重要的特征，最重要的特征有三个：

一是第一次将"计划"转变为"规划"。过去，我国实行的是计划经济，计划经济的特点为行政计划和国家计划在资源配置中起基础性作用，在资源配置上细化行政能力。市场经济的资源配置特点为市场在资源配置中起基础性作用，而不是由一个行政机构（无论是所谓的计划委员会，还是国家发展和改革委员会）来制定资金、货物和资源的分配计划，市场经济条件下的计划是一个收集、处理和向社会发布整体、长期信息的过程，这两者是有本质区别的。虽然我们在2000年宣布初步建立市场经济体制，但我们的资源配置在很大程度上还是行政配置。因此，在市场经济体制初步建立后的前五年，也就是从2001年到2005年这五年，很多重要的资源，特别是土地资源和一些自然资源，都是由政府来配置的。"十五"计划和以前的计划有一些相似之处，这也导致了我国经济增长面临困境。粗放型的增长模式依靠高投入来实现增长，这是一个主要原因。因此，《国民经济和社会发展第十一个五年规划纲要》明确提出，叫"规划"，而不叫"计划"。这意味着在资源配置方式上发生了重大变化，最具体的表现就是指标数量大大减少，过去分钱、分物、分人的计划是通过一系列指标来体现的。这次"十一五"规划的"目标"一章中共有22个量化指标，其中只有8个"约束性指标"具有行政约束力，其余14个都是"预期性指标"，即国家希望或预期可能达到的指标，没有行政约束力。这8个行政约束性指标又是什么呢？基本上，这些都是与环境、消费和社会发展有关的必须实现的指标，比如主要污染物排放量要减少10%，这样的指标是约束性的，完不成指标任务要问责各级政府。其他非约束性的指标则属于预期性指标，这意味着"规划"不再是一个分配资源的计划。

"十一五"规划中政府与市场的关系如何处理？目前，政府的作用还是很大的。例如，这次创新将指标分为两类，我们如何实施还有待探索。但它给出了一个非常明确的信号，

---

① 本案例来自吴敬琏：《"十一五"规划与增长方式的转变》，载《中国民营科技与经济》2006年第5期。

未来的资源配置是由市场来主导的，经济活动的主体是企业，而不是政府。

二是推动经济增长由粗放型向集约型转变。这是增长方式的转变，是苏联在20世纪60年代末提出的，并于1959年制定了三个超越美国的五年计划。第一个五年计划是在20世纪60年代中期。所谓增长主要有两种方式：一种是投入的增加，即资金、物力、人力投入的增加；另一种是效率的提高，所谓效率就是单位投入的产出值，如果同样单位投入的产出值增加了，就是效率提高了。

靠投入支撑的增长速度叫粗放型增长，靠提高效率实现的增长叫集约型增长。当时苏联经济学家发现，苏联虽然经济增长速度很快，但主要靠资源投入，继而引发了一种隐忧：资源是稀缺的，如果要靠资源投入来支撑增长，而资源越来越稀缺，增长速度就会下降。在这种粗放型增长的情况下，虽然产出增加了，但是因为要投入的越来越多，所以效益不大，而且可能大部分增加的收益都要重新用来投资（如果不投入就无法继续增长），真正拿来消费的产品不多，也就是老百姓得到的实惠不多。所以当时苏联提出，要实现经济增长方式的转变，从粗放型增长转向集约型增长。

三是"十一五"规划有个很重要的特征，就是主要依靠改革来促进经济发展。苏联在20世纪60年代末就提出要转变增长方式，但直到苏联解体也没有转过来。后来，我国在制定"九五"计划（1996—2000年）时，总结了苏联转变经济增长方式不成功的经验和教训——经济体制对增长方式起决定性作用。

经济制度、经济体制和经济机制决定了经济增长的方式。我国"九五"计划正式提出转变经济增长方式。与20世纪60年代末苏联的五年计划相比，我们的优势在于提出了"两个根本性的转变"，而且这两个根本性的转变是互相结合的。

一个根本性的转变是经济增长方式由粗放型增长向集约型增长的转变；另一个转变是从计划经济向市场经济的转变。党中央特别强调指出，后一个转变是关键，即要依靠体制机制的优化来实现经济增长方式的转变。

"九五"计划之所以取得显著成效，是因为在"九五"计划实施期间，1993年党的十四届三中全会制定了一个改革方案，即《中共中央关于建立社会主义市场经济体制若干问题的决定》，确立了我国社会主义市场经济体制、现代企业制度、金融体制改革等。

十五期间的情况不太好。"十一五"规划总结了这方面的经验，完善经济体制是实现增长方式转变的最重要保障。我们如何完善经济体制？只有依靠改革，改革是促进经济增长的巨大推动力。

🗨 法律问题

1. 计划与规划的含义比较。
2. 谈谈国家规划调控指标体系的分类、发展与完善。

✍ 法理分析

1. 计划与规划的含义比较

计划通常是指在行动之前对未来行动方案的规划和设计，包括未来行动的具体内容和实施步骤。规划是一个特定领域的发展愿景，它综合了多种要素和人的观点，是一个相对全面的长期发展计划，是对未来全局性、长期性和根本性问题进行思考、考虑和设计的一套完整的未来行动方案。规划是分阶段实施的中长期计划，因此，一般理解为计划也包含规划。

2006 年 3 月 14 日，十届全国人大四次会议审议通过了《国民经济和社会发展第十一个五年规划纲要》。"规划"首次取代延续了 50 多年的国民经济和社会发展"计划"。"计划"让位于"规划"，凸显了政府更加注重市场在资源配置中的基础性作用。资源配置主要由市场调节还是由政府直接决定，是计划经济条件下的计划与市场经济条件下的规划的根本区别。在市场经济条件下，政府跳出对经济的直接干预，转向对经济的宏观调控，规划不直接干预企业的经营决策，对微观经济主体的具体活动没有约束力。从计划到规划，政府在市场经济中的角色进一步明确，市场机制发挥作用的范围和空间更大了，政府履行公共职责的内容更丰富了。规划重心的转变与政府职能的转变相适应，政府应更好地履行公共服务、生态保护、资源保护、优化发展环境等方面的公共职责。

2. 国家规划调控指标体系的分类、发展与完善

国家规划调控指标是国家规划控制内容、目标和任务的量化结果，是对国家未来经济社会发展的方向、目标、规模、速度、结构、比例、效益、效率等整体活动特征和条件的量化界定。规划调控指标之间相互联系、相互依存、相互作用，从而构成一个完整的国家规划调控指标体系。国家规划调控指标体系可以按照不同的标准进行分类，如按反映问题的复杂程度可分为综合指标和单一指标；按功能可分为考核指标和核算指标；按管理性质可分为强制性规划调控指标和指导性规划调控指标。[1]

1982 年第五届全国人民代表大会通过的《宪法》将计划名称改为"国民经济和社会发展计划"，内容包括国民经济、科技进步和社会事业三个方面。"十五"计划是中国新世纪的第一个五年计划。随着中国计划体制的演变，计划的内容发生了很大程度的变化，中长期计划的宏观性、战略性、政策性及计划指标的指导性和预测性进一步增强。

自"十一五"规划实施以来，过多、过细的量化指标被淡化，政府更加注重对经济社会发展的宏观调控。"十一五"规划目标有 22 个量化指标，其中只有 8 个是"约束性指标"，其余 14 个被称为"预期性指标"，即国家希望或预期可能会达到，没有行政约束力。这 8 个行政约束性指标基本上是关于环境、消耗和社会发展的。例如，在"十一五"规划中，耕地保有量作为约束性指标被列入经济社会发展的主要指标。按照规划要求，约束性指标要分解落实到有关部门，其中耕地保有量、单位 GDP 能耗下降、主要污染物排放量减少等指标要分解落实到各省区市。对耕地保有量考核不合格的地区，监察部、国土资源部将对其用地审批情况进行全面检查，对直接责任人按程序依纪依法严肃处理，并追究有关人员的领导责任。再比如，还有一个大家都很关心的约束性目标：单位国内生产总值能耗降低 20%。这是一个严肃的目标，需要对各级政府进行分解和问责。另一个目标是主要污染物的排放，要减少 10%，这种指标是有约束力的，完不成指标要追究相关人员的

---

① 《经济法学》编写组：《经济法学（第三版）》，高等教育出版社 2022 年版，第 230 页。

行政责任。其余指标都是预期性指标。

二、长株潭城市群区域规划

📖 案事例介绍 11-2

（一）长株潭都市圈发展规划背景

1. 都市圈概况

2007 年长株潭获批全国"两型"社会建设综合配套改革试验区以来，长株潭都市圈同城化建设加快推进，都市圈竞争力、经济实力显著增强，已具备在更高起点上推动高质量同城化发展、培育形成现代化都市圈的良好条件。经过多年一体化建设，长株潭都市圈已成为湖南社会经济发展的先行区，湖南资本、技术及劳动力等重要生产要素的核心富集区。2022 年，长株潭地区生产总值 20,280.5 亿元，其中，长沙市地区生产总值为 13,966.11 亿元，株洲市地区生产总值为 3616.81 亿元，湘潭市地区生产总值为 2696.54 亿元。

长株潭都市圈东部、南部和西部山区是都市圈的绿色生态屏障和主要水源保护区，对都市圈的生态环境和可持续发展具有重要意义。长株潭都市圈（包括长株潭三市市区及其周边地区）中北部的盆地平原是人口、城镇和经济产业汇聚的主要区域，也是都市圈建设条件最好的区域。这里是连接都市圈东西和南北的大动脉，人口和产业大规模集聚发展的限制性因素较少。

2. 战略意义

长株潭都市圈作为中部地区重要的都市圈和国家老工业基地，正处于工业化中期，兼具东部发达地区和中西部地区的发展特点，具有劳动力成本较低、矿产资源丰富的优势。加快长株潭都市圈的发展，不仅能够起到带动湖南经济发展的龙头作用，也是实施中部崛起战略的重要增长极，更是促进东中西区域协调发展的重要纽带。

积极推进建设资源节约型、环境友好型社会综合配套改革，加快长株潭都市圈率先发展，可以为全国探索建设资源节约型、环境友好型社会提供典型示范案例，为中部欠发达地区统筹城乡发展提供先进经验，为全国探索新的区域发展模式提供样板。

（二）区位竞争力分析

1. 区位与交通

（1）区位优势

长沙、株洲和湘潭位于湖南省东北部。三市沿湘江呈"品"字形分布，彼此之间的距离都在 50 公里以内。它们被绿化带隔开，由高速公路网连接。从全国来看，长株潭都市圈位于泛珠三角经济区、京广经济带和长江经济带的交会点，可直接承接长三角和珠三角的双重辐射。国家"十四五"规划明确指出要加快武汉、长株潭都市圈建设，为中部崛起开创新局面。

长株潭都市圈以长株潭为"点"，以京珠高速、京广铁路、武广高速客运途径地为"线"，打造湖南"一点一线"快速开发区。

（2）交通优势

长株潭都市圈位于中国南方的中心腹地，就全国主体功能区规划中的"两横三纵"和中部地区崛起规划中的"两横两纵"来说，湖南占着"一横（湘东北一隅沿江）一纵（京广线纵贯全省）"，在交通枢纽上各有地利。京广线从北往南有两个一级"大十字"：第一个在郑州（陇海线与京广线交会），第二个在武汉（长江与京广线交会），成为全国性的综合交通枢纽。湖南没有一级"大十字"，在京广线 590 千米湖南段却有 4 个二级"大十字"成串纵列：第一个在岳阳（长江与京广线交会），其地位虽逊于武汉，岸线也短，仍有可释放的交通运输潜力；第二个在长沙（沪昆线与京广线交会），潜力也很可观；第三个在株洲（杭昆线与京广线交会），早已成为南方重要交通枢纽；第四个可能落在衡阳（未来厦昆线与京广线交会，又是湘桂线的重要节点），合成二级"大十字"链。[①]

2. 资源条件

（1）自然资源

长株潭都市圈气候宜人，区域内的盆地与丘陵间错，城镇与村庄交织，众多不同规模、不同功能的城镇依附在区域周围，形成了独特的空间组合。

城市用地规模和城市水资源供给充裕，区域内有良好的生态屏障、青山绿水、绿心生态开放区，森林覆盖率达 54.7%，构成了都市圈独一无二的生态样貌。

长株潭地区主要分布白垩系和第三系红层，其次是中、上元古界浅变质岩和第四纪松散沉积物。矿产资源以非金属矿产资源为主，水质多达矿泉水品质。地下热水异常较多，以低温热水为主。

（2）社会资源

2022 年，长株潭地区生产总值首次突破 2 万亿元，常住人口 1700 万左右，经营主体突破 220 万户。

长株潭历史文化底蕴深厚，历史文化遗存丰富，例如长沙岳麓书院、马王堆汉墓等具有较高的旅游价值。红色旅游资源集群状况良好，例如韶山、宁乡花明楼、湘潭乌石这些旅游资源，可以形成红色旅游三角区，发展为革命教育基地。总而言之，这些红色旅游资源是长沙旅游业的靓丽名片。

截至 2018 年底，正在运行的湖南省重点实验室共 272 家，其中，国家级重点实验室 18 家、省级重点实验室 248 家、省级重点实验室培育基地 6 家。此外，长株潭还拥有"杂交水稻之父"袁隆平（已故）、遗传学家卢光、新材料专家黄伯云等世界知名科学家。

长株潭拥有中南大学、湖南大学、国防科技大学、湖南工业大学等十余所与航空事业

---

① 《长株潭城市群国土一瞥》，载中国地质调查局自然资源部门户网站：https://www.cgs.gov.cn/xwl/fcjxd/202206/t20220615_702160.html，最后访问日期：2024 年 7 月 1 日。

发展关系密切的高等院校。人口受教育程度高于全省平均水平，15 岁及以上文盲、半文盲比例明显低于全省平均水平，高中及大专以上学历比例高于全省平均水平。

3. 产业分析

(1)长株潭产业结构现状

根据社会生产活动的顺序，可将产业结构划分为三次产业结构，它是指第一产业、第二产业和第三产业在国民经济中的比重。

截至 2022 年，长沙市三次产业结构已经实现转型，第一产业比重约为 3.2%，第二产业占比约为 40%，第三产业占比约为 56.7%。株洲第三产业比重明显偏低，约为 41.9%，分别比长沙市和湘潭市低 14.8 个和 3.1 个百分点。

(2)长株潭产业优劣势分析

①优势分析：

长株潭地区是湖南省最重要的工业基地，工业体系较为完善。其中，长沙的工程机械、汽车及电子信息，株洲的轨道交通装备、有色冶金、陶瓷，湘潭的机电、钢铁等产业优势明显。

长株潭三市的经济规模在湖南省占有重要地位。2022 年，长株潭三市的地区生产总值 20,280.5 亿元，占全省比重约为 41.7%；社会消费品零售总额 7404.7 亿元，占全省比重约为 38.9%；年末常住人口总数为 1699.44 万人，占全省比重约为 25.7%。这一区域，拥有 4 个国家级先进制造业集群、19 个国家重点实验室、28 个国家(省级)园区，富集了全省 60% 以上的高新技术企业、80% 以上的高校科研机构、85% 以上的科研成果。

②劣势分析：

辐射带动效果有限。这三个城市虽然同属湖南省经济最发达地区，产业布局也各有优势，存在一定的互补关系。但是，与中国其他省会城市和大城市相比，长株潭区域经济无论在经济总量还是经济结构上都处于较低水平，对周边地区的经济辐射和带动作用仍然十分有限。三市均追求全系列产业布局，导致重复建设、分散经营、恶性竞争和同质化严重，集约化程度低、规模效益不高。

产业规模和经济总量较小。长株潭地区的 2022 年 GDP 总量虽已超过湖南省的 1/3，人均 GDP 为 119,912 元，但低于同处中部的中原都市群和大武汉城市圈，与广州、杭州和苏州相比差距更大。工业企业规模过小，难以形成规模经济效益。可持续发展竞争力较低，尤其是工业废水处理达标率低，未来这三个城市的经济发展将受制于环境的约束。

产业布局、产业结构层次低。2022 年，长株潭地区三次产业结构比为 19.7:45.3:42.9。由此可见，长株潭地区第一产业比重最低，第二、三产业比重相差不大，说明长株潭地区产业结构不合理较为突出。

(三) 战略定位与目标

到 2025 年，长株潭都市圈竞争实力、辐射带动能力显著增强，高水平基础设施、现代公共服务、社会保障等领域同城化取得重大进展，融城融合发展格局基本形成，成为全省高质量发展、高水平治理、高品质生活的标杆。

（1）都市圈内部分工更加协调，城市品质进一步提升，周边城镇发展水平和承载能力明显提升，区域经济活力持续增强，常住人口城镇化率达到82%左右。

（2）基础设施更加完善。建成一批交通、水利、能源、信息、市政等领域重大工程，长沙机场保障能力和服务水平显著提升，区域基础设施互联互通基本实现，"一小时通勤圈"全面形成。

（3）科创产业融合度更深。自主创新能力全面提升，优势产业竞争力显著增强，工程机械、轨道交通装备、航空航天等领域形成世界级产业集群，研发经费占地区生产总值达到3%。

（4）生态环境质量更加优良。区域环境污染联防联控联治机制高效运转，跨界水污染、大气复合污染等问题明显改善，城市空气质量优良天数比率保持在85%以上，跨界河流断面水质达标率达到100%，地级及以上城市实现功能区声环境质量自动监测，声环境功能区夜间达标率达到85%，全面完成自然保护地整合优化和勘界立标。

（5）基本公共服务更加便利。教育、劳动就业、社会保险、全民健身、医疗卫生、住房保障等公共服务体系不断完善，公共文化产品和服务供给更加丰富，营商环境持续改善。

（6）诚信社会建设成效明显，市场主体活力全面激发。同城化体制机制更加健全。区域政策协调，行政壁垒和体制机制障碍基本消除，要素自主有序流动，统一开放、竞争有序的市场体系基本建立。

到2035年，长株潭同城化发展格局全面形成，城乡区域发展差距和居民生活水平差距显著缩小，基本公共服务实现均等化，基础设施互联互通全面实现，人民生活更为富裕，现代社会治理格局基本形成，辐射力和引领力大幅提升，成为独具特色、富有魅力的现代化都市圈。

（四）重要任务

（1）围绕"三化"提质，实施规划同图行动。首先，推进规划一体化——统筹编制长株潭中心区、都市圈规划，实现规划空间、规划时限、规划目标和规划内容全方位对接；其次，建设长株潭智慧城市群——规划建设长株潭智慧城市大数据中心，打造长株潭智慧大脑和区域信息枢纽港；最后，促进品质国际化——统一长株潭三市国际化标识建设与改造，规范公共场所中英文标识，不断提高公民文明和文化素质，提升城市国际化形象。

（2）打造"两枢纽一中心"，实施设施同网行动，重点推进交通同网、物流同网、能源同网，建设长株潭国家综合交通枢纽、国家综合物流枢纽和国家智慧能源（储能）中心。

首先，建设国家综合交通枢纽，构建对外大通道，畅通域内主干线，强化交通微循环。例如，打造中欧班列（长沙）全国集结中心，争取开通东盟班列、电商班列、邮政班列等定制化班列，研究在株洲设立长沙至深圳铁海联运运输节点，开通至北部湾、粤港澳水运口岸铁海联运"五定班列"。

其次，建设国家综合物流枢纽。依托长沙国家物流枢纽承载城市，整合长沙货运北站、株洲铁路北站、湘潭铁路货站、长沙金霞物流园、旺东物流、湾田国际物流园以及长沙红星全球农批中心等资源，共同建设陆港型国家物流枢纽和国家骨干冷链物流基地。

最后，建设国家智慧能源（储能）中心。创新能源管理模式，保障长株潭负荷中心用能需求。实现三市充电设施互联互通，建成充电桩 20 万根左右，在全省率先形成城市内充电服务半径小于 2.5 公里、城市间小于 50 公里的充电网络等目标。

（3）优化"三大服务"，实施三市同城行动。加快生活服务同城，打造便利出行、便利康养、便利落户、便民服务的便民生活城市圈；加快公共服务同城，探索以社会保障卡为载体建立居民服务"一卡通"，建立长株潭劳动保障监察跨区域案件协作机制，制定长株潭拖欠农民工工资失信联合惩戒实施办法；加快政务服务同城，推进三市通办，分批推出跨市通办事项清单，建立健全长株潭三市跨地区、跨部门、跨领域的信用体系建设合作机制。

（4）推进"三大改革"，实施市场同治行动。争取中央综合授权改革，通过推进要素市场化配置改革、市场治理改革和合作模式改革，推动长株潭城市群发展，为全国改革提供新经验。

（5）打造"3+N"先进产业集群，实施产业同兴行动。打造三大世界级产业集群，培育壮大若干一流优势产业，着力构建差异化产业布局，推动服务业与制造业深度融合，坚持产业发展差异化、资源利用最优化、整体功能最大化，加快培育发展一批先进制造业集群，推动服务业和制造业深度融合。

（6）聚焦"一江一心两岸"重点区域，实施生态同建行动。完善生态环境共保联治机制，协同解决水污染、大气污染、土壤污染等环境问题，共同维护天蓝、地绿、水清、土净、境美的长株潭，争创长株潭国家生态文明试验区。

（7）依托"两区两山三谷"，实施创新同为行动。以打造具有核心竞争力的科技创新高地为引领，主动对接国家战略科技布局，加大国家重大科技项目承接力度，合力争取一批国家重点实验室和大科学装置在长株潭落地，将长株潭国家自主创新示范区建设成为创新驱动引领区、体制机制创新先行区、区域协同创新试验区，把湘江新区建设成为高端制造研发转化基地和创新创意产业集聚区；将岳麓山国家大学科技城建设成为全国一流的大学城、科技城、创业城，将马栏山视频文创产业园打造成为"中国 V 谷"；推动长沙创新谷、株洲动力谷、湘潭智造谷协调联动，建设国家区域科技创新中心。同时，加快建设人才集聚中心，打造长株潭创新创业升级版，推进三市人才引进互通、人才培养共育、人才评价互认、人才待遇同享。

（8）推进"三个一体"，实施开放同步行动。大力推进长株潭开放平台一体、招商引资一体、营商环境一体，营造公平竞争的市场环境，提升政务服务能力和水平，在更高层次、更宽领域构建开放型经济新体制，更大激发长株潭市场活力和社会创造力，不断增强长株潭地区国际竞争合作新优势。

（9）提升"四区"效能，实施平台同体行动。推动长沙创建国家中心城市，强化长株潭中心区带动能力，拓展国家级湘江新区功能，扩大自贸试验区长沙片区辐射能级，推动园区提质升级，共建中部地区高质量发展核心区，共筑优势互补、高质量发展的区域格局。

（10）建设"两高地两中心"，实施服务同享行动。打造国际知名的先进文化高地，共建中部地区教育高地，创建国家医学中心和区域医疗中心，加快公共服务资源优化配置和共建共享，促进一体化发展成果惠及三市及更多人民，打造宜居乐业的幸福长株潭。①

💬 **法律问题**

1. 谈谈区域规划的概念和主要内容。
2. 谈谈我国区域规划立法的不足与完善。

✍ **法理分析**

1. 区域规划的概念和主要内容

区域规划是为实现一定区域的开发建设目标，在一定空间内实施国民经济和社会发展规划任务的总体规划或部署，是区域生产力合理配置和各项建设事业协调发展的重要手段和步骤，也是政府对区域进行调控和管理、促进区域发展、协调区域关系的重要工具。区域规划主要是对人口、资源、生态环境和经济活动等进行的空间布局和安排。

区域规划主要包括以下内容：一是基础设施一体化，重点解决重复建设和资源共享问题。二是优化空间结构，明确空间发展方向和重点，特别是城市空间布局的方向和重点，解决区域内特别是跨行政区域协调发展问题。三是产业结构和经济结构的优化，主要是从全国乃至全球的角度出发，解决区域在国家发展格局中的功能划分和定位问题。四是综合利用土地、水等重要资源，保护生态环境，使经济社会发展与资源环境相协调。五是通过提出支持规划实施的政策措施，协调中央与地方、地方与地方之间的关系。②

2. 我国区域规划立法的不足与完善

区域规划法是指调整政府在区域规划管理过程中发生的各种社会关系的法律规范的总称。其调整的对象是区域规划关系。有学者将中国区域规划的发展演变分为三个阶段：承袭苏联区域规划(1956—1960年)、引进西欧和日本国土规划(1981—1995年)和中国自主创建城镇体系规划(1996—)。③ 1980年和1981年，国家分别作出了开展区域规划和国土整治工作的决定，并出台了一系列土地规划和城镇体系规划的法律法规和政策，掀起了土地规划和城镇体系规划编制的高潮。1987年，国家土地管理局组织编制了《全国土地利用总体规划(1986—2000年)》，开展土地规划编制工作。1994年，建设部颁布了《城镇体系规划编制审批办法》，使城镇体系规划成为城市规划的重要组成部分。1994年，广东省制定了《珠江三角洲经济区城市群规划》，对随后跨行政区的城市群规划、都市圈规划和城镇密集区规划的制定起到了带动作用。21世纪以来，我国区域规划文件频繁出台。2005年，国务院发布《国务院关于加强国民经济和社会发展规划编制工作的若干意见》，规定五年规划包括总体规划、专项规划、区域规划三类和国家、省、市三级，并首次将五

① 《长株潭一体化发展五年行动计划》，载湖南省政府门户网站：http://fgw. hunan. gov. cn/fgw/xxgk_70899/zcfg/dfxfg/202106/t20210602_19412719. html，最后访问日期：2024年7月1日。
② 《经济法学》编写组：《经济法学》(第二版)，高等教育出版社2018年版，第208页。
③ 胡序威：《中国区域规划的演变与展望》，载《地理学报》2006年第6期。

年规划作为一个完整的体系来指导区域发展。2005 年，住房城乡建设部开始编制《全国城镇体系规划纲要（2005—2020 年）》。2007 年，全国人大常委会制定了《城乡规划法》，对城乡规划的制定、实施、修订、监督等程序作出了详细规定。2010 年，国务院发布了第一部国家空间发展规划《全国主体功能区规划》。2013 年编制完成《全国国土规划纲要（2011—2030 年）》。2014 年《国家新型城镇化发展规划（2014—2020 年）》出台。

中国尚未制定统一的区域规划法，相关规定主要散见于国土规划、城乡规划、环境和自然资源等方面的一些法律法规中。例如，《土地管理法》《城乡规划法》《环境保护法》《水法》《森林法》《草原法》《城市规划编制办法》等法律法规都涉及区域规划方面的规定。区域规划不应囿于目前固有的行政区划，而应超越现有的行政管辖范围，强调跨区域的合作与联合。按照行政法治原则，将区域规划的制定和实施纳入法治轨道。目前，国家层面的区域规划安排往往由地方政府牵头，报国家发展改革委审议，经国务院批准实施。其中，地方政府的主要决策者和职能部门真正影响规划的制定。当前的区域规划往往成为地方（主要是省级）政府争夺国家政策资源的一种手段。区域规划的制定和修改惟长官意志是从，随意性大。区域规划作为空间整体规划，涉及的利益和矛盾较多，目前搁置争议、回避体制问题和矛盾的做法非长久之计。因此，制定一部统一的区域规划法势在必行。①

区域规划法的制定和实施应从《组织法》和行为法两个方面入手。哪一级政府有权制定和实施区域规划，应由《组织法》予以授权。如何制定和实施区域规划，应该有行为法上的依据。具体而言，应当在区域规划法中明确区域规划的法律地位、基本任务、遵循原则，区域规划的内容，区域规划的编制、审批、公布、实施、评估、修改等程序，明确违反区域规划制定程序和阻碍区域规划实施应承担的责任等内容。

思考题

案例一② 江苏常州铁本钢铁有限公司（以下简称常州铁本公司），是一家成立时间约 8 年的小型民营钢铁公司，注册资本为 3 亿元人民币。常州铁本公司曾多次对外表达，希望通过新北区钢厂投资项目，实现"3 年内赶上宝钢""力争世界 500 强"的宏伟目标。常州铁本公司规划了一个历时 2 年、投资总额约 106 亿元的钢铁项目，通过变相操作，被分拆成 22 个项目，带动了诸多大型公司开始工程建设。该项目占去了常州工业项目总投资近 1/3 的比重，在国家发改委出台给钢铁行业降温政策的背景下，悄然开工建设，但以国家发改委人员为首的国务院巡视组仍发现这一重大项目存在严重问题，责令其立即停产整改，并对相关涉案人员进行了严肃查处。这是国家发改委整顿钢铁业投资过热现象而采取的重大举措，达到了"以儆效尤"的效果。

问题：

1. 国家取缔常州铁本公司钢铁投资项目的依据是什么？

2. 产业调控法的内容包括哪些？它在整个宏观调控法体系中的法律地位和功能是怎样的？

---

① 杨丙红：《我国区域规划法律制度研究》，安徽大学 2013 年博士论文，第 46 页。

② 本案例来自国办发〔2004〕41 号。

案例二① 2023 年 1—7 月，中国企业对"一带一路"共建国家非金融类直接投资 953.4 亿元，同比增长 23.2%(折合 136.9 亿美元，同比增长 15.3%)，占同期投资总额的 19%，增速比去年同期提高 0.8 个百分点。主要投资于新加坡、印尼、越南、马来西亚、泰国、阿联酋、柬埔寨、塞尔维亚、哈萨克斯坦和老挝等国家。

对外承包工程方面，中国企业在"一带一路"共建国家新签合同项目 3672.3 亿元，同比下降 1.7%(折合 527.3 亿美元，同比下降 7.9%)，占同期中国对外承包工程新签合同额的 49.2%；成交额 3120 亿元，同比增长 8.4%(折合 448 亿美元，同比增长 1.5%)，占同期总成交额的 55.3%。

2023 年 1—7 月全国实际使用外资同比出现下降，主要有两方面原因：一是世界经济恢复缓慢，全球跨国投资乏力。根据联合国贸发会议《世界投资报告 2023》的数据，2022 年全球外国直接投资同比下降 12%，今年仍面临较大下行压力。经济合作与发展组织(OECD)7 月发布的报告指出，初步估计 2023 年一季度全球外商投资同比下降 25%。二是去年同期基数较大。2020—2022 年的 3 年间，我国克服全球跨国投资整体低迷、新冠疫情等不利影响，不断加大外资工作力度，吸收外资实现持续稳定增长，2022 年我国吸引外资规模已超过 1.2 万亿元人民币，再创历史新高，3 年平均增幅 8.6%。

外商投资是市场行为，阶段性波动是正常的。我们既要看规模，也要看结构，既要看当下，也要看长远。2023 年 1—8 月，高技术制造业实际利用外资同比增长 19.7%，引进外资质量持续提高；全国新设立外商投资企业同比增长 33%，充分体现了外商对于长期在华投资的信心。

问题：

1. 对外贸易法的主要法律法规有哪些？
2. "一带一路"建设规划的重点内容是什么？

---

① 本案例来自《商务部外资司负责人就 1—8 月全国吸收外资情况答记者问》，载中华人民共和国商务部官网：https://m.mofcom.gov.cn/article/xwfb/xwsjfzr/202309/20230903440826.shtml，最后访问日期：2023 年 9 月 22 日。

第十二章 市场规制法的基本理论与制度

一、广告法是否属于市场规制法范畴

案事例介绍 12-1

打开电视，治疗肿瘤、乙肝的误导广告扑面而来；打开收音机，治疗前列腺、泌尿系统疾病的各种违规讲座不绝于耳；翻开报纸，壮阳、瘦身、丰胸的夸张广告充斥版面；打开手机 App，各种弹窗广告欺骗误导用户跳转，想"一键关闭"是一件不容易的事，广大人民群众和社会各界对此反应极为强烈。进入互联网时代，通过大数据算法等手段，违法广告更无孔不入地进入消费者的生活，肆虐地侵犯消费者的合法权益。为了规范网络广告行为，2023 年 2 月，国家市场监督管理总局根据我国《广告法》《电子商务法》等法律法规，发布了《互联网广告管理办法》，为链接广告、电子邮件广告、付费搜索广告等新型网络广告建章立制，纳入法律监管范围。广告法有广义与狭义之分，广义的广告法不仅包括名称为"广告法"的法律规范，也包括其他法律、行政法规中涉及规范广告活动的法律法规，如《反不正当竞争法》《消费者权益保护法》《食品安全法》《药品管理法》《烟草专卖法》《广告管理条例》《广告管理条例施行细则》；狭义的广告法仅指《广告法》。① 我国广告法的立法目的就是依法保护正当广告活动，防止和打击虚假广告现象，充分发挥广告的积极作用，充分保护消费者的合法权益，促进我国广告业的健康发展。②

但是，长期以来，我国出版的各种经济法教材中往往没有出现广告法的相关章节和内容，广告法是否属于经济法的体系范围，它能否作为市场规制法的组成部分之一值得我们思考。

法律问题

1. 谈谈市场规制法的概念和调整对象。
2. 广告法能否纳入市场规制法的体系？请说明理由。

法理分析

1. 市场规制法的概念和调整对象

市场规制是一个复合名词，为了更好地理解，我们可以将其进行拆分。规制，作动

---

① 卢代富：《经济法学》，厦门大学出版社 2016 年版，第 123 页。
② 黄先蓉：《出版法教程》，湖南大学出版社 2008 年版，第 168 页。

词，源于英语 regulate，指根据规则、原则或法律所进行的控制和引导。① 市场规制是指国家通过制定行为规范引导、监督、管理市场主体的经济行为，也同时规范约束政府监管机关的市场监管行为，从而保护消费主体利益，保障市场秩序，具体表现为完善市场规则，有效地反对垄断，制止不正当竞争，保护消费者权益等。② 市场规制法的调整对象是市场规制关系③。市场规制关系是指国家依法规制市场秩序过程中产生的经济关系，④ 市场规制法的调整对象由生产经营规制关系、市场竞争关系和市场监管关系组成：（1）生产经营规制关系，包括在产品质量、价格、广告、计量和标准化规制过程中形成的社会关系；（2）市场竞争关系，包括经营者之间的市场竞争关系和在制止滥用行政权力排除、限制竞争过程中形成的社会关系等；（3）市场监管关系，是指监管部门在监管货币市场、能源市场、金融市场、房地产等市场过程中形成的社会关系⑤。市场竞争关系，具体而言，是指国家基于维护市场秩序的公平性、公正性以及稳定性的目的，依照相关法律法规制止垄断和不正当竞争行为产生的规制关系。市场监管关系主要是指对货币、证券、保险、房地产、能源等市场进行监管而产生的规制关系。

市场规制法的目的不是实现国民经济总量的平衡，而是通过规制市场主体的具体经济行为，使其公平竞争、合法经营，保证商品和服务的质量。政府作为社会公共利益的代表，通过对市场主体行为的直接规制，对偏离市场轨道的经济行为的纠正和惩治，对市场机制内在固有的缺陷的矫正和克服，维护市场秩序，保证市场机制的正常运行。⑥

2. 广告法可以纳入市场规制法的体系

市场规制法的体系，是指各类市场规制法规范所构成的和谐统一的整体。在我国，市场规制法体系具体包括以下三个二级法律部门：（1）竞争法，包括《反垄断法》和《反不正当竞争法》；（2）生产经营规制法，包括《产品质量法》《价格法》《计量法》《消费者权益保护法》《广告法》等；（3）市场监管法，包括货币市场监管法、保险市场监管法、房地产市场监管法、能源市场监管法等。

广告的本质就是企业对商品和服务的一种推广和宣传行为，相当于企业的一张嘴，通过广告这张嘴的介绍与宣传，激发下游厂家和消费者的购买欲望，从而达到增加销售额的目的。广告法是指调整广告活动过程中所发生的各种社会关系的法律规范总称，主要包括广告内容和广告活动两个方面的法律关系。⑦ 我国广告法的立法目的就是规范广告活动，保护消费者的合法权益，促进广告业的健康发展，维护社会经济秩序。⑧ 在广告行业中，

① 吴蕾：《经济法基本问题研究》，吉林大学出版社 2022 年版，第 50 页。
② 吴桂梅：《经济法》，北京理工大学出版社 2017 年版，第 2 页。
③ 黄娟、姚毅、李方峻：《经济法》，北京理工大学出版社 2020 年版，第 191 页。
④ 王霞：《经济法学》（修订版），中国民主法制出版社 2006 年版，第 28 页。
⑤ 徐孟洲：《论区域经济法的理论基础与制度构建》，载《政治与法律》2007 年第 4 期。
⑥ 钟晓玲、左丽敏：《市场规制法律制度研究》，山西经济出版社 2015 年版，第 90 页。
⑦ 戚昌文：《经济法概论》，华中科技大学出版社 2002 年版，第 252 页。
⑧ 《中华人民共和国广告法》第 1 条规定："为了规范广告活动，保护消费者的合法权益，促进广告业的健康发展，维护社会经济秩序，制定本法。"

真实性被视为至关重要的原则，同时也是广告法的核心原则。广告活动中最严重、最突出的问题就是虚假广告，现实生活中虚假广告往往成为谣言制造机，让广大消费者深恶痛绝，因此，禁止和打击虚假广告成为广告法规制的重心。[①] 换言之，广告法的实质就是规范企业的推广和宣传行为，也即企业的营销行为，营销应属经营活动范畴，故将其归入市场规制法的二级法律部门——生产经营规制法，应属理由充分和顺理成章的事情。

二、推动中国市场由大到强

案事例介绍 12-2

　　建设全国统一大市场是新时代经济发展的重要战略之一，这与我国市场经济能够打破地区封锁和行业垄断，促进商品和要素自由流通，在全国范围内建立自由流动、公开透明、平等竞争的市场体系有着十分密切的联系；同时也是实现经济高质量发展的必然要求。我国经济发展面临着地区差距、城乡差距、行业差距等多重挑战，而全国统一大市场的建立可以有效应对这些挑战。2022 年 3 月，《中共中央国务院关于加快建设全国统一大市场的意见》（以下简称《意见》）对市场改革提出了总体要求："统筹发展和安全，充分发挥法治的引领、规范、保障作用，加快建立全国统一的市场制度规则，打破地方保护和市场分割，打通制约经济循环的关键堵点，促进商品要素资源在更大范围内畅通流动，加快建设高效规范、公平竞争、充分开放的全国统一大市场"。《意见》对市场建设提出了具体要求："强化市场基础制度规则统一、推进市场设施高标准联通、打造统一的要素和资源市场、推进商品和服务市场高水平统一、推进市场监管公平统一、进一步规范不当市场竞争和市场干预行为、组织实施保障。"

　　从现在中国市场经济发展的情况来看，我们应该向着什么方向发展，建设什么样的制度才能刺激经济发展？《意见》从制度建设着眼，坚持立破并举，就建立健全机制、打通制度堵点部署了一系列重点任务。[②]

　　从立的角度，《意见》明确要抓好"五个统一"，即强化市场基础制度规则统一、完善统一的产权保护制度、落实"全国一张清单"的统一管理模式、打造统一的要素和资源市场、推进市场监管公平统一；从破的角度，明确要进一步规范不当市场竞争和市场干预行为，着力强化反垄断、依法查处不正当竞争行为、破除地方保护和区域壁垒、清理废除妨碍依法平等准入和退出的规定做法、持续清理招标采购领域违反统一市场建设的规定和做法，旨在打破各种制约全国统一大市场建设的显性和隐性壁垒。[③]

---

　　① 阳东辉：《网络广告法律规制研究》，知识产权出版社 2022 年版，第 45 页。

　　② 孔德晨：《加快建设高效规范、公平竞争、充分开放的全国统一大市场——推动中国市场由大到强》，载《人民日报》2022 年 5 月 16 日。

　　③ 安蓓、潘洁：《加快建设全国统一大市场　筑牢构建新发展格局的基础支撑——专访国家发展改革委负责同志》，载国家林业和草原局政府网：https://www.forestry.gov.cn/main/51/20220411/083533755136994.html，最后访问日期：2023 年 10 月 14 日。

💬 **法律问题**

1. 市场规制法的宗旨是什么？
2. 谈谈市场规制法的体系构造。
3. 市场规制法的调整方式有哪些？

✍️ **法律分析**

1. 市场规制法的宗旨

市场规制法的宗旨，就是要建立公平、自由、有序的市场机制。[①] 也有学者认为，市场规制法的宗旨是为了维护竞争秩序、消费秩序、生产秩序和社会公共秩序，防止经营者采取违法行为破坏竞争秩序和生产秩序，损害消费者权益，扰乱社会公共秩序。[②] 还有学者通过对市场规制法进行多角度、多层次解读后得出，其宗旨有初级和终极两个层面。市场规制法的初级宗旨是通过规制垄断行为和不正当竞争行为，调整市场规制关系，恢复和维护公平竞争机制，提高市场配置资源的效率，保护经营者和消费者的权利和利益；市场规制法的终极宗旨主要是通过初级宗旨的达成，不断解决个体营利性和社会公益性的矛盾，克服市场失灵，保障社会公益和基本人权，促进经济的稳定增长，实现经济和社会的良性互动和协调发展。[③]

2. 市场规制法的体系构造

市场规制法不仅是经济法的下位法组成部门，同时也是一个具有独立性的二级法律部门，市场规制法体系中的各个组成部分相互协调、互相配合，共同实现了政府对市场交易活动实行干预、维护市场秩序和公平交易的目标。有学者认为，市场规制法体系主要由竞争法、《消费者权益保护法》、《产品质量法》、特别交易监管法律组成。[④]

还有学者从经济法层级结构的角度来研究市场规制法的体系结构，认为经济法的体系构造如下：第一层次为宏观调控法和市场规制法；第二层次市场规制法分为《反垄断法》《反不正当竞争法》和《消费者权益保护法》；第三层次《反垄断法》分为滥用市场支配地位行为规制制度、垄断协议行为规制制度、经营者集中行为规制制度和行政性垄断行为规制制度，《反不正当竞争法》分为商业贿赂行为规制制度、不当奖售行为规制制度、虚假宣传行为规制制度、商业诋毁行为规制制度、商业混淆行为规制制度、侵犯商业秘密行为规制制度和互联网特殊不正当竞争行为规制制度。[⑤]

3. 市场规制法的调整方式

市场规制法存在一般禁止式、积极义务式和有条件的允许式三种调整方式，在我国市

---

① 马治国、张宝亚：《经济法学》，西安交通大学出版社 2004 年版，第 96 页。
② 董成惠：《经济法对传统二元法律体系的解构》，中国政法大学出版社 2019 年版，第 88 页。
③ 吴蕾：《经济法基本问题研究》，吉林大学出版社 2022 年版，第 53 页。
④ 龙英锋、王旭：《法学概论教程》，立信会计出版社 2012 年版，第 221~222 页。
⑤ 《经济法学》编写组：《经济法学》（第二版），高等教育出版社 2018 年版，第 219 页。

场经济背景下，以一般禁止式调整方式和积极义务式调整方式为主，以有条件的允许式调整方式为辅。①

📝 思考题

案例一②　2023 年 7 月 3 日，安徽省 A 市新兴产业集中区市场监督管理局接到群众举报，反映 2023 年 7 月 3 日在本区宇邦生活超市购买的食品"绿豆冰沙（清型）"有两种生产日期，分别为黑色字体的"2023/06/28"、无色钢印版的"20230529"。该局经核实举报属实，7 月 5 日将违法线索移送该局处理。2023 年 7 月 5 日，根据移送的违法线索，该局对当事人进行检查，现场有 1 张编号为 0001242、供货商为顺顺商贸的流通领域商品进销货台账凭证，与本区宇邦生活超市提供的购物凭证一致，货架上摆有 1 套食品生产日期打码工具，查看监控录像，店员张某于 2023 年 6 月 28 日上午 10：38 从室外将打码工具拿入室内并摆放在货架上，2 瓶油墨均已开封。冻库内贮存的食品"绿豆冰沙（清型）"标签标注净含量：300g，保质期：5℃—10℃，保存 15 天，生产商：杭州赛达食品有限公司，生产日期：见杯底或杯盖，杯盖上标注：20230630，字体颜色为金黄色。当事人确认 2023 年 6 月 29 日销售给本区宇邦超市，标注生产日期为 2023/06/28 的食品"绿豆冰沙（清型）"是 2023 年 6 月 28 日篡改的。

经批准，2023 年 7 月 5 日，该局对当事人涉嫌篡改食品生产日期的 1 套食品生产日期打码工具采取了扣押的行政强制措施，2023 年 7 月 31 日，延长扣押期限 45 日。2023 年 7 月 6 日，该局对当事人的违法行为进行立案调查。2023 年 7 月 17 日，该局发协助调查函至杭州市萧山区市场监督管理局，请求其协助对该案进行调查。经过调查，该局发现，当事人在食品经营过程中，存在在销售食品上标注虚假生产日期、销售食品超过保质期等行为，违反我国法律相关规定。③ 依据《中华人民共和国食品安全法》第 124 条第 1 款第 5 项④的规定，并参照《安徽省市场监督管理行政处罚裁量权基准》（2022 年本）第 122 条、第 124 条第 1 款的规定，鉴于当事人涉案物品不属于特殊食品，货值金额在五千元以下，经 2023 年 8 月 28 日该局案件集体讨论会决定，责令当事人改正上述标注虚假生产日期、销售过期食品等违法行为，同时对当事人做出如下处罚：

(1)没收标注虚假生产日期的食品生产日期打码工具 1 套；

(2)没收违法所得人民币 3.00 元；

---

① 《经济法学》编写组：《经济法学》(第二版)，高等教育出版社 2018 年版，第 224~225 页。

② 本案例来自池市监处罚〔2023〕92 号行政处罚决定书。

③ 《中华人民共和国食品安全法》第 34 条规定："禁止生产经营下列食品、食品添加剂、食品相关产品：……(十)标注虚假生产日期、保质期或者超过保质期的食品、食品添加剂。"

④ 《中华人民共和国食品安全法》第 124 条规定："违反本法规定，有下列情形之一，尚不构成犯罪的，由县级以上人民政府食品安全监督管理部门没收违法所得和违法生产经营的食品、食品添加剂，并可以没收用于违法生产经营的工具、设备、原料等物品；违法生产经营的食品、食品添加剂货值金额不足一万元的，并处五万元以上十万元以下罚款；货值金额一万元以上的，并处货值金额十倍以上二十倍以下罚款，情节严重的，吊销许可证：……(五)生产经营标注虚假生产日期、保质期或超过保质期的食品、食品添加剂。"

（3）罚款人民币 10,000.00 元。

问题：

1. 本案中的三种行政处罚各属于什么性质的责任形式？

2. 若消费者要求退回货款并按十倍赔偿能否获得法院支持？为什么？

案例二① 经查明，当事人攀枝花市顺泽工贸有限公司成立后无正当理由超过六个月未开业，或者开业后自行停业连续六个月以上。

上述事实，主要有以下证据证明：

（1）连续两个年度未依法报送年度报告的证明材料；

（2）连续两个年度未依法报税的证明材料；

（3）通过登记住所或经营场所无法取得联系的证明材料。

依据《中华人民共和国公司法》第 260 条"公司成立后无正当理由超过六个月未开业的，或者开业后自行停业连续六个月以上的，公司登记机关可以吊销营业执照，但公司依法办理歇业的除外"的规定，作出行政处罚决定如下：

吊销营业执照。

当事人的债权债务依法由有限责任公司的股东、股份有限公司的董事或者股东大会确定的人员组成清算组负责清算。当事人应及时办理注销登记。

问题：

1. 违反市场规制法的法律责任形式有哪些？

2. 本案中的吊销营业执照属于哪一种非财产性责任？

---

① 本案例来自攀东市监处〔2023〕51040223000463 号行政处罚决定书。

第十三章　反垄断法律制度

一、锐邦公司诉强生公司纵向垄断协议案

📖 **案事例介绍 13-1**

自 1993 年以来，强生(中国)医疗器材有限公司(以下简称强生公司)一直从事医用吻合器及缝线产品的生产与经营，北京锐邦涌和科贸有限公司(以下简称锐邦公司)是北京地区医用吻合器及缝线产品的经销商。强生公司希望拓展业务，于是与锐邦公司进行合作，由锐邦公司在北京为其销售吻合器及缝线产品，双方保持合作伙伴关系长达十年。在2008 年更新经销合同时，双方根据经营情况对锐邦公司产品的销售范围、销售价格等条款达成了一致，此后强生公司将其产品的销售权授予锐邦公司。同年 3 月，在北京大学人民医院的竞标中，锐邦公司不顾先前与强生公司达成的协议内容，擅自通过降低价格的方式竞标。强生公司知晓此事后，想与锐邦公司就其违反协议条款(最低转售价格)进行协商沟通，但是双方没有达成一致意见而不了了之，强生公司便做出了撤销锐邦公司部分地区经营权、停止供货等处罚，并于次年终止了合作。在强生公司的处罚下，锐邦公司损失惨重。锐邦公司认为，其与强生公司之间关于最低转售价格相关的限制条款，属于垄断协议，是我国反垄断法所禁止的行为。于是，2010 年 8 月，锐邦公司以强生公司违反反垄断法为由，向上海中级人民法院提起诉讼，并要求强生公司赔偿其因此而造成的经济损失1,400 余万元。

原告主张：被告(强生公司)在与原告签订的合同中，对原告转售第三人最低价格进行限定，同时对原告采取警告、中止或终止合同等间接方法，胁迫和威胁原告维持最低转售价格，以达到限制被告竞争的目的。上述行为违反了我国《反垄断法》第 14 条第 2 款禁止最低转售价格行为的规定，对原告造成了损害，应当承担民事赔偿责任。被告辩称：原、被告之间的涉案合同签订在《反垄断法》实施之前，不具有溯及力，且原告在法律关系中作为被控垄断行为的参与实施者，不是适格主体；强生公司也无市场支配地位，协议中的价格条款也无限制、排除竞争的目的，不属于垄断协议。一审法院认为：根据《反垄断法》第 50 条规定，在垄断纠纷案件中，判令经营者承担实施垄断行为的民事责任，需要具备实施垄断行为、他人受损害、垄断行为与损害具有因果关系三个要件，综合本案证据来看，既不能认定被告实施了垄断行为，又不能认定原告所受损失是由被告的被诉行为

造成，故驳回了原告的诉讼请求。①

锐邦公司对一审判决驳回其诉求的结果不服，向上海市高级人民法院提起上诉。二审中，双方的争论焦点主要集中在15年来强生公司的产品定价不变这一问题上。对于强生公司的在本案所涉经销合同中设置限制原告向第三人转售最低价格的行为，是否具有《反垄断法》限制、排除竞争的效果问题，双方各自委托经济学家进行了分析。上诉人锐邦公司委托的经济学家认为，被上诉人强生公司产品15年来保持不变的定价正是其具有市场支配地位的体现，强生公司将产品价格控制在高位的行为，并不具备促进良性竞争的积极作用，反而限制、排除了竞争，导致了社会总福利减少。被上诉人强生公司委托的经济学家认为，强生公司产品的定价虽15年保持不变，但鉴于通货膨胀，价格实际上是降低了的；多个竞争对手的客观存在也说明了强生公司并不具有市场支配地位。

二审法院认为，本案限制最低转售价格协议具有明显限制竞争的效果：首先，排除品牌内竞争，长期维持较高价格水平，强生品牌内部存在价格竞争的需要，上诉人低价竞标的行为证明了该事实，而强生公司通过最低价格条款限制了内部竞争，使其产品常年保持在竞争价格水平之上。其次，回避品牌间价格竞争，降低了相关市场的价格竞争，强生公司在竞争策略中回避甚至排斥价格竞争，利用其相对于经销商的绝对支配地位，通过制定和执行限制最低转售价格协议，通过对违反价格限制协议经销商的严厉处罚，维持其高价体系，回避价格竞争，使得其他品牌厂商亦有机会回避价格竞争，至少是回避了来自强生公司的价格竞争，相关市场的价格竞争由此减弱，消费者利益由此受损。最后，限制经销商定价自由，排挤有效率的经销商，上诉人锐邦公司与被上诉人强生公司具有长达十年的合作，上诉人在人民医院以最低报价竞标，却不因此产生亏损，既说明经销商的合理利润早已得到充分保障，又说明其应该是强生公司经销商中一个有效率的经销商，上诉人的低价竞标行为，说明经销商之间存在开展价格竞争的可能，但强生公司的限制最低转售价格协议使得上诉人这种有效率的经销商受到排挤，强生公司的价格体系得以维系，消费者的福利却因此受损。二审法院指出，强生公司在竞争不充分的相关市场已具有很强的市场地位，并且在采取独家品牌经销、区域限制、客户调配、短期合约安排等多种限制性措施后，使经销商价格竞争空间已十分有限的情况下，即使强生公司不采取限制最低转售价格措施，也可能会产生限制价格竞争的效果，因此，强生公司采取限制最低转售价格措施直接产生了限制价格竞争的效果，违反了《反垄断法》，应当赔偿锐邦公司的相关经济损失。②

💬 **法律问题**

1. 本案是否适用《反垄断法》？
2. 锐邦公司是否具有诉讼主体资格？
3. 纵向垄断协议是否必须具有排除限制竞争的效果？其应由哪一方负责举证？
4. 强生公司与锐邦公司签订的限制最低转售价格协议是否属于纵向垄断协议？

---

① 上海市第一中级人民法院(2010)沪一中民五(知)初字第169号民事判决书。
② 上海市高级人民法院(2012)沪高民三(知)终字第63号民事判决书。

📝 法理分析

1. 本案适用《反垄断法》

本案原、被告之间的经销合同虽于《反垄断法》实施之前的 2008 年 1 月 2 日签订，但其有效期持续至 2008 年 8 月 1 日《反垄断法》实施之后，且双方的合同在《反垄断法》实施后持续履行；加之二审法院认定强生公司于本案中所实施的行为属于限制、排除竞争的垄断行为，故本案适用《反垄断法》。

2. 锐邦公司具有诉讼主体资格

理由如下：第一，锐邦公司是垄断协议的受害者，应具有原告资格。虽然锐邦公司属于垄断协议的参与者、实施者，但其在垄断协议中是受胁迫和威胁，被动接受最低转售价格条款的一方，由于该协议的最低转售价格限制及违约处罚等条款，使得锐邦公司失去了价格竞争机会，让其在市场竞争中失去了一部分客户和利润。此外，锐邦公司在本案中因违反最低转售价格限制条款而遭到被告强生公司给予的一系列处罚措施，造成重大经济损失，该损失属于垄断行为导致的损失。根据《反垄断法》第 60 条①及《最高人民法院关于审理因垄断行为引发的民事纠纷案件应用法律若干问题的规定》(以下简称《最高人民法院垄断纠纷审理规定》)第 1 条②的规定，本案属于因垄断行为引发的民事纠纷案件，锐邦公司在本案中因强生公司的垄断行为造成了经济损失，符合适格当事人的规定(即因垄断行为遭受到经济损失)。第二，我国《反垄断法》及相关司法解释没有对适格主体的身份进行限制，尽管锐邦公司是垄断协议的参与者、实施者，但是并不能剥夺其原告资格。同时，由于垄断协议具有一定的隐秘性，很难为合同当事人以外的利益主体所知晓，若限制该类当事人成为垄断纠纷案件的适格主体，将不利于我国制止垄断行为、维护公平竞争的市场秩序和社会公共利益。

3. 纵向垄断协议应当具有排除限制竞争的效果

根据我国《反垄断法》第 16 条③规定可知，具有排除、限制竞争效果是垄断协议不可缺少的构成要件，而纵向垄断协议作为垄断协议的种类之一，具有排除、限制竞争效果固然也是其构成要件之一。

在反垄断法领域，对纵向垄断协议法律性质的认定主要有两种方式：一是本身违法原

---

①　《中华人民共和国垄断法》第 60 条规定："经营者实施垄断行为，给他人造成损失的，依法承担民事责任。"

②　《最高人民法院关于审理因垄断行为引发的民事纠纷案件应用法律若干问题的规定》第 1 条规定："本规定所称因垄断行为引发的民事纠纷案件，是指因垄断行为受到损失以及因合同内容、行业协会的章程等违反反垄断法而发生争议的自然人、法人或者其他组织，向人民法院提起的民事诉讼案件。"

③　《中华人民共和国垄断法》第 16 条规定："本法所称垄断协议，是指排除、限制竞争的协议、决定或者其他协同行为。"

则，二是合理分析原则。它们是在美国反托拉斯法实践中形成的，作为判断垄断及垄断性行为违法与否的原则，后被各国反垄断法所采用。① 美国在 1890 年颁布《谢尔曼法》，这是世界上第一部反托拉斯、维护公平竞争的反垄断法，该法第 1 条②明确规定了以托拉斯或其他形式的联合、共谋，限制州际或国际贸易的行为是违法的。本身违法原则简洁明了、便于认定，具有显著的独特优势：第一，对当事人来说，该原则具有明确性与稳定性，既能准确预知法院对垄断协议的规制态度，又能清晰地展现实施垄断行为的法律后果，使得当事人能够对审判结果有所预测，从而引导当事人正确合理地解决争议，降低诉讼成本；第二，对司法机关来说，对垄断协议适用本身违法原则，免去了判断涉案行为是否具备完整构成要件、是否造成实际损害等过程，只需直接证明该行为存在即可，司法效率大大提高；第三，对原告来说，本身违法原则减轻了举证压力，增加了获得胜诉的可能性。

随着芝加哥学派的兴起，学界逐渐意识到维持最低转售价格也存在促进竞争的一面。芝加哥学派以新古典经济学的价格理论为基础，以经济效率为标准，对市场结构与行为进行分析，认为纵向兼并和限制行为的动机是为了提高效率，节约交易成本，所以主张对纵向垄断协议采取不干涉的态度。③ 经济学界理论的深入发展也影响到了司法界，在 2007 年的丽金案中，美国联邦最高法院首次适用了合理分析原则，理由是已有经济研究成果表明转售价格维持协议通常也具有促进竞争的好处，所以原有的本身违法原则已经过时了，应以合理分析原则对纵向垄断协议进行分析。④ 合理分析原则认为并非所有限制竞争的协议都是违法的，而应以合理性为标准衡量行为或协议是否应当被法律禁止。与本身违法原则相比，合理分析原则更有利于实现个案正义。

从我国规制垄断协议的立法结构来看，我国采取的是"原则禁止+例外豁免"的立法模式。⑤ 这主要体现在我国《反垄断法》第 17 条至第 20 条的法律条文之中。该法第 17 条⑥对横向垄断协议的内涵进行了界定，并对各种禁止的横向垄断协议进行了列举；第 18 条⑦

---

① 沈敏荣：《法律的不确定性：反垄断法规则分析》，法律出版社 2001 年版，第 77 页。

② 《谢尔曼法》第 1 条规定："任何契约、以托拉斯形式或其他形式的联合、共谋，用来限制州际间或与外国之间的贸易或商业，是非法的。任何人签订上述契约或从事上述联合或共谋，是严重犯罪。如果参与人是公司，将处以 100 万美元的罚款。如果参与人是个人，将处以不超过 100 万美元的罚款；如果参与人是个人，将处以 10 万美元以下罚款，或三年以下监禁。或由法院酌情并用两种处罚。"

③ 于立、吴绪亮：《纵向限制的经济逻辑与反垄断政策》，载《中国工业经济》2005 年第 8 期。

④ Leegin Creative Leather Products, Inc. v. PSKS, Inc., 127S. Ct. 2705(2007).

⑤ 吴东美：《纵向价格垄断协议的调查分析与法律适用——以美敦力案为视角》，载《中国价格监管与反垄断》2017 年第 1 期。

⑥ 《中华人民共和国反垄断法》第 17 条规定："禁止具有竞争关系的经营者达成下列垄断协议：（一）固定或者变更商品价格；（二）限制商品的生产数量或者销售数量；（三）分割销售市场或者原材料采购市场；（四）限制购买新技术、新设备或者限制开发新技术、新产品；（五）联合抵制交易；（六）国务院反垄断执法机构认定的其他垄断协议。"

⑦ 《中华人民共和国反垄断法》第 18 条规定："禁止经营者与交易相对人达成下列垄断协议：（一）固定向第三人转售商品的价格；（二）限定向第三人转售商品的最低价格；（三）国务院反垄断执法机构认定的其他垄断协议。"

对纵向垄断协议进行列举，并保留反垄断机构对垄断行为认定的权利；第 20 条①规定了对第 17 条、第 18 条和第 19 条禁止条款的例外豁免情形。关于纵向垄断协议应否具有排除、限制竞争效果问题，《最高人民法院垄断纠纷审理规定》第 7 条②仅规定了横向垄断协议"不具有排除、限制竞争效果"的举证责任由被告承担，而没有规定纵向垄断协议举证责任的承担。但是，横向垄断协议限制竞争的效果比纵向垄断协议更严重，因此，纵向垄断协议应当具有排除、限制竞争的效果为应有之义。关于排除、限制竞争效果的举证责任问题，有学者通过类推解释及原告难以获取证明被告"具有排除、限制竞争效果"证据的角度进行分析，得出纵向垄断协议是否具有排除、限制竞争效果的举证责任应当由原告承担，该学者认为按照"谁主张，谁举证"原则，原告要承担大量额外举证的责任，而事实上原告极难甚至不可能获得证明被告排除、限制竞争效果的证据，也就是说《反垄断法》第 14 条被架空了。③

在本案中，一审法院因原告不能提供足以证明被告实施《反垄断法》第 14 条规定，而被驳回诉讼请求，在二审中，原告提供足够证据，最终胜诉，可见，两审法院均没有采取横向垄断协议的举证责任倒置原则，而是采用了"谁主张，谁举证"的一般证据责任原则。我们认为，《最高人民法院垄断纠纷审理规定》第 7 条是对横向垄断协议的举证责任分配的规定，并不能类推适用于本案中的纵向垄断协议，由于纵向垄断协议具有促进品牌间竞争的积极效果，其危害小于横向垄断协议，故排除、限制竞争效果的举证责任仍由原告承担，即遵循民事诉讼"谁主张、谁举证"的原则为适宜。

4. 该协议属于纵向垄断协议

认定限制最低转售价格是否构成垄断协议，需从相关市场竞争是否充分、被告市场地位是否强大、被告实施限制最低转售价格的动机和限制最低转售价格的竞争效果等多方面因素进行综合判断。④ 从本案案情来看，首先，涉案产品因其为医疗产品具有较高的准入门槛和买方(多为患者)对品牌的依赖性，使得该产品的产品市场缺乏足够的来自买方价格竞争的压力，且被告强生公司对该产品具有长期较强的定价能力，由此可知被告强生公

① 《中华人民共和国反垄断法》第 20 条规定："经营者能够证明所达成的协议属于下列情形之一的，不适用本法第十七条、第十八条第一款、第十九条规定的：(一)为改进技术、研究开发新产品的；(二)为提高产品质量、降低成本、增进效率，统一产品规格、标准或者实行专业化分工的；(三)为提高中小经营者经营效率，增强中小经营者竞争力的；(四)为实现节约能源、保护环境、救灾救助等社会公共利益的；(五)因经济不景气，为缓解销售量严重下降或者生产明显过剩的；(六)为保障对外贸易和对外经济合作中的正当利益的；(七)法律和国务院规定的其他情形。属于前款第一项至第五项情形，不适用本法第十七条、第十八条第一款、第十九条规定的，经营者还应当证明所达成的协议不会严重限制相关市场的竞争，并且能够使消费者分享由此产生的利益。"

② 《最高人民法院关于审理因垄断行为引发的民事纠纷案件应用法律若干问题的规定》第 7 条规定："被诉垄断行为属于反垄断法第十七条第一款第一项至第五项规定的垄断协议的，被告应对该协议不具有排除、限制竞争的效果承担举证责任。"

③ 李小明、朱超然：《纵向垄断协议的反垄断法规制路径探析——以强生公司被诉垄断案为例》，载《河北法学》2021 年第 11 期。

④ 上海市高级人民法院(2012)沪高民三(知)终字第 63 号民事判决书。

司的涉案产品相关市场竞争并不充分；其次，强生公司因其涉案产品具有很强的品牌影响力以及对经销商具有较强的控制力，使得强生公司在相关市场具有领先的市场份额，具有较强的市场支配地位；最后，强生公司使所售产品在北京地区一直维持着高售价，限制了品牌内竞争，严重损害了消费者权益，具有明显的排除、限制竞争效果。

二、汕尾市公共交通经营权行政垄断纠纷案

📖 **案事例介绍 13-2**

原告汕尾真诚公共汽车运输有限公司（以下简称汕尾真诚公司）自 1996 年成立以来，一直在汕尾市城区从事城区公共交通服务，与第三人汕尾市汽车运输总公司保持竞争关系。2014 年汕尾市人民政府启动"汕尾市国有道路运输资源整合项目"，汕尾市国有资产管理委员会与广东省汽车运输集团有限公司签约，由广东省汽车运输集团有限公司受让汕尾市汽车运输总公司 51% 的股权，并将名称变更为汕尾市粤运汽车运输有限公司（简称粤运公司）；2015 年 7 月 27 日，汕尾市人民政府在第 45 期《工作会议纪要》（以下简称《会议纪要》）中作出决定：从现在起全市不再新增许可其他公交企业，新增公交车由省粤运交通集团补充，同时，对现有其他公共交通经营企业经营的公交车做如下相应处置：已到规定报废期的按程序报废；没到规定报废期，但存在较大安全隐患不适合运营的，按相关程序停止营运，经营指标收归特许经营企业；没到规定报废期，但适合运营要求的，可以继续运营到规定报废期再按程序报废，或运营到不适合运营要求时按相关程序停运，经营指标收归特许经营企业。同日，汕尾市交通运输局依据被告汕尾市政府第 45 期《会议纪要》向原告作出汕交直函〔2015〕75 号《通知》，通知原告汕尾真诚公司，因市政府决定将全市公共交通经营权交由粤运公司独家特许经营，依据政府《会议纪要》要求原告停止运营。原告汕尾真诚公司认为汕尾市政府侵犯其权益，遂向法院提起诉讼。[①]

从 2014 年起，原告在其经营的所涉公交车达到报废期前多次向被告及汕尾市交通运输局申请更换新能源车辆，该局不予任何答复。2015 年 8 月 21 日，被告在《汕尾日报》发布公告引进战略投资者，要求报名企业应当满足实缴注册资本 3 亿元以上、国家一级道路旅客运输资质达到 10 年以上且具有经营不低于 1000 辆城市公交的经验等要求。

原告认为，首先，从该《会议纪要》的内容上看，被告强行收回原告公共交通运营权并指定第三人经营违反了《反不正当竞争法》《反垄断法》的规定，系滥用行政权力排除竞争、指定经营者的违法行为。被告为实现独家经营，设置超高准入门槛以排除民营企业原告的竞争。自 2014 年，被告启动"汕尾市国有道路运输资源整合项目"的同时就确定了第三人既作为汕尾市国有道路运输企业的战略投资人，又作为汕尾市公共交通的独家经营者。从被告对第三人改制过程中，挂牌转让时设置的受让方资格条件，该等条件与 2015年 8 月 21 日被告在《汕尾日报》发布引进的另一个项目"0—50 公里公共交通项目"经营企业的公告所涉条件完全一致。汕尾市作为一个只有主城区 40 余万人的小型城市，完全不需要由一级企业经营公共交通。被告在"汕尾市国有道路运输资源整合项目"与"0—50 公

---

① 广东省汕尾市中级人民法院（2016）粤 15 行初 4 号行政判决书。

里公共交通项目"两个不同性质的项目中设定完全一致的门槛，其目的显然在于仅许可第三人一家企业进入汕尾市公交客运服务市场，排除民营企业原告的竞争。其次，被告指定第三人所谓的"独家特许经营"违反了我国相关法律法规关于特许经营权的规定。国家发改委发布的《基础设施和公用事业特许经营管理办法》(以下简称《特许经营管理办法》)对特许经营设置了公开、公平、公正的原则①，并规定了法定程序，须经过提案、评估、审定、竞争性谈判等环节。被告于2015年8月21日在《汕尾日报》发布引进战略投资者的公告，而被告早在2014年就已经"内定"第三人作为汕尾市公共交通的独家经营者。《特许经营管理办法》第43条规定，在同等条件下，原特许经营者享有优先权。② 原告作为汕尾市公共交通的重要经营者对被告如何内定特许经营人毫不知情，被告引进战略投资者的公告所要求的条件与第三人股东广东省汽车运输集团有限公司所具备资质完全一致。依据有关要求，在客运班线存在多个经营人申请的情况下应当通过服务质量招标的方式实施许可，而被告所设条件与服务质量几乎没有任何关系。由此可见，汕尾市人民政府所谓"特许经营"未经合法程序，设定条件明显意在排除原告而指定第三人。最后，被告的行政行为不仅违反了法律法规，而且与中央政策相背离。本案中，被告强行收回了原告的公交经营权，将汕尾市公共交通服务市场独家许可给第三人，与党中央、国务院的政策相背离，人民法院应当依据事实和法律，维护原告的合法权益。

被告汕尾市人民政府答辩称：(1)汕尾市公共交通现状落后混乱，创新改革发展成为必要。汕尾市公共交通基础设施差、网络不完善，公交经营主体复杂，企业经济实力弱难有大作为，地方财政也没能力给予更有力的支持。从汕尾公交经营企业的发展历程和现状可以说明，靠现有公交经营主体去改变汕尾市的公交现状已无可能。所以，引进实力雄厚、具有现代经营理念和公交运营经验的大型交通运输企业是改变汕尾公共交通现象的必然选择。(2)公共交通是公用事业，被告有权特许经营。城市及城乡公共交通是社会公用事业，能为社会公众带来方便，具有公益性，根据《特许经营办法》的相关规定，被告在辖区内有权决定城市及城乡公共交通的特许经营。(3)被告为解决汕尾落后混乱的公共交通局面，优先发展汕尾公共交通，于2015年7月27日发布了《会议纪要》。该《会议纪要》是一种公共交通发展的意向：首先考虑特许经营直至独家经营。其次是引进实力雄厚战略投资者，考虑第三人各方面条件，符合特许经营和合作运营，故有意引进投资。但是，第三人是独立经营的经济实体，在行政上被告无权作出决定和命令，合作能否成功，须经合作谈判，并经有关程序，签订有关合同以后才能实施。该部分涉及的内容为行政指导意见，对任何经济实体不具法律约束力。(4)被告与第三人合作经营并特许经营合法合规合理。被告于2015年7月27日召开工作会议之后，确定汕尾市人民政府国有资产监督

---

① 《基础设施和公用事业特许经营管理办法》第5条规定："基础设施和公用事业特许经营应当坚持公开、公平、公正，保护各方信赖利益，并遵循以下原则：(一)发挥社会资本融资、专业、技术和管理优势，提高公共服务质量效率；(二)转变政府职能，强化政府与社会资本协商合作；(三)保护社会资本合法权益，保证特许经营持续性和稳定性；(四)兼顾经营性和公益性平衡，维护公共利益；……"

② 《基础设施和公用事业特许经营管理办法》第43条规定："特许经营期限届满终止或者提前终止，对该基础设施和公用事业继续采用特许经营方式的，实施机构应当根据本办法规定重新选择特许经营者；同等条件下，可以优先选择原特许经营者……"

管理委员会为汕尾公共交通特许经营实施机构，具体负责公共交通特许经营工作。被告于2015年8月21日在《汕尾日报》发布公告，决定让符合条件的投资者与市国资委合作成立合资公司，以汕尾辖区为经营范围，通过合资公司共同经营辖区范围内的公共交通服务，同时，该公告对合作者提出了相应要求，并通过竞争性谈判等方式最终确定合作者。该公告发布后，广州交通集团有限公司和广东省汽车运输集团有限公司均参加竞争性谈判，经初步审查两家公司递交的资料，两名报名申请者均符合汕尾市人民政府对合作经营者的资质资格要求。经与两家公司谈判，广东省汽车运输集团有限公司确定其子公司——汕尾市粤运汽车运输有限公司与市国资委共同实施合作关系，2015年9月28日双方签订了《合作经营汕尾市0—50公里公共交通项目暨特许经营初步协议书》。同年12月，汕尾市投放的新能源纯电动公交车开始运营。(5)被告没有侵犯原告的任何权益。原告提出其经营的公交线路所涉及公交车达到报废期前，多次向汕尾市交通运输局申请更换新能源汽车没有得到答复的问题，这是一种行政许可，是另一法律关系，与本案争议无关；原告提出被告强行收回其公共交通运营权并指定第三人经营，违反了《反不正当竞争法》和《反垄断法》关于滥用行政权力排除竞争的规定，被告认为，该两部法律所指的违法行为是行政机关滥用行政权力干预市场经济，而公共交通是一种公用事业，具有公益服务性质，有关法规明确规定被告有特许经营的权利，原告作为经济实体可以参与竞争，但原告没有报名参加；对于设定竞争条件的问题，这次项目众所周知，投资巨大，须具备很高的运营综合能力和良好声誉，被告考虑的是汕尾公交事业的发展前途和服务质量，与任何企业不存在利害关系，对任何企业一视同仁，不求任何经济利益，只求该项目的持续发展，更不想侵犯任何企业的任何权益。①

💬 法律问题

1. 被告汕尾市政府的行为是否构成行政垄断行为？请说明理由。
2. 对实施行政垄断行为的行政机关应如何追究责任？

✍ 法理分析

1. 被告汕尾市政府的行为已构成行政垄断行为

对于该问题，本案一审与二审法院作出了不同的判决，一审法院认为被告行为合法有效，驳回原告诉求；而二审法院认为被告违反我国《反垄断法》相关规定，属于行政垄断，故撤销原判，改判支持原告诉求。我们认为，从已知的案件事实来看，在涉案项目进行公开招投标前，被告汕尾市政府通过《会议纪要》授权广东省汽车运输集团有限公司对汕尾辖区的公交交通服务进行独家特许经营，而相关行政部门为落实《会议纪要》要求，将本市相关公共交通公司进行清理。汕尾市政府通过发布公告对合作经营者资质设置"超高"门槛，不仅将当地现有公交企业拒之门外，也斩断了未来竞争者进入该市场的"桥"。这

---

① 广东省汕尾市中级人民法院(2016)粤15行初4号行政判决书。

种做法势必使得本案第三人获取垄断地位，并持续相当长的一段时间。

本案汕尾市政府及其相关部门未遵循《基础设施和公用事业特许经营管理办法》《市政公用事业特许经营管理办法》的相关规定，未经公开、公平、公正的竞争机制，未按法定程序进行行政许可或者故意设置不合理的条件，指定独家特许经营者，从而排除、限制同一市场其他同业经营者的公平竞争权和参与权，损害了消费者权益，应认定被告汕尾市政府的行为已构成行政垄断行为。①

2. 该行政机关应追究以下责任

应由被告汕尾市政府的上级机关广东省政府责令其纠正，并对被告市政府的主管人员依法给予行政处分。我国《反垄断法》第 61 条②规定了行政垄断的法律责任形式，由实施行政垄断的行政机关的上级机关责令其改正，并对主管人员和其他责任人员给予行政处分。也就是说，我国《反垄断法》对行政垄断行为只规定了有限的行政责任，不能追究行政机关和相关责任人员的刑事责任和民事责任。同时，反垄断执法机构对行政垄断的行政处罚只有建议权，没有处罚权，这必然导致行政垄断有恃无恐。③ 由此可见，我国行政垄断的法律责任追究机制亟待完善。

三、茂名混凝土企业协同行为横向垄断协议行政处罚案

📖 案事例介绍 13-3④

2019 年 9 月，广东省市场监督管理局在接受原广东省发改委反垄断局移交有关混凝土业务联合涨价涉嫌垄断调查案件后，经过进一步调查，向茂名市电白区建科混凝土有限公司（以下简称建科公司）送达了《行政处罚告知书》，告知建科公司因其与其他具有竞争关系的 18 家混凝土企业，通过聚会、微信群等形式对统一上调混凝土销售价格事宜进行商议和信息交流，达成并实施了"固定或者变更商品价格"的垄断协议，该行为违反了我国《反垄断法》有关禁止横向垄断协议的规定，并告知建科公司享有陈述、申辩和要求举行听证的权利。经建科公司申请，广东省市场监督管理局举行听证，并于 2020 年 6 月 1日作出《行政处罚决定书》，责令建科公司停止违法行为并处以 2016 年度销售额的 1% 即30.7 万元的罚款。建科公司对处罚决定不服，以广东省市场监督管理局认定其实施"固定或变更商品价格"的垄断协议缺乏相应证据、原广东省发改委反垄断局未立案就取证、程序违法，违法事实发生在 2016 年，而处罚金额没有以"上一年度销售额"为计算基数为

---

① 广东省高级人民法院(2016)粤行终 1455 号行政判决书。

② 《中华人民共和国反垄断法》第 61 条规定："行政机关和法律、法规授权的具有管理公共事务职能的组织滥用行政权力，实施排除、限制竞争行为的，由上级机关责令改正；对直接负责的主管人员和其他直接责任人员依法给予处分。反垄断执法机构可以向有关上级机关提出依法处理的建议。……法律、行政法规对行政机关和法律、法规授权的具有管理公共事务职能的组织滥用行政权力实施排除、限制竞争行为的处理另有规定的，依照其规定。"

③ 李小明、罗成忠：《俄罗斯行政垄断规制问题比较研究》，载《财经理论与实践》2016 年第 3 期。

④ 最高人民法院(2022)最高法知行终 29 号行政判决书。

由，向法院提起诉讼，要求撤销行政处罚决定。①

本案先后经历一审和二审审判，最终驳回原告建科公司要求撤销行政处罚决定的诉讼请求。

本案两审法院认为，根据《国务院机构改革方案(2018年)》、《国务院关于机构设置的通知》、国家发改委《关于反价格垄断执法授权的决定》、《中共中央国务院关于地方政府职能转变和机构改革的意见》、广东省人民政府《广东省发展和改革委员会主要职责内设机构和人员编制规定》、国家市场监督管理总局《关于反垄断执法授权的通知》等国家和广东省机构改革相关文件的规定，原广东省发改委反垄断局在2018年3月17日之前经授权对该省内垄断行为进行查处，自2018年3月17日起上述职权归由广东省市场监督管理局行使，广东省市场监督管理局依法具有对广东省内涉垄断行为进行查处的职权，故原广东省发改委反垄断局在履职期间所进行的相关调查，没有违反法定程序，其调查取得的相关材料可以作为本案的证据，原广东省发改委反垄断局进行了必要调查，广东省市场监督管理局在机构改革后继续行使职权，于2018年10月25日立案，2020年6月1日作出行政处理决定，并无不当。关于垄断行为的认定问题，首先，原审法院根据涉案预拌混凝土的运输时间要求及搅拌站的分布，认定本案相关地域市场为广东省茂名市区、高州城区及与茂名市区、高州城区相邻的部分区域，二审法院对该认定予以认可；其次，从主观目的上分析，建科公司等参与企业不但在线下进行统一涨价的协商，还在微信群内持续讨论调价信息，交流执行提价的情况、客户对调价的反映以及对拒绝调价时的应对措施，而价格信息，特别是具体企业、具体工地的供货价格，显然是属于市场策略性、非公开的信息，部分参与企业在微信沟通中交流以停止供货等方式迫使用户接受调价以及部分参与者呼吁群内各方严格执行"协会指导价""共同坚持"与"互相监督"，无人对此提出任何反对意见，同时，建科公司等参与企业通过价格信息交流，统一调高价格，显然不属于通过市场机制决定价格的单方行为，故二审法院判断参与企业各方对于调价进行了意思联络并达成合意，体现了其反竞争目的；再次，从行为上看，各参与企业的涨价行为具有一致性，涉案混凝土商品在涉案垄断协议影响下总的价格趋势是上升，虽然在垄断协议的实施中，各参与企业根据客户需求量、客户关系、结算方式等方面的差异给予不同需求方不同价格，但这并非是其拒绝执行提价协议，而是各参与企业针对不同情况的客户采取不同的提价幅度，并不足以否定各参与方就提价达成合意并执行了提价协议的事实；最后，从行为效果上看，涉案19家混凝土企业自发组成"茂名混凝土交流会"，研究讨论统一涨价、变更和固定商品价格，并呼吁其成员共同遵守调价约定及协同拒绝向部分工地供货，意在防止其内部竞争，联合抵制外部其他市场经营者的竞争，影响价格的正常变动，提高或保持销售利润，必然产生排除、限制竞争的效果。综上，二审法院认为涉案19家混凝土企业达成并实施了"固定或者变更商品价格"的垄断协议，明显具有反竞争的目的，且已产生反竞争的效果。

---

① 广州知识产权法院(2020)粤73行初17号行政判决书。

法律问题

1. 广东省市场监督管理局是否拥有执法职权与执法依据？
2. 本案中该混凝土企业是否构成横向垄断？请说明理由。

法理分析

1. 广东省市场监督管理局在本案中拥有执法职权与执法依据

我国《反垄断法》第 13 条规定，反垄断执法工作通常由国务院规定的反垄断执法机构负责，国务院反垄断执法机构根据工作需要，授权省级人民政府相应的机构负责反垄断的执法工作。① 2018 年 2 月由中共十九届委员会出台的《中共中央关于深化党和国家机构改革的决定》中强调，通过优化政府机构设置和职能配置，来加强和优化政府反垄断、反不正当竞争职能，打破行政性垄断，防止市场垄断，清理废除妨碍统一市场和公平竞争的各种规定和做法。十三届全国人民代表大会通过的《国务院机构改革方案》中，详细规定了将国家发展和改革委员会的价格监督检查与反垄断执法职责、商务部的经营者集中反垄断执法以及国务院反垄断委员会办公室等职责整合，由新组建的国家市场监督管理总局统一管理。同年 12 月，国家市场监督管理总局发布的《市场监督总局关于反垄断执法授权的通知》（以下简称《执法授权通知》）第 1 条第 2 款②明确授权省级市场监督管理部门负责反垄断执法工作，故本案被告广东省市场监督管理局具有反垄断执法权限。

本案涉嫌垄断行为虽然由被告广东省市场监督管理局于《执法授权通知》前立案，但由于该期间国务院正进行深化改革，被告接管原发改委垄断局的执法行为可看作是改革过渡时期的合理行为。同时，综合全案可知，涉案行政相对人程序与实体权利并未因此受到不利影响。

2. 本案中该混凝土企业构成横向垄断

垄断协议是指以排除、限制竞争为目的，或具有排除、限制竞争内容或后果的明示或默示的协议、决定或其他协同行为。垄断协议在德国法上称为"卡特尔"，日本法上称为"不正当交易限制"，美国法上称为"合同""联合"和"共谋"。③

垄断协议的认定标准采用本身违法原则或合理原则在理论界尚未统一。有部分学者认为我国《反垄断法》规定的垄断协议行为是一类准当然的违法行为。从现行法律的角度出

---

① 《中华人民共和国反垄断法》第 13 条规定："国务院规定的承担反垄断执法职责的机构（以下统称国务院反垄断执法机构）依照本法规定，负责反垄断执法工作。国务院反垄断执法机构根据工作需要，可以授权省、自治区、直辖市人民政府相应的机构，依照本法规定负责有关反垄断执法工作……"

② 《市场监管总局关于反垄断执法授权的通知》第 1 条第 2 款规定："省级市场监管部门负责本行政区域内垄断协议、滥用市场支配地位、滥用行政权力排除限制竞争案件反垄断执法工作，以本机关名义依法作出处理。省级市场监管部门发现案件属于总局管辖范围的，要及时将案件移交总局。省级市场监管部门对属于本机关管辖范围的案件，认为有必要由总局管辖的，可以报请总局决定。"

③ 《经济法学》编写组：《经济法学》（第三版），高等教育出版社 2022 年版，第 272 页。

发，行为人所签订的协议符合法律规定的情形就视为违法；① 有学者认为垄断协议的表现形式包括协议、决定和协同行为三种形式：协议与合同法上的协议相同，既包括书面协议，也包括口头协议；决定则指企业集团、其他形式的企业联合组织以及行业协会等要求其成员企业共同实施排除、限制竞争行为的决议；协同行为则是指经营者虽然没有达成协议，也没有可供遵循的决定，但相互通过意思联络，共同实施的排除、限制竞争的协调、合作行为。② 若出现法律未明确相关协议是否属于垄断协议时，应当基于该协议所涉及的市场竞争状况进行判断；③ 还有部分学者认为垄断协议的实质是经营活动的相互限制。并且，还提出明确垄断协议的行为本质不仅需要基于法律明文规定，还需要考虑市场效果要件与行为要件。④

我国《反垄断法》第 16 条明确规定了垄断协议的形式包括"其他协同行为"。在我国，"其他协同行为"具体概念不尽明确。有学者指出，判断协同行为需要考察两个方面：一方面，反垄断法上的"协同"是意思达成一致之后转化为行动上的同一性；另一方面，信息传递是达成一致的必要条件，旨在区分寡头市场中重复博弈所导致的一致行为。⑤ 还有学者则认为，除了相同行为与意思联络，协同行为的认定还需要考虑信赖预期与限制竞争。⑥ 由此可知，学界一致认为，协同行为的认定需要"意思一致"与"行为一致"两个要件。国家市场监督管理总局公布的《禁止垄断协议暂行规定》第 6 条⑦对我国《反垄断法》中认定其他协同行为需要考虑的因素进行了补充和完善，认为认定其他协同行为除了意思联络与行为的一致以外，还要考虑相关市场的市场结构、竞争状况、市场变化等要素，但是，将单个经营者根据市场行情和竞争状况独立作出决定的情形排除在外。然而实践中，其他协同行为的隐蔽性造成其认定经常存在困难。

一般从参与主体所处经营领域的不同以及参与主体的相互关系出发，将垄断协议分为横向垄断协议和纵向垄断协议。⑧ 横向垄断协议是具有竞争关系的经营者达成的排除、限制竞争协议，它一般具有以下特征：(1)协议的主体是两个或两个以上的独立经营竞争者；(2)协议的主体处于同一经营层级；(3)协议的主体处于统一市场；(4)协议内容包括固定价格、限制生产数量、瓜分市场、限制技术进步、联合抵制交易等；(5)协议具有排除、限制竞争的效果。

在本案中，涉案 19 家混凝土企业均处于同一市场经营层级，相互之间存在着竞争关系。各市场主体并未签订明文的垄断协议。同时，也并未有证据证明本案中的各个市场主

---

① 王健：《垄断协议认定与排除、限制竞争的关系研究》，载《法学》2014 年第 3 期。
② 杨德敏：《经济法通论》(第二版)，复旦大学出版社 2019 年版，第 246 页。
③ 许光耀：《垄断协议的认定问题》，载《竞争政策研究》2016 年第 6 期。
④ 王玉辉：《论垄断协议的行为认定》，载《河南大学学报(社会科学版)》2011 年第 2 期。
⑤ 江山：《反垄断法上协同行为的规范认定》，载《法商研究》2021 年第 5 期。
⑥ 郭宗杰：《反垄断法上的协同行为研究》，载《暨南学报(哲学社会科学版)》2011 年第 6 期。
⑦ 《禁止垄断协议暂行规定》第 6 条规定："认定其他协同行为，应当考虑下列因素：(一)经营者的市场行为是否具有一致性；(二)经营者之间是否进行过意思联络或者信息交流；(三)经营者能否对行为的一致性作出合理解释；(四)相关市场的市场结构、竞争状况、市场变化等情况。"
⑧ 杨德敏：《经济法通论》(第二版)，复旦大学出版社 2019 年版，第 246 页。

体所属的行业协会就混凝土的售卖价格与供货方式做出统一决定。首先，本案中各市场主体对混凝土的具体价格等没有形成明确的、详细的一致意见，但是涉案 19 家混凝土企业通过聚会、微信群聊等方式存在限制或者排除竞争的意思联络或信息交流并达成了共识，因而可以推定得出他们达成了"共谋"。其次，涉案的各个市场主体已经采取了"呼吁其成员共同遵守调价约定及协同拒绝向部分工地供货"的行为。涉案的各个市场主体采取的提高、保持自身销售利润的行为已经必然地影响了当地混凝土价格的正常变动，抵制了外来市场经营者的加入，这造成下游企业对上游供应商的挑选产生了很大的限制，由此可见，涉案企业的行为实质上已经产生了排除、限制竞争的效果，但是，这 19 家涉案混凝土企业却不能就其行为作出合理解释。换言之，在内部，存在竞争关系的经营者之间互相联络有关市场的重要信息，在外部，经营者均实施了同样的市场行为。只有在经营者以充足的证据佐证以说明自己该行为是独立自主做出的合理市场竞争行为，或符合《反垄断法》第 20 条①规定的豁免事由，才能不被认定"以其他协同行为"的方式达成了横向垄断协议。本案中，19 家混凝土企业实施的行为属于《反垄断法》第 16 条规定的"排除、限制竞争的其他协同行为"，构成横向垄断协议。因此，本案一审和二审法院的判决合理且合法。

四、宏福置业公司与威海水务集团滥用市场支配地位纠纷案

案事例介绍 13-4②

原告威海宏福置业有限公司（以下简称宏福置业公司）受让开发昌鸿房地产公司楼盘，因该小区水管安装整改等问题起诉被告威海市水务集团有限公司（以下简称威海水务集团），要求赔偿因被告威海水务集团滥用市场支配地位的限定交易行为给原告造成的损失。

原告宏福置业公司与威海建丰建设集团有限公司（以下简称威海建丰集团）于 2013 年 7 月就山东省威海市昌鸿小区（以下简称昌鸿小区）旧村改造 K 区建设项目签订建设工程施工合同，该合同项下工程包括给排水工程。双方在签订合同后，威海建丰集团便就该项目的排水工程设计进行招标，具有乙级资质的威海时代绿建设计院有限公司（以下简称时代设计公司）中标并对该项目的排水工程进行设计。威海建丰集团将时代设计公司的设计提交至威海市建设工程勘察设计审查中心审查，设计方案审查合格并备案后，威海建丰公司便开始施工。威海建丰集团就排水工程施工完毕后，被告威海水务集团作为原、被告所

---

① 《中华人民共和国反垄断法》第 20 条规定："经营者能够证明所达成的协议属于下列情形之一的，不适用本法第十七条、第十八条第一款、第十九条的规定：（一）为改进技术、研究开发新产品的；（二）为提高产品质量、降低成本、增进效率，统一产品规格、标准或者实行专业化分工的；（三）为提高中小经营者经营效率，增强中小经营者竞争力的；（四）为实现节约能源、保护环境、救灾救助等社会公共利益的；（五）因经济不景气，为缓解销售量严重下降或者生产明显过剩的；（六）为保障对外贸易和对外经济合作中的正当利益的；（七）法律和国务院规定的其他情形。属于前款第一项至第五项情形，不适用本法第十七条、第十八条第一款、第十九条规定的，经营者还应当证明所达成的协议不会严重限制相关市场的竞争，并且能够使消费者分享由此产生的利益。"

② 本案例来自最高人民法院（2022）最高法知民终 395 号民事判决书。

在市区唯一的供水企业，以原告施工不合理为由，拒绝供水并要求拆除水管。此外，被告威海水务集团要求原告选择被告及其子公司作为涉案工程的设计和施工单位，并不允许原告自己购买供水材料及设施。原告宏福置业公司认为被告威海水务集团剥夺了本公司的自主选择权。宏福置业公司提供威海市住房和城乡建设局网站所公开的《市水务集团供排水业务办理服务指南》，证明威海水务集团在该服务指南中只提供了威海水务集团及其下属企业的联系方式等信息。

一审法院经过审理认为，根据我国《反垄断法》第17条第2款①、《最高人民法院关于审理因垄断行为引发的民事纠纷案件应用法律若干问题的规定》第9条的规定②，同时结合威海市人民政府专题会议纪要关于由威海水务集团"统一规划、统一建设、统一管理"威海市市区供水、污水设施建设的内容，可以认定被告在威海市供水市场具有支配地位，但一审法院以现有证据不足以证明被告实施了我国《反垄断法》所禁止的滥用市场地位的限定交易行为，遂驳回原告诉求。原告对一审判决不服，遂向最高人民法院提起上诉。

最高人民法院作为二审法院，撤销了一审法院的判决。二审法院认可了一审法院对被告在威海市城市公共供水服务市场具有市场支配地位的判断，但二审法院认为，被告在承担对供水设施进行审核、验收等公共事业管理职责的同时，没有在受理相关业务的过程中告知、提示原告可以选择其他具有相关资质的企业的选择权，这隐性地限定了原告给排水业务的自由选择权，违反了我国《反垄断法》所禁止的滥用市场支配地位之限定交易行为，故二审法院撤销一审判决，支持了原告的部分诉求。

法律问题

1. 威海水务集团是否具有市场支配地位？为什么？
2. 威海水务集团是否滥用了市场支配地位行为？

法理分析

1. 威海水务集团具有市场支配地位

相关市场界定问题的研究不仅是反垄断法理论的基石性范畴，③ 也是评价经营者行为是否具有排除或限制竞争效果的前提程序。④ 相关市场是指企业在其从事经营活动的有效

---

① 《中华人民共和国反垄断法》第17条规定："禁止具有竞争关系的经营者达成下列垄断协议：……(二)限制商品的生产数量或者销售数量……"

② 《最高人民法院关于审理因垄断行为引发的民事纠纷案件应用法律若干问题的规定》第9条规定："被诉垄断行为属于公用企业或者其他依法具有独占地位的经营者滥用市场支配地位的，人民法院可以根据市场结构和竞争状况的具体情况，认定被告在相关市场内具有支配地位，但有相反证据足以推翻的除外。"

③ 丁茂中：《反垄断法实施中的相关市场界定研究》，复旦大学出版社2011年版，第1页。

④ 戴龙：《反垄断法中的相关市场界定及我国的取向》，载《北京工商大学学报(社会科学版)》2012年第27期。

竞争范围或在各企业所经营的商品或服务之间存在竞争约束的场所。① 有的学者认为，界定相关市场是执行反垄断法的一个重要前提，对当事人有着决定胜负，甚至是决定性意义。② 在界定相关市场时需要界定相关商品市场与相关地域市场。③

由于本案被告是威海水务集团，对威海市市区提供供水与供水设施建设的服务。所以，本案相关市场应当界定为供水与建设供水设施市场，相关地域市场应当被界定为威海市市区。由于威海水务集团系威海市市区唯一的城市公共供水企业，因此，根据《反垄断法》第 24 条④的规定，可以认定威海水务集团在威海市市区的供水与供水设施建设市场具有市场支配地位。

2. 威海水务集团滥用了市场支配地位，实施了限定交易行为和搭售行为

滥用市场支配地位，是指在市场上占据垄断地位或者支配地位的企业，从事排除或实质性损害竞争对手，妨碍他人进入特定市场，阻止或妨碍他人在特定市场开展竞争活动的行为。⑤ 在我国的司法实践中，对滥用市场支配地位行为的认定一般采取如下步骤：（1）界定相关市场；（2）被控主体在已经确定的市场范围内具有支配地位；（3）被控主体实施了滥用市场支配地位的行为，滥用行为主要包括固定价格、掠夺定价、拒绝交易、限定交易、捆绑交易、歧视交易等行为；（4）被控主体的滥用市场支配地位行为在相关市场中起到了排除、限制竞争的作用。⑥ 这四个具体步骤层层递进，环环相扣。因而，在讨论威海水务集团是否实施了《反垄断法》所禁止的滥用市场支配地位行为前，先行对本案的相关市场进行界定实属必要。

我国《反垄断法》第 22 条第 1 款第 4 项对限定交易行为进行了界定：它是指没有正当理由，限定交易相对人只能与其进行交易或者只能与其指定的经营者进行交易。从该定义可以看出，限定交易需要具备两个要件：一是限定交易没有正当理由；二是交易相对人实施了限定交易的行为。国内学者对于限定交易行为的认定尚不统一。有学者侧重从民法的"自愿原则"进行解释，认为限定交易行为是"指具有市场支配地位的经营者利用其优势，限制他人按照自己的意愿进行交易，排斥其他经营者公平竞争的行为"。⑦ 有学者则是从"权利义务关系"的角度进行界定，认为限定交易行为是独家交易，它是指拥有市场支配

---

① 余东华：《横向并购反垄断控制中的效率抗辩研究》，北京大学出版社 2014 年版，第 61 页。

② 王晓晔：《举足轻重的前提——反垄断法中相关市场的界定》，载《国际贸易》2004 年第 2 期。

③ 王先林：《论反垄断法实施中的相关市场界定》，载《法律科学》2008 年第 1 期。

④ 《中华人民共和国反垄断法》第 24 条规定："有下列情形之一的，可以推定经营者具有市场支配地位：（一）一个经营者在相关市场的市场份额达到二分之一的；（二）两个经营者在相关市场的市场份额合计达到三分之二的；（三）三个经营者在相关市场的市场份额合计达到四分之三的。有前款第二项、第三项规定的情形，其中有的经营者市场份额不足十分之一的，不应当推定该经营者具有市场支配地位。被推定具有市场支配地位的经营者，有证据证明不具有市场支配地位的，不应当认定其具有市场支配地位。"

⑤ 朱彩华：《经济法》，中国民主法制出版社 2004 年版，第 129 页。

⑥ 刘贵祥：《滥用市场支配地位理论的司法考量》，载《中国法学》2016 年第 5 期。

⑦ 孟雁北：《反垄断法》，北京大学出版社 2011 年版，第 133 页。

地位的企业对贸易伙伴规定交易方义务的滥用。该义务要求交易对方只能与其交易而不得与其他的竞争对手交易。① 综上，限定交易行为的认定关键点在于被控经营者所作出的行为是否实质上限制了交易相对人的自由选择权。经营者限定交易行为可以是明示的、直接的，也可以是隐含的、间接的。

对本案而言，宏福置业公司提供威海市住房和城乡建设局网站所公开的《市水务集团供排水业务办理服务指南》，证明威海水务集团在该服务指南中只提供了单一的办事通道。作为威海市唯一的城市公共供水企业，该行为可以认定威海水务集团具有限定交易的意图与内容，并且已经实施限定宏福置业公司选择新建项目的设计和施工企业的行为。作为具有市场支配地位的威海水务集团只列明其公司及其下属企业信息的行为，实则是以一种隐含的、间接的方式限制交易相对人。若威海水务集团没有限定宏福置业集团交易的意图，其在服务指南中列明其公司及其下属企业的同时，应一并列明市场上其他具有相应资质的企业，以明晰的方式表示交易相对人可以自由选择经营者。同时，在举证的过程中，威海水务集团并未提供其限定宏福置业集团选择的正当理由的证据。因此，威海水务集团实施了我国《反垄断法》所禁止的滥用市场支配地位之限定交易行为。

本案还存在另一种滥用市场支配地位的行为：搭售行为，又称捆绑行为。我国学者对搭售行为的定义做出了不同的表述。有学者在释义时强调搭售行为的实施主体需要具备在相关市场的支配地位，认为我国《反垄断法》所禁止的搭售行为是指具有市场支配地位的经营者利用该支配地位，要求买方在购买其商品的同时购买搭售商品。② 还有的学者则从搭售行为的本质出发，提出搭售是指经营者在销售商品（或提供服务）时，要求买方必须接受第二种商品或者服务作为条件③，并进一步指出搭售行为的条件性与强迫性。根据我国《反垄断法》第 22 条第 1 款第 5 项的规定④，我们认为，滥用市场支配地位之搭售行为，是指在相关市场具有支配地位的经营者向买方出售商品或提供服务时，强迫买方违背自身意愿购买或接受其所需商品或服务以外的其他商品或服务，且没有正当理由的行为。具有市场支配地位的企业往往通过强制捆绑销售商品或施加不合理的交易条件，旨在将其市场支配地位的优势传导至被搭售产品或服务的市场，抑或阻碍潜在竞争者的进入。

我国《反垄断法》虽然明文禁止了搭售行为，但是对于该行为的具体要件，我国相关法律并没有做出明确的规定，但我国最高人民法院在其审理的"北京奇虎科技有限公司诉腾讯（深圳）有限公司、深圳市腾讯计算机系统有限公司滥用市场支配地位案"的判决中，阐释了搭售行为的构成要件：（1）结卖品和搭卖品相互独立；（2）行为人在结卖品市场上具有市场支配地位；（3）购买者被强迫接受搭卖品；（4）搭售不符合消费习惯、交易惯例等，或者无视商品的功能，不具有正当理由；（5）搭售行为排除、限制了市场竞争。⑤

---

① 尚明：《对企业滥用市场支配地位的反垄断法规制》，法律出版社 2007 年版，第 193 页。

② 王晓晔：《中华人民共和国反垄断法详解》，知识产权出版社 2008 年版，第 147 页。

③ 许光耀：《搭售行为的反垄断法分析》，载《电子知识产权》2011 年第 11 期。

④ 《中华人民共和国反垄断法》第 22 条规定："禁止具有市场支配地位的经营者从事下列滥用市场支配地位的行为：……（五）没有正当理由搭售商品，或者在交易时附加其他不合理的交易条件……"

⑤ 最高人民法院（2013）民三终字第 4 号民事判决书。

在本案中，威海市水务集团以排水工程分区不合理为由，强制要求原告宏福置业公司拆除已经建设好的"二区"供水设施，改建为"三区"供水设施，并将其作为对原告宏福置业公司提供供水服务的前提条件，这显然不合理。首先，威海水务集团与其所要求搭售产品的子公司威海市水务集团设计院有限公司和威海市水务集团给排水工程有限公司都是相互独立的法人实体。其次，如上文所述，威海水务集团系威海市市区唯一的城市公共供水企业，具有市场支配地位。并且，在本案中，威海水务集团在要求将"二区"供水设施改建为"三区"的供水设施时，限定由威海水务集团的子公司威海市水务集团设计院有限公司和威海市水务集团给排水工程有限公司作为工程的设计、施工单位，搭售水管、设备箱及供水设施等商品，不允许宏福置业公司自己购买供水材料及设施，使得购买者宏福置业公司被强迫接受搭卖服务与产品，剥夺了其自主选择权利。同时，在判断经营者附加的交易条件是否具有正当理由时，应主要考虑附加的交易条件的必要性与合理性，并结合交易所涉商品或服务的特性、行业特点、交易习惯、商业惯例等因素综合判断。在本案中，宏福置业公司在对"二区""三区"施工前，必然将相关施工方案提交给了具有相应市政管理职责、威海市市区唯一的城市公共供水企业威海水务集团进行审查。在威海水务集团已经审查的情况下，威海水务集团仍然要求将"二区"供水设施改建为"三区"的供水设施是不必要且不合理的。最后，纵观全案，威海水务集团的这一行为无疑是限制了宏富置业公司的选择，排除、限制了相关市场的竞争。

思考题

案例一 原告吴某秦于 2012 年 5 月 10 日前往陕西广电网络传媒(集团)股份有限公司(以下简称广电网络)缴纳数字电视基本收视维护费，广电网络告知吴某秦数字电视基本收视维护费每月最低标准已从 2012 年 3 月起由 25 元上调至 30 元，每次最少缴纳一个季度，吴某秦遂按广电网络的要求缴纳了三个月的数字电视基本收视维护费 90 元：数字电视基本收视维护费 75 元和数字电视节目费 15 元，吴某秦通过广电网络客户服务中心咨询获悉，广电网络节目升级，增加了不同的收费节目，有不同的套餐，其中最低套餐基本收视费为每年 360 元，每月 30 元，用户每次最少应缴纳 3 个月费用，吴某秦认为广电网络收取数字电视节目费 15 元，实际上是在提供上述服务范围外增加提供服务内容，侵犯了其自主选择权，遂以广电网络违反我国《反垄断法》搭售规定为由向法院起诉，请求法院确认被告广电网络收取其 15 元数字电视节目费的行为无效，被告应向原告返还 15 元。[①]被告广电网络答辩认为，本公司属于陕西省内唯一的电视节目播控者，具有市场支配地位，其鼓励用户选择有线电视套餐属于正常的扩大生产经营的行为，并没有滥用市场支配地位，且被告行为是否属于垄断行为应当由行政机关进行认定，原告不是本案的适格主体。

本案经过一审、二审和再审，最终判决被告广电网络的行为违反了《中华人民共和国反垄断法》第 17 条第 1 款第 5 项关于"禁止具有市场支配地位的经营者从事没有正当理由搭售商品，或者在交易时附加其他不合理的交易条件的滥用市场支配地位行为"的规定，

---

① 陕西省西安市中级人民法院(2012)西民四初字第 438 号民事判决书。

侵害了原告的合法权益。① 本案一审和二审法院均认为被告广电网络在相关市场中具有支配地位，但一审法院与二审法院对于广电网络的行为是否属于我国《反垄断法》所禁止的"搭售或者附加其他不合理交易条件的行为"的认定有着截然不同的看法：一审法院认为，被告广电网络在与原告交易过程中，未告知原告其对涉案服务具有选择权，而要求原告支付增值服务在内的全部费用，而增值服务是被告广电网络将其与基础服务进行捆绑后一起销售给原告，被告利用其在市场中的支配地位迫使原告支付和接受其提供的增值服务，原告基于被告的市场支配地位不得不接受该不合理的条件，这显然是违反原告作为消费者的意愿，故被告广电网络的行为属于《反垄断法》所禁止的搭售行为②。二审法院认为，被告广电网络涉案的增值服务与基础服务是分别进行收费和计价的，两种服务属于可分服务，而在本案中，被告并没有采取两种服务不可分的方式进行销售，原告作为消费者可以拒绝增值服务，其选择权并没有受到侵害，故被告的行为不符合我国《反垄断法》搭售行为的构成要件。③ 最终再审法院从证据角度入手，认为被告广电网络提供的证据不足以证明消费者有选择权的存在，故判决撤销二审判决，维持一审判决，最终支持了原告吴某秦的诉讼请求。

问题：

1. 原告是否具有诉讼主体资格？
2. 被告广电网络是否构成滥用市场支配地位之搭售行为？

案例二 自 2008 年 10 月起，微软在中国推出两个重要更新——Windows 正版增值计划（简称 WGA）和 Office 正版增值计划（简称 OGA）。之后，盗版 XP 专业版用户的桌面背景每隔 1 小时将变成纯黑色，盗版 Office 用户软件上将永久添加视觉标记。这被民众称为"黑屏"事件。微软声称这是正当维权行为。据统计，微软在中国办公软件市场的份额达 70%。微软 XP 实行全球统一定价，在中国的价格明显高于在美国和其他国家的价格。

问题：

1. 从《反垄断法》的角度分析，微软的行为属于什么性质？请说明理由。
2. 从《消费者权益保护法》的角度分析，微软侵犯了消费者的哪些权利？为什么？

---

① 最高人民法院(2016)最高法民再 98 号民事判决书。
② 陕西省西安市中级人民法院(2012)西民四初字第 438 号民事判决书。
③ 陕西省高级人民法院(2013)陕民三终字第 38 号民事判决书。

第十四章 反不正当竞争法律制度

一、浙江淘宝、天猫公司诉杭州简世公司虚假宣传不正当竞争案

📖 **案事例介绍 14-1**①

2003 年 9 月 4 日，原告淘宝公司于浙江杭州注册成立，注册资本为 6500 万元，主要经营范围为利用信息网络进行网络游戏虚拟货币交易，举办演出剧(节)目、表演，增值电信业务服务。原告淘宝公司取得的《中华人民共和国增值电信业务经营许可证》中，载明其获准经营的增值电信业务种类、获准经营的业务覆盖范围、网站名称等内容。其中，其获准经营的增值电信业务种类为第二类，即增值电信业务中的信息服务业务(仅限互联网信息服务)、在线数据处理与交易处理业务。而其获准经营的业务覆盖范围为：(1)在线数据处理与交易处理业务，浙江省，服务项目仅限经营类电子商务；(2)信息服务业务(仅限互联网信息服务)，互联网信息服务不含新闻、出版、教育、医疗保健、药品和医疗器械、文化、广播电影电视节目，含电子公告服务。其登记的网站名称为一淘网、阿里旅行、淘宝、淘点点等，网站域名为 kanbox.com、yjhy.net、taobao.com、taobao.cn 等。

原告天猫公司于 2011 年 3 月 28 日成立，注册资本为 1000 万元，主要经营范围为第二类增值电信业务中的信息服务业务(限互联网信息服务业务)，不包含新闻、出版、教育和医疗器械、广播电影电视节目和电子公告等内容的信息服务，含药品信息服务，含文化信息服务，含医疗保健信息服务等。原告天猫公司取得的《中华人民共和国增值电信业务经营许可证》中，载明其获准经营的业务种类、服务项目和业务覆盖范围、网站名称等内容。其中，其获准经营的业务种类、服务项目和业务覆盖范围为第二类增值电信业务中的在线数据处理与交易处理业务，服务项目仅限经营类电子商务，不含互联网金融、网络预约出租汽车服务。第二类增值电信业务中的信息服务业务(仅限互联网信息服务)，服务项目包含医疗保健、药品和医疗器械、文化，不包含信息搜索查询服务、信息即时交互服务。其网站名称为天猫、聚划算、TMALLTV，网站域名为 tmall.com、juhuasuan.com、tmalltv.com。

被告简世公司于 2012 年 12 月 5 日成立，注册资本为 100 万元，主要经营范围为电子商务技术、网络技术、计算机软件、手机软件的技术开发；批发、零售，服装、鞋、箱包、化妆品及其他无须报经审批的一切合法项目，依法须经批准的项目，须经相关部门批

---

① 本案例来自浙江省杭州市西湖区人民法院(2016)浙 0106 民初 11140 号民事判决书。

准后才可开展经营活动。被告简世公司的网站名称为傻推网，网站域名为 shatui. com。

2016 年 7 月 12 日，杭州市西湖区市场监督管理局因于 2016 年 4 月 5 日接到余杭区市场监督管理局反映被告简世公司存在违法刷单炒信行为的案件线索，经过调查核实，作出(杭西)市管罚处字〔2016〕70 号行政处罚决定书。决定书上载明，杭州市西湖区市场监督管理局于接到举报线索当日对简世公司位于西湖区三墩镇厚仁路新天地商业中心 5 幢 4 层 402 室的营业场所进行检查，发现该公司经营的傻推网页面显示内容存在诸如"刷单平台"、"任务中心"以及"佣金"字样，办案人员调取了当事人客服人员的 QQ 聊天记录，并对涉事的相关页面以及聊天记录现场打印，让简世公司签字确认。经查明，2014 年 9 月，简世公司通过其旗下刷单平台傻推网实施网络刷单炒信行为以牟利。该公司利用网络卖家增加销售量、提高评价质量、增强销售竞争力、提升商品排名进而获取更多的交易机会的心理需求与利益诉求，引导其注册登记，并在公司平台上发布刷单任务。同时，该公司抓住网络刷手无本起利，积少成多，方便快捷等心态，无条件吸引其在傻推网平台上注册登记，领取、完成刷单任务。在这个过程中，并未发生实际的商品交易，仅以虚假的网络交易数据以及虚假好评传达出该商品销售规模大、质量好、有保证、服务优的假象，进而误导消费者，影响消费者决策以达成交易。简世公司的利润来源主要是手续费与会费。其中，手续费标准为商家给刷手佣金的 20%；会费由商家按月费 268 元，年费 1980 元的标准支付，成为会员的商家无需支付手续费。2014 年 9 月至 2016 年 3 月，简世公司在网络平台共吸引 5400 家商家注册，其中给 3001 家商家发布刷单任务共 324,000 件，共计 50,000 余单，累计刷单金额达 2639.8 万元，违法所得共计 36 万元。

杭州市西湖区市场监督管理局认为，根据《网络交易管理办法》第 14 条"网络商品经营者、有关服务经营者提供的商品或者服务信息应当真实准确，不得做虚假宣传和虚假表示"之规定，简世公司为商家提升商誉，利用在傻推网上刷单的方式为商家提升商誉刷单，使得该商品或服务存在虚假表示，这一行为违反了《网络交易管理办法》第 19 条第(4)项"网络商品经营者、有关服务经营者销售商品或者服务，应当遵守《反不正当竞争法》等法律的规定，不得以不正当竞争方式损害其他经营者的合法权益、扰乱社会经济秩序。同时，不得利用网络技术手段或者载体等方式，从事下列不正当竞争行为。……(四)以虚构交易、删除不利评价等形式，为自己或他人提升商业信誉"之规定，且《网络交易管理办法》第 53 条规定："违反本办法第十九条第(二)项、第(四)项规定的，按照《反不正当竞争法》第 24 条的规定处罚"，依据《反不正当竞争法》第 24 条的规定："经营者利用广告或者其他方法，对商品作引人误解的虚假宣传，监督检查部门应该责令停止违法行为，消除影响，可以根据情节处一万元以上二十万元以下的罚款"，由于简世公司在案件调查处理过程中主动举报其他网络平台存在的网络刷单炒信行为，且已被杭州市西湖区市场监督管理局查证属实，构成立功表现，依法可以从轻处罚，故责令简世公司停止违法行为，消除影响，并罚款 80,000 元，上缴国库。简世公司按上述处罚决定交纳了罚款 80,000 元后，2016 年 4 月停止经营傻推网。

淘宝公司、天猫公司在《淘宝规则》《天猫规则》中就淘宝网、天猫网的评分评价体系的运作规则提出了具体要求，均明确只有交易成功才可以对商品或服务进行一次评价。

原告淘宝公司制定的《淘宝网评价规则》对客户评价行为予以了明确规范：为促进买

卖双方基于真实的交易作出公正、客观、真实的评价，进而为其他消费者在购物决策过程中和卖家经营店铺过程中提供参考，根据《淘宝平台服务协议》《淘宝规则》等相关协议、规则的规定，制定本规则，本规则适用于淘宝网所有卖家和买家。淘宝网评价(简称评价)包括"交易评价"和"售后评价"两块内容，买卖双方有权基于真实的交易在支付宝交易成功后15天内进行相互评价。交易评价包括"店铺评分"和"信用评价"，"信用评价"包括"信用积分"和"评论内容"，"评论内容"包括"文字评论"和"图片评论"。店铺评分由买家对卖家作出，包括对商品/服务的质量、服务态度、物流等方面的评分指标。每项店铺评分均为动态指标，系此前连续六个月内所有评分的算术平均值。每个自然月，相同买、卖家之间交易，卖家店铺评分仅计取前3次。店铺评分一旦作出，无法修改。在信用评价中，评价人若给予好评，则被评价人信用积分增加1分。若给予差评，则信用积分减少1分。若给予中评或15天内双方均未评价，则信用积分不变。如评价人给予好评而对方未在15天内给其评价，则评价人信用积分增加1分。买家有权基于真实的交易，在售后流程完结后，对卖家进行售后评价，特殊类型订单除外。为确保评价体系的公正性、客观性和真实性，淘宝将基于有限的技术手段，对违规交易评价、恶意评价、不当评价、异常评价等破坏淘宝信用评价体系、侵犯消费者知情权的行为予以坚决打击。淘宝有权删除违规交易产生的评价，包括但不限于《淘宝规则》中规定的发布违禁信息、骗取他人财物、虚假交易等违规行为所涉及的订单对应的评价；如买家、同行竞争者等评价人被发现以给予中评、差评、负面评论等方式牟取额外财物或其他不当利益的恶意评价行为，淘宝或评价方可删除该违规评价；淘宝对排查到的异常评价作不计分、屏蔽、删除等处理；评价被删除后，淘宝不会针对删除后的剩余评价重新计算积分等。

两原告淘宝公司、天猫公司以简世公司为被告向法院提起诉讼，并支付了50,000元律师费、12,000元公证费。

淘宝公司、天猫公司诉称，简世公司以设立刷单平台的方式破坏了其构建的评价体系，以该方式误导了消费者，严重损害了其声誉和市场竞争力。为了打击炒信，维护市场竞争秩序，淘宝公司、天猫公司每年都投入大量的人力、物力、财力。简世公司实施的行为对市场竞争秩序造成了严重的负面影响，构成了不正当竞争。综上所述，淘宝公司、天猫公司请求法院判令简世公司赔偿216万元损失和赔偿10万元合理支出的诉求。后因律师费50,000元与公证费12,000元得到确认，故庭审中两原告将赔偿合理支出的金额变更为62,000元。

被告简世公司辩称：其一，淘宝公司、天猫公司主体不适格。简世公司与其不存在竞争关系，并且亦不存在直接、具体、特定的损害后果。简世公司的行为仅影响了同业经营者，并没有影响淘宝公司、天猫公司。其二，发货地区、商品信息、客服服务等均会影响消费者决策，销量并非唯一的决定性因素。淘宝公司、天猫公司现所提供的证据不足以证明案涉3001家店铺以刷单为方式推动以销量为绝对的竞争优势后影响了消费者的决策过程，并对同业经营者的经营造成了影响。若本案可以适用《反不正当竞争法》第2条原则性规定，则会不适当扩大不正当竞争行为的表现形式和范围。综上，请求法院驳回淘宝公司、天猫公司的起诉及诉讼请求。

💬 法律问题

1. 两原告的诉讼是否为必要共同诉讼？为什么？
2. 两原告与被告简世公司是否存在竞争关系？
3. 被告简世公司的刷单炒信行为是否构成不正当竞争？请说明理由。
4. 两原告主张的赔偿请求是否合理？

✍️ 法理分析

1. 两原告的诉讼为必要共同诉讼

必要的共同诉讼是指当事人一方或双方两人以上，且诉讼标的在参加诉讼的同一方当事人之间是共同的，人民法院必须合并审理的诉讼。案涉淘宝网、天猫网的经营主体并非同一家公司，分别为淘宝公司、天猫公司，但双方诉讼标的实质上是共同的。首先，简世公司经营的傻推网以组织网络刷手刷单的方式获得收益，该行为对于淘宝公司、天猫公司而言并不能分开评价。其次，从店家搜索排名的角度来看，简世公司组织网络刷手进行虚假刷单的意图是提高店家的销量、信用、用户评价等方面的数据，进而使得店家的搜索排位获得提高。实际中，当消费者在搜索界面搜索关键字时，常常会同时检索到淘宝店铺和天猫网店铺。淘宝网和天猫网的搜索排名机制实为混合，难以区分。据此，简世公司的炒信行为对淘宝网、天猫网造成的影响不可分割。再次，从公司运营机制来看，淘宝网、天猫网的所有交易数据被存储于同一数据库中，由共同的信息安全部门对同一数据库中的虚假交易订单进行识别、处理。综合上述因素，两原告的诉讼标的是共同的，诉讼为必要的共同诉讼。

2. 两原告与被告简世公司存在竞争关系

所谓竞争关系一般是指经营者从事同类商品或服务的经营活动。如将竞争关系的主体局限于同业竞争者，会使其他受到侵害的市场参与者的合法权益得不到相应保护，与我国《反不正当竞争法》立法目标相悖。从法理精神和立法本质出发，竞争关系应理解为经营者虽没有经营同类商品或服务，但其行为违背了《反不正当竞争法》第2条之规定，即经营者在市场交易中，违反自愿、平等、公平、诚实信用的原则和公认的商业道德，损害其他经营者的合法权益，扰乱社会经济秩序的行为，也可以认定为具有竞争关系。就本案来说，首先，简世公司利用傻推网组织网络刷手刷单，进行虚假交易、好评的行为，显然违背了《反不正当竞争法》规定的经营者需要遵守公平、诚实信用原则和公认的商业道德。其次，简世公司组织网络刷手刷单、虚假交易、虚假评价等行为，造成了淘宝网、天猫网的商品数据虚假，进而影响淘宝公司、天猫公司的信用评价体系，且影响消费者对于两大平台购物环境的信任，损害了淘宝公司、天猫公司的商业信誉，扰乱了两大平台正常的网络购物秩序。最后，简世公司是以组织网络刷手的方式获取收益，实质上是以非法形式牟取不当利益。综上，淘宝公司、天猫公司和简世公司之间存在竞争关系。

3. 被告的行为构成不正当竞争

被告简世公司建立傻推网，用以组织网络刷手进行刷单牟利。其行为毋庸置疑与诚实信用原则和获得广泛认可的商业道德相悖。该做法不仅损害了淘宝公司、天猫公司的合法权益，还扰乱了我国的社会经济秩序。从淘宝公司、天猫公司的角度而言，其核心竞争利益是其内部根据购物平台上的销量、评价等数据经过长期交易积累形成的信用评价体系。淘宝公司、天猫公司所经营的淘宝网、天猫网这两大平台为中国使用频率最高、使用人数最多的网络零售交易平台。基于此，有充足的理由认为使用两平台的消费者在购物时对两平台上的信用评价数据有足够的依赖。而简世公司经营的傻推网以组织刷手实施虚假刷单为盈利方式，必然导致两平台数据的不真实，损害了两原告的市场声誉与竞争力，直接导致消费者在消费决策时对两大平台不信任，并对其提供的商品或服务质量产生怀疑，从而损害两原告的根本利益。另外，被告简世公司组织刷单会提高接受刷单任务的淘宝、天猫卖家的真实销量，增加利润，而被告简世公司通过从中收取会员费、手续费直接获益。

4. 两原告主张的赔偿请求是合理的

根据《反不正当竞争法》第 20 条的规定，若经营者违反《反不正当竞争法》规定，被侵害者因此遭受损害的，经营者应承担相应的赔偿责任。若难以计算被侵害的经营者损失的，赔偿额为侵权人在侵权期间所获得的利润，并应承担被侵害者因调查该不正当竞争行为所支付的合理费用。结合本案，淘宝公司、天猫公司均以被告简世公司在侵权期间因侵权获得的利润来主张赔偿额，根据现有证据查明简世公司违法所得为 36 万元。鉴于网站的运营确实需要人力、设备等成本的支出，故法官结合本案案情及上述因素酌情确定赔偿额是合理的。对于淘宝公司、天猫公司主张的 50,000 元律师费、12,000 元公证费的合理开支部分亦有相应证据证实，可被认定为合理开支。

二、腾讯诉世界星辉科技广告屏蔽不正当竞争案

🕮 案事例介绍 14-2①

腾讯是一家合法经营的互联网公司，腾讯视频的经营范围包括视频在线观看服务。世界之窗浏览器内置过滤广告功能，用户使用世界之窗浏览器时便能通过该功能对腾讯公司播放影片时的片头广告进行屏蔽或暂停。腾讯公司认为，世界之窗浏览器的屏蔽功能妨碍了腾讯公司因广告获益的机会。据此，其向法院起诉，表示世界之窗该功能系以提升用户使用体验来提升商业价值，是损人利己的行为。

被告辩称：原告腾讯公司与被告世界之窗之间没有直接竞争关系，"免费+广告"的运营模式不在法律保护的利益范围内。世界之窗浏览器的用户没有观看广告的义务，因而浏览器内置的广告拦截功能与商业利益并未直接挂钩，应当是正常竞争带来的损失。广告屏蔽技术的研发并非直接针对腾讯，具体屏蔽行为都是用户所为。QQ 浏览器也有广告屏蔽

---

① 本案例来自北京知识产权法院(2018)京 73 民终 588 号民事判决书。

功能。

另查明：广告过滤功能不是直接显示的，要在菜单栏内才能看到，用户刻意寻找才能获取；菜单栏内设置了诸多选项，位于选项第一位的是"不过滤任何广告"。而浏览器用户的默认选项是"仅拦截弹出窗口"。

一审法院认为，过滤没有损害视频内容，不构成对根本利益的损害。基于《反不正当竞争法》的社会法属性，判决本案时必须考虑社会大众的根本利益。广大民众有权享受因科学技术进步带来的商业模式和技术层面的革新。在本案中，世界之窗浏览器内置选择性屏蔽广告功能，该功能不针对特定经营者，亦未因此引起竞争对手的根本损害。因此，世界之窗浏览器的内置选择性屏蔽广告功能不应被认定为不正当竞争行为。

原告腾讯公司不服一审判决，提起上诉。经审理，二审法院认为世界之窗浏览器内置选择性屏蔽广告功能对腾讯视频的正常经营活动造成了妨碍和负面影响。根据《互联网广告管理暂行办法》第16条"互联网广告活动中不得有下列行为：（一）提供或者利用应用程序、硬件等对他人正当经营的广告采取拦截、过滤、覆盖、快进等限制措施"的规定，被诉行为损害了上诉人的合法利益，将消费者利益认定为社会公共利益是错误的。而且从长远看，如果一直屏蔽，则会导致用户可能最后不得不分担成本费，连免费的机会都没有。因此，被告的行为属于《反不正当竞争法》第2条所禁止的行为。

💬 法律问题

1. 原告与被告之间是否具有竞争关系？
2. 被诉行为是否具有不正当性？

📝 法理分析

1. 原告腾讯公司与被告世界之窗浏览器之间存在竞争关系

适用《反不正当竞争法》的前提条件是存在竞争关系。而经营者之间存在竞争关系与否需要根据具体的案情判断。一般而言，判断是否有竞争关系以是否违背诚实守信原则为标准，即若违反诚实信用原则，就可认定两者之间存在竞争关系。本案中，腾讯视频和世界之窗浏览器之间是存在有竞争关系的，在目前的互联网世界中，竞争关系已经不仅仅存在于同行业之间，跨行业之间也存在竞争关系。

2. 被诉行为构成不正当竞争行为

目前来说，《反不正当竞争法》中并未直接规定网络上的视频过滤行为，因此没有具体的针对性法律条文可以直接适用。一个行为若违反诚实信用原则和公认的道德规范，可以判断其不具有正当性。诚实信用原则又称诚信原则，要求所有市场参与者在追求自己利益的同时，不能损害他人利益以及社会公共利益。而过滤视频广告的行为，将会使得大量的视频观看用户，放弃充值会员，转而通过适用自带过滤广告功能的浏览器，从而使得视频网站丧失了大量的VIP用户，也减少了因用户充值VIP而得到的收入。二审法院认为，被告违反了诚实信用原则，世界之窗浏览器过滤广告的行为，损害了腾讯视频的利益。因此，该行为构成不正当竞争行为。

我们认为二审法院的判决结果及说理过程是值得商榷的。事实上，关于视频广告过滤行为是否属于不正当竞争行为，欧美等国有不同的判例和处理方法。在全球最大的广告过滤软件 Adblock Puls 的开发者 Eyeo 公司被起诉的广告过滤案中，德国法院认为原有经营者的收入会受到新经营者进入市场的影响，但这并不能证明该行为是故意妨碍竞争的行为。浏览器过滤视频广告行为的实质目的是提供更好的服务给消费者，并非妨碍其他经营者的经营行为。并且，视频网站在市场中存在可代替的商业模式与技术，比起因投放大量广告而流失消费者所丧失的隐性利益来说，视频网站损失广告利润是可以接受的。德国法院并不认为广告过滤行为是视频网站退出市场的决定性因素。除此之外，德国法院认为用户应当拥有选择最终"白名单"的权利，即用户拥有选择过滤内容的权利。美国也有着相似的判例，在美国的一起判例中，原告 Zango 公司是一家提供在线视频等服务的公司，被告 Kaspersky 公司是一家主营业务为用户提供计算机杀毒等服务的公司，两公司发生纠纷的原因在于 Kaspersky 公司将 Zango 公司的软件标示为广告软件，Zango 公司因此于 2009 年提起诉讼，认为 Kaspersky 公司不正当阻止 Zango 公司的软件运行。联邦第九巡回法院认为，Kaspersky 公司的软件使得用户对是否选择过滤内容有了更大的控制权，该软件是用户过滤、屏蔽或禁止有害内容的工具。据此，该法院认为 Kaspersky 公司有权获得《通信规范法案》（CDA）中规定的避风港规则的豁免权，不用承担法律责任。①

在本案中，一、二审法院均引用了《反不正当竞争法》中的第 2 条以论证说理，而二审法院更是进一步认定世界之窗浏览器的生产商违背了商业道德，但二审法院在判决中，并未对商业道德进行具体的解释，而是直接得出了较为笼统的结论。而在一般条款的适用上，利益衡量方法相较于"商业道德""诚实信用"等标准而言无疑是更为妥适的裁判方式。但利益衡量方法的适用需要依托于个案的具体案情，较为抽象。我们建议采用比例原则视角下的利益衡量方法来判断视频广告过滤行为是否具有正当性，具体分为以下几个步骤：

第一，确认视频广告过滤行为中发生冲突各方的核心利益，就本案而言，需要原告受《反不正当竞争法》保护的利益受到损害，例如广告完整性遭受损害。在本案中，腾讯视频本身已经具备开发规避广告过滤行为的技术手段，譬如开发半透明广告、缩短广告时间等诸多手段，所以被告的世界之窗浏览器的功能不会对腾讯公司的利益造成严重且无法避免的损害。

第二，确定被告开发的世界之窗浏览器实施广告过滤行为是否有正当理由。如被告提出实施广告过滤行为是为了提高消费者的观影体验感，这可以认定为具有正当理由。

第三，适当性原则的审查。若被告开发的世界之窗浏览器的过滤视频广告功能确实有助于提升消费者的观影体验，则符合适当性原则的要求。

第四，必要性原则的审查。必要性原则要求被告研发的世界之窗浏览器在满足适当性要求的同时，应使用对腾讯公司损害最小的手段。举例来说，世界之窗浏览器在默认已经关闭视频广告过滤功能的前提下，需要用户进行一系列操作后才能打开视频广告过滤功

---

① 王知悦、杨贵钧：《广告过滤案在〈反不正当竞争法〉下的适用》，载《广东石油化工学院学报》2021 年第 2 期。

能，也就是无法以对原告损害更小的方式达到提升消费者观影体验的目的，即认为满足必要性原则的要求。

第五，狭义比例原则的审查。具体而言，就是审查被告世界之窗浏览器内置的过滤广告功能对消费者利益、维护市场公平竞争秩序等方面带来的利益是否大于其对原告利益造成的损害。本案中被告开发的世界之窗浏览器的广告过滤功能并不会给原告腾讯公司造成严重损害，相反，它有助于消费者自主选择权的实现，有助于视频网站行业提高服务质量，有助于促进透明广告等技术创新，且可以对消费者利益和市场公平竞争秩序有明显改善。

综上，本案中的涉案行为未对原告利益造成严重且无法挽救的损害，且视频广告过滤技术的运用有助于广告技术的创新，增加社会总福利，也有助于提升消费者利益、改善市场竞争秩序，因此，该行为具有正当性。

三、淘宝公司诉美景公司数据产品不正当竞争案

📖 案事例介绍 14-3①

淘宝（中国）软件有限公司（以下简称淘宝公司）以用户浏览、交易等行为痕迹信息为原始数据，在经过特定算法分析后，将原始数据提炼成为指数型、统计型、预测型等衍生数据，从而生成淘宝公司的"生意参谋"数据产品。安徽美景信息科技有限公司（以下简称美景公司）通过提供软件账号共享平台，帮助他人获取涉案数据产品中的数据内容并从中获利。淘宝公司认为，涉案数据产品中的原始数据和衍生数据是其无形财产；美景公司的被诉行为实质上替代了涉案数据产品，构成不正当竞争，并向法院提起诉讼，请求法院判令美景公司立即停止涉案不正当竞争行为，赔偿原告经济损失及合理费用 500 万元。

💬 法律问题

1. 淘宝公司收集并使用网络用户信息的行为是否具有正当性？
2. 淘宝公司对于涉案数据产品是否享有法定权益？
3. 被诉行为是否构成不正当竞争？

✍ 法理分析

1. 淘宝公司的行为具有正当性

在本案中，判断淘宝公司该行为正当与否的关键在于区分其所收集并使用的网络用户信息属于何种类型。在本案中，法院将淘宝公司"生意参谋"数据产品中所涉数据分为行为痕迹信息和标签信息。行为痕迹信息，是指用户在淘宝公司旗下所有软件进行浏览、搜索、加购、交易等操作的痕迹信息。而标签信息，则是指在分析行为痕迹信息的基础上，

---

① 本案例来自浙江省杭州铁路运输法院（2017）浙 8601 民初 4034 号民事判决书。

推测用户包括但不限于性别、职业、经常居住地、个人喜好等信息。如上所述，淘宝公司所获得的痕迹信息和标签信息并不能单独或结合其他信息识别出各用户的个人身份，故行为痕迹信息和标签信息不属于《网络安全法》中的网络用户个人信息的范围，属于网络用户非个人信息。

需要特别注意的是，行为痕迹信息中含有用户个人喜好或商户经营秘密等敏感信息。由于部分用户在其他网络平台上会留下个人身份信息，上述敏感信息在与该部分个人信息联系起来后会暴露特定主体的个人隐私或经营秘密。故网络运营者收集、使用用户痕迹信息时，应比照《网络安全法》关于网络用户个人信息保护的相关规定予以规制，但对于未留下个人信息的网络用户所提供的以及网络用户已自行公开披露的信息除外。

综上所述，淘宝公司收集、使用网络用户信息的行为符合《网络安全法》中对于网络用户信息安全保护的要求，具有正当性。

2. 淘宝公司对涉案数据产品拥有法律意义上的财产权益

涉案生意参谋数据产品中的初始数据虽来自用户的原始信息数据，但经过淘宝公司的深度开发后，已与普通网络数据有所不同。数据内容由网络运营商投入大量的智力劳动成果，通过深度开发和系统集成，最终呈现给消费者的数据是独立的衍生数据，与网络用户信息和网络原始数据没有直接对应关系，可以被运营商实际控制和使用，并带来经济效益。随着网络大数据产品市场价值的日益凸显，网络大数据产品本身也成了市场交易的对象，已具备了商品的交换价值。因此，网络大数据产品具有市场价值属性，属于《反不正当竞争法》所保护的财产权利。

3. 被诉行为构成不正当竞争

《反不正当竞争法》第12条规定了关于经营者利用网络从事生产经营活动的条款，但与该案情所涉及被诉行为并没有联系，处于立法空白的状态。因此，应根据《反不正当竞争法》第2条的概括性条款进行认定，看是否违背了商业道德。本案中，美景公司在未经淘宝公司授权的情况下，直接将涉案数据产品用作自己谋取商业利益的工具，且并未付出新的劳动创造，明显属于不劳而获的搭便车行为，违背了商业道德，破坏了淘宝公司的商业模式与竞争优势，给淘宝公司造成了经济损失，已构成不正当竞争。

四、工程图片虚假宣传不正当竞争纠纷案

案事例介绍 14-4①

原告德尔森公司与被告美弗勒公司为同行业经营者。德尔森公司成立时间较美弗勒公司早，且在智能化变电站、恒温恒湿汇控柜等领域拥有多项专利权。德尔森公司向法院起诉称，美弗勒公司将德尔森公司的8个优秀工程范例印制在自己的产品宣传册上进行虚假宣传、欺骗、误导消费者，构成不正当竞争行为。被告美弗勒公司辩称，本公司制作的宣

---

① 本案例来自最高人民法院（2022）最高法民再1号再审民事判决书。

传册首页左上角载明"Powerfiller"，右下角载明"美弗勒智能设备有限公司"，在宣传内页中均以 MFL 智能化变电站、恒温恒湿汇控柜予以介绍，所附图片中的汇控柜在醒目位置有"Powerfiller"标识。该标识与德尔森公司"DERSON"标识在拼写上具有明显差别，一般不会引人误认为是他人商品或与他人存在特定联系。加之案涉产品为电气类产品，具有特定用途，需要通过招标、投标等合法方式确定该类产品的销售，宣传行为本身并不会增加美弗勒公司的竞争优势，也不会使德尔森公司丧失正当交易机会。经法院审理查明：被告美弗勒公司在其宣传册中使用原告德尔森公司的 8 个工程图片作为自己的成功案例进行宣传；宣传册中称"目前已申请多个专利对产品进行保护"，"电柜冷凝除湿装置为我公司和国家电网公司合作的专利产品，除湿效果明显"，但至今未申请相关专利。

💬 法律问题

1. 什么是虚假宣传？虚假宣传是否需要以原告遭受实际损失为构成要件？
2. 被告美弗勒公司制作宣传册进行宣传的行为是否构成不正当竞争行为？如何承担民事责任？

✍ 法理分析

1. 虚假宣传的成立不需要以原告遭受实际损失为构成要件

虚假宣传是指经营者在进行商业活动时，违反诚实信用原则与公认的商业准则，利用广告或其他方法对商品或服务作出与实际内容不符、易使消费者误解的行为，该行为是一种严重的不正当竞争行为，我国《反不正当竞争法》尚未对虚假宣传行为的构成要件作出明文规定。而在我国的理论界，对此也是众说纷纭。有学者认为，构成虚假宣传行为需要四个构成要件，即加害行为、损害结果、因果关系、主观过错。[①] 从这四个构成要件中不难看出，该学者是以侵权行为为基础对虚假宣传行为的构成要件作出认定。而有的学者则指出，只要某行为满足虚假的宣传与导致引人误解的后果两个要件，即可被认定为虚假宣传行为。[②] 在实践层面关于虚假行为的构成要件的观点也尚未达成统一。最高人民法院于 2009 年在民事判决书中明确："虚假宣传行为……应当符合经营者之间具有竞争关系、有关宣传内容足以造成相关公众误解、对经营者造成了直接损害这三个基本条件。"[③]这一观点也在其他判决书中得以体现。

在加多宝与王老吉的广告语虚假宣传纠纷案中，这一观点也得以体现。我国《反不正当竞争法》第 8 条规定："经营者不得对其商品的性能、功能、质量、销售状况、用户评价、曾获荣誉等作虚假或者引人误解的商业宣传，欺骗、误导消费者。经营者不得通过组织虚假交易等方式，帮助其他经营者进行虚假或者引人误解的商业宣传。"基于该规定，广东省高级人民法院在(2014)粤高法民三终字第 482 号民事判决书中提出："要认定广东

---

① 徐卓斌：《虚假宣传的侵权构成》，载《人民法院报》2018 年 2 月 14 日。
② 邓旭明：《购买竞价排名构成虚假宣传》，载《中国知识产权报》2015 年 1 月 30 日。
③ 最高人民法院(2007)民三终字第 2 号民事判决书。

加多宝刊登这两个广告用语是否构成虚假宣传不正当竞争，需要满足三个条件：宣传内容足以误导相关公众、对原告造成直接损害、以及原被告之间存在竞争关系。"①该案后经由最高人民法院再审后改判。最高人民法院在(2015)民申字第2802号民事判决书中认为："本案所涉广告语的使用是否构成《反不正当竞争法》第8条规定的虚假广告，需要综合案件的具体情况，对案涉广告内容的真实性(是否虚假)，以及是否会因宣传的模糊性而引起相关消费者的误解等进行评估。"并明确指出，应考虑《反不正当竞争法》规制虚假宣传的目的，且虚假宣传的成立并不以原告受到直接损害为要件。② 即在实务中亦应遵循二要件标准。

由此，对虚假宣传行为的规制是基于维护正常交易行为中的诚实信用原则，以保障市场的正当竞争秩序。虚假宣传行为侵犯的并非特定主体的合法权益，而是给同行业的不特定其他竞争者的合法权益都造成了损害，以此获得不正当的竞争优势。此时，难以言明不特定其他竞争者的"直接损害"，更无需进一步深化讨论"损害后果"。据此，我们认为，对于虚假宣传的构成要件采用"二要件"学说较为适宜。

2. 被告美弗勒公司构成虚假宣传的不正当竞争行为

被告美弗勒公司在宣传册中称"目前已申请多个专利对产品进行保护"，但其至今未申请相关专利，故上述内容存在虚假，易使消费者受到欺骗、误导，侵害与被告美弗勒公司具有同业竞争关系且拥有多项专利的原告德尔森公司利益，故美弗勒公司的行为构成虚假宣传的不正当竞争行为，其应承担停止不正当竞争行为、赔偿损失的民事责任。

☑ 思考题

案例一③　原告浙江某网络公司、某(中国)软件公司系"手机淘宝"IOS系统的开发者、运营者。被告北京某科技公司系某App的运营者。两原告通过公证保全发现，正常情况下，他们在App Store下载支付宝，登录后点击"第三方服务"中的手机淘宝，显示"支付宝"想要打开"手机淘宝"，点击"打开"跳转到手机淘宝客户端。但是，如果用户在App Store下载某App后再使用支付宝、钉钉、UC浏览器、Safari浏览器等访问手机淘宝并不会直接进入手机淘宝客户端，弹出的页面仅显示打开App的提示框，在该页面中用户仅能看到"打开"和"取消"的选项，用户在点击"打开"后，会直接跳转到某App的界面。原因在于北京某科技公司篡改了唤醒协议，在某App客户端的"URL Scheme"规则中输入了对应淘宝App的协议名称"taobao"，致使弹出页面强制跳转到某App界面。两原告认为，北京某科技公司通过篡改唤醒协议的技术方法，劫持其平台用户流量，该行为系不正当竞争行为，因此请求法院判令北京某科技公司停止侵权，并请求判令其刊登声明消除影响、赔偿相应的合理维权费用共计100万元。北京某科技公司辩称，某App并非由其运营，系由第三方开发、运营和维护，已经在其运营范围内尽到相应的注意义务和承担了

① 广东省高级人民法院(2014)粤高法民三终字第482号民事判决书。
② 最高人民法院(2015)民申字第2802号民事判决书。
③ 本案例来自杭州市中级人民法院(2020)浙01民终8743号民事判决书。

相应责任。案涉纠纷系因 URL Scheme 自身技术缺陷引起，不构成侵权行为。

问题：

1. 如何适用《反不正当竞争法》的"互联网专条"认定不正当竞争行为？

2. 被告的行为属于什么性质？应承担何种民事责任？

案例二① 原告东北人餐馆是当地的一家知名餐饮企业，该餐馆的设计师设计了一套"东北人"VI 识别系统，并确定了餐厅固定的广告语和男服务员的 T 恤衫广告语。该 VI 识别系统内容包括色彩、餐厅名称的书写方式、服务人员服饰及其他装饰用的面料和固定图案的窗花，并使用在餐厅纸巾的包装设计、餐厅的布置装饰和菜谱上。1999 年 3 月，被告东北人菜馆店牌匾上"东北人"三个字的书法风格同东北人餐馆使用的相同。其菜谱、纸巾、服务员服装的设计、餐厅的装饰布局与东北人餐馆相同或近似，导致部分消费者将其误认为是东北人餐馆分店。2000 年 6 月，原告东北人餐馆将被告东北人菜馆告上法庭。

被告辩称，原告东北人餐馆的 VI 识别系统包括的内容已把东北固有的民俗几乎涵盖，不是法律的排他性权利，不受知识产权保护。

原告认为，该系统虽是以东北地区的民间风俗文化特色为设计素材，但不是对民间特色或者民俗照搬照用，而是体现了设计者的智力创作，形成了独特的风格，应受知识产权法的保护。

问题：

1. 被告东北人菜馆的行为是否属于不正当竞争行为？为什么？

2. 被告如何承担民事责任？

---

① 本案例来自广东省高级人民法院(2001)粤高法知终字第 63 号民事判决书。

第十五章　消费者保护法律制度

一、王某诉北京国美在线电子商务有限公司欺诈销售案

📖 **案情 15-1**①

2015 年 9 月 27 日，王某在国美在线网站于下单了一台容量为 128G 的全网通版 4G 玫瑰金色 Apple iphone 6S。王某在购买该手机时，注意到其销售页面写明该手机的电池容量为 1810mAh，但收到该手机后发现电池容量实际为 1715mAh，被告宣传的电池容量大于实际容量。原告王某认为，被告利用广告对商品性能作引人误解的虚假宣传，致使消费者对产品性能产生误解，欺诈消费者。被告拒绝原告向其提出的退货、赔偿要求，属于拒不履行其作为经营者的义务，侵犯了原告的合法权益。以上事实有原告提交的《公证书》、购物发票、《行政处罚决定书》等证据证实。故原告诉至法院，请求判令：被告为原告购买的"Apple iphone 6s 128G 玫瑰金色 4G 手机"办理退货并退还货款人民币 7588 元；被告向原告支付"Apple iphone 6s 128G 玫瑰金色 4G 手机"的价款的三倍赔偿金 22,764 元；被告向原告支付公证费人民币 2000 元及打印、复印费人民币 80 元。被告辩称：苹果手机并非因电池吸引消费者，且销售一直处于饥饿销售状态，原告不会因为电池容量而选择苹果手机，因此，原告主张其受到电池容量错误宣传而受到诱导购买，与事实不符。并且针对电池容量标识错误的问题，被告在用户注册的《服务协议》第 7 条明确约定："本网站发布的产品、参数价格、数量、供货情况等商品信息随时可能发生变化，本网站不做特别通知。由于网站上的产品信息数量极其庞大，虽然本网站会尽力保证您浏览的产品信息的准确性，但是由于众所周知的互联网技术因素等客观原因的存在，网站页面上显示的信息可能会有一定的滞后性或错误，请您对此情况有所了解和理解。并同意不追究国美在线的违约或侵权责任。"北京国美在线认为其已用加粗字体提醒客户阅读该条款，被告仅仅为笔误而非实施虚假宣传的欺诈行为，原告主张退货及惩罚性赔偿没有事实和法律依据。故请求人民法院驳回原告的全部诉讼请求。

本案先后经历了一审和二审，两级法院的判决结果迥异。一审法院支持了原告的诉讼请求。理由是：本案中，涉案手机的实际电池容量与网页参数中的电池容量不相符合，结合《中华人民共和国消费者权益保护法》第 20 条、第 55 条考虑，被告存在虚假宣传行为，致使消费者对产品性能产生误解，构成欺诈。故判决如下：（1）限被告于判决生效之日起

---

① 本案例来自北京市第一中级人民法院（2021）京 01 民终 2155 号民事判决书。

五日内为原告购买的"Apple iphone 6s 128G 玫瑰金色 4G 手机"办理退货,并向原告退还货款 7588 元;(2)限被告于判决生效之日起五日内向原告支付三倍赔偿金 22,764 元及公证费 2000 元。(3)驳回原告其他诉讼请求。

被告不服一审判决,提起上诉。二审法院认为,国美在线网站并未在相关产品页面通过突出显示标注涉案手机电池容量,即并未有意通过关于手机电池容量的虚假表述来诱使当事人作出错误表示,不存在欺诈的故意,且涉案手机生产商并未将手机容量作为其产品竞争优势。此外,实际电池容量与网页参数显示的电池容量区别微小,被上诉人王某在使用过程中并未出现质量问题,涉案手机已满足消费者需求。王某主张其因欺诈而受损无事实基础。因此,二审法院撤销了一审法院的判决,并驳回了原告王华的诉讼请求。

💬 法律问题

1. 被告国美在线夸大自营手机的电池容量是否应该定性为欺诈消费者的虚假宣传行为?

2. 被告国美在线在用户注册的《服务协议》中用加粗字体提醒客户的"信息不实免责条款"是否属于不公平、不合理的格式条款?

3. 原告王华是否属于职业打假人,能否获得退款和三倍惩罚性赔偿?

✍ 法理分析

1. 不应该定性为欺诈消费者的虚假宣传行为

欺诈的概念最早可追溯到罗马法。罗马法上的欺诈是指"一切为蒙蔽、欺骗、欺诈他人而采用的计谋、骗局和手段。"①罗马法所确立的民事欺诈制度,基本被大陆法系所接受,认为欺诈是意思表示瑕疵的情形,是指当事人故意编造虚假或歪曲的事实,或故意隐瞒事实真相,使表意人陷于错误而为意思表示的行为。② 王泽鉴先生指出:"以欺诈使他人为意思表示者,系侵害法律所保护之利益,一般言之,多会导致损害,应构成侵权行为。被害人得依民法规定,请求损害赔偿。"③美国《侵权法重述》第 525 条规定,任何人如果就事实、观点、意图或法律作出欺诈性的虚假陈述,以便引诱他人相信其虚假陈述并作出某种行为或不从事某种行为,则应就他人因相信此种虚假陈述所导致的金钱损失承担侵权法律责任。④

我国法律基本上承接了国外关于欺诈的概念。我国传统的欺诈构成要件学说为"四要件说",认为欺诈的构成要件有:欺诈故意;欺诈行为;被欺诈方的错误认识与欺诈行为之间有因果关系;被欺诈方因错误而做出意思表示。其依据是我国已废止的原最高人民法

---

① [意]彭梵得:《罗马法教科书》,中国政法大学出版社 1996 年版,第 73 页。

② 刘守豹:《意思表示瑕疵的比较研究》,载《民商法论丛(9)》,法律出版社 1994 年版,第 72 页。

③ 王泽鉴:《意思表示之欺诈与侵权行为》,载《民法学说与判例研究(二)》,中国政法大学出版社 2005 年版,第 182 页。

④ 徐爱国:《英美侵权行为法》,法律出版社 1999 年版,第 198 页。

院《民通意见》第 68 条的规定,一方当事人故意将虚假情况告知对方,或者故意隐瞒真实情况,致使对方作出虚假意思表示的,可以认定为欺诈。另外,我国民法上将欺诈分为积极欺诈和消极欺诈两种情形。积极欺诈是指欺诈者以积极的言辞,提供虚假情况,陷对方于错误的意思表示之中。消极欺诈是指根据法律、交易习惯或者诚实信用原则,行为人具有告知的义务,但其故意不告知或者隐瞒,致使对方误以为自己的行为是建立在真实的基础上,从而做出错误的意思表示。① 我国《合同法》第 42 条规定,当事人在订立合同过程中,故意隐瞒与订立合同有关的重要事实或者提供虚假情况,给对方造成损失的,应当承担损害赔偿责任。同时,《合同法》第 52 条和第 54 条将以欺诈手段订立的合同视为无效或可撤销合同。《中华人民共和国消费者权益保护法》第 55 条第 1 款规定:"经营者提供商品或者服务有欺诈行为的,应当按照消费者的要求增加赔偿其受到的损失,增加赔偿的金额为消费者购买商品的价款或者接受服务的费用的三倍;增加赔偿的金额不足五百元的,为五百元。法律另有规定的,依照其规定。"上述规定意在通过对欺诈行为实施惩罚性赔偿增加生产者、销售者的违法成本,规范市场秩序,避免广大消费者的知情权和选择权遭受不法侵害。

根据 1996 年 3 月原国家工商总局发布的《欺诈消费者行为处罚办法》之规定,经营者在向消费者提供商品中,利用广播、电视、电影、报刊等大众传播媒介对商品做虚假宣传的,属于欺诈消费者行为。然而,我国法律并未对虚假宣传作出明确的界定,因此严格来讲,虚假宣传并非一个严谨的法律概念,同时《反不正当竞争法》和《广告法》还涉及两个相关的概念:"虚假广告"和"引人误解的虚假宣传"。新修改的《消费者权益保护法》第 20 条采用了"虚假或者引人误解的宣传"表述,也就是说"虚假宣传≠引人误解的宣传"。台湾学者黄茂荣对这两个概念进行了区分。他认为,对广告虚伪不实的判断,应根据"广告的内容、字义是否与事实相符,再考虑其附随因素,寻求表意人已客观表达之真意,而引人误解则系广告是否具有使人陷入错误的效果"。虽然"引人误解"与"虚假"之间的方式不同,但两者的本质特征都是宣传所呈现的内容是不真实的,意图是使信息的接受者产生错误的认识。是否所有的虚假宣传或者不实陈述,均应定义为欺诈?我国法律并未作出明确规定。我们认为,应该将虚假宣传或者不实陈述分为两类:一类是功能性虚假陈述,一类是非功能性虚假陈述。前者与产品或者服务的质量、性能有关,很容易引起消费者误解,做出错误的购买决定;后者是一般性的吹嘘或者表述不实,一般不会引起消费者的误解和做出错误的购买决定。具体而言,分为以下三种情况:

(1)对于与实际功能基本无关的虚假宣传,通常不宜认定为欺诈。消费者在购买某种产品时的需求是多方面的,有些需求与实际功能有关,有些需求与消费者的心理状态有关。一般来说,对于大多数国产产品来说,如果能够保证其功能的正常使用,这些不相关的虚假宣传在一般的理解中与产品品质没有联系,不应被认定为欺诈。对于那些比较特殊的产品,即使虚假宣传与其功能无关,但足以使消费者做出虚假的意思表达,也应认定为欺诈。

(2)对于与商品基本功能"可能无关"(即消费者认为相关而生产者认为不相关)的虚

---

① 徐志军、张传伟:《欺诈的界分》,载《政法论坛》2006 年第 4 期。

假宣传行为，应具体案件具体分析。比如人参等珍贵药材，如果卖家将人工种植人参宣传为正品长白山野生人参，即使其功能和价格没有差别，从常识上来讲也足以让消费者产生购买意愿，也应认定为欺诈。

（3）对于产品的主要功能和次要功能的区分，如果其主要功能是特殊的和"主要的"，而虚假宣传的功能只是产品的锦上添花，则很难认定其决定了消费者的购买意愿。但是，如果这个主要功能是一般产品应该具备的，而此时虚假宣传的次要功能很可能会主导消费者的错误意思，在这种情况下，法院应该根据个案的具体情况来判断是否构成欺诈。

在本案中，对于 2015 年 9 月 25 日新上市的苹果 6S 来说，国美在线并未将电池容量作为 6S 区别于苹果 6 系列显著的购买热点进行宣传，即国美在线并未意在通过关于手机电池容量的虚假表示来诱使消费者作出错误表示，不存在欺诈的故意。且消费者在购买刚出来的新型苹果手机时，大部分人肯定不会将电池容量作为唯一或重要参考因素，考虑更多的是苹果手机的外观和品牌价值，普通消费者不会因为实际电池容量与宣传不符而受欺诈购买。此外，电池容量 1810mAh 与 1715mAh 之间区别微小，王某也确认在使用苹果手机过程中并未出现质量问题，即该产品已经满足消费者的需求。因此，我们认为，国美在线在销售苹果 6S 手机时对该产品的宣传，不构成虚假宣传欺诈消费者。

2. 该提醒不属于不公平、不合理的格式条款

在当今的网络环境中，经营者一般为了降低自身的运营风险，广泛地运用格式条款，从而会导致经营者与消费者间权益失衡的结果。为了在发挥格式条款作用的同时，将双方当事人间的权益差距控制在适当范围内，厘清格式条款在网络环境下的运用就十分重要。格式条款是指当事人在订立合同时事先约定的，不经对方协商而重复使用的条款。合同属于私法自治的经典范畴，当事人间的合同条款理应由法律庇护之下的"合同自由"进行约定，然而，由于格式条款的广泛使用，市场交易中普遍存在诚信缺失的现象，因此法律必须进行干预，对其进行适当调整。《消费者权益保护法》第 26 条规定，经营者在经营活动中使用标准条款的，应当对商品或者服务的数量、质量、价格或者费用、履行期限和方式、安全注意事项和风险提示、售后服务、民事责任等与消费者有重大利害关系的内容，以显著方式提请消费者注意，并按照消费者的要求予以说明。经营者不得以格式条款、通知、声明、店堂告示等方式对消费者作出不公平、不合理的规定，不得排除或者限制消费者的权利，减轻或者免除经营者的责任，不得加重消费者责任；经营者不得使用格式条款并借助技术手段强制交易。格式条款、通知、声明、店堂告示等含有前述所列内容的，其内容无效。

梁慧星教授认为，近代民法向现代民法的转变是"形式正义向实质正义的转变"。具体到合同立法和司法领域，这种转变表现为从片面强调"合同自由"到更多关注"合同正义"。[1] 由于格式条款的满意程度较低，合同正义要求当事人间风险的合理分配，我们应当在网络环境下尽量合理地运用格式条款。《网络交易管理办法》第 17 条规定："网络商品经营者、相关服务经营者在经营活动中使用合同格式条款，应当遵守法律法规、规章的

---

① 梁慧星：《从近代民法到现代民法》，载《中外法学》1997 年第 2 期。

规定，按照公平原则确定交易双方的权利和义务，采用显著的方式提请消费者注意与消费者有重大利益关系的条款，并按照消费者的要求进行说明。网络商品经营者和相关服务经营者不得通过合同格式条款对消费者作出排除或者限制消费者权利、减轻或者免除经营者责任、加重消费者责任等不公平、不合理的规定，不得利用合同格式条款并借助技术手段强制交易。"具体到本案：(1)经营者应当履行明确的提示义务。我国《合同法》也规定了关于排除或限制对方权利的条款要以合理的方式提请注意。北京国美在线通过在网页上加粗文字的方式提醒消费者进行阅读，履行了作为经营者的提示告知义务，可以说是比较适当地做到了这一点。(2)确保消费者知悉条款内容。由于涉案格式条款的专业性和技术性，消费者相对于经营者具有经济地位上的弱势，加上网站浏览信息量巨大，可能导致消费者对相应条款缺乏实质性的了解。(3)双方达成合意，网络交易的合同一般由消费者进行相关注册，点击同意相关注意事项才能进行下一步的操作，享受服务。综合来看，国美在线在合同中已经尽到了提示义务，消费者在消费前也已充分认可并知悉该免责事由，应对网页标识错误予以理解并依据《服务协议》同意不追究其责任。

而王某认为本合同中的"声明"、《服务协议》等免责条款属于减轻或者免除经营者责任、加重消费者责任的无效格式条款。电池容量参数属于网站海量信息中的某个参数，该参数标识的不准确对本案所要认定的主要法律关系及法律事实没有造成很大的影响，对满足消费者的消费需求也未产生不利影响，所以我们认为该格式条款中不存在排除或者限制消费者权利、减轻或者免除经营者责任的不合理规定，格式条款有效。

3. 原告王某作为"职业打假人"，不能获得四倍惩罚性赔偿

本案二审中，上诉人北京国美在线诉称一审适用法律错误，因王某作为职业打假人，其购买涉案产品的目的是为索赔而非消费，故不是我国《消费者权益保护法》的保护对象。因此，本案的第三个争议焦点是原告王某是否属于消费者？职业打假人能否获得四倍惩罚性赔偿？

结合本案情况，我们认为：

(1)职业打假者不属于消费者范畴。自20世纪90年代王海成为"打假第一人"以来，一系列知假买假案层出不穷，而关于职业打假人是否属于真正意义上的消费者的问题，我国法律并未对这一问题予以规定或作出明确的司法解释，故该问题一直为理论界和实践界争议的焦点。在以往的司法裁判中，各地法院的观点各有不同，甚至是同一个案件的一审、二审法院的裁判观点亦会存在出入，从而导致"同案不同判"。

"职业打假人是否属于消费者是价值判断的过程，需要进行价值衡量，判断职业打假人应不应该属于消费者，关键在于将职业打假人认定为消费者是利大于弊还是弊大于利"。[1] 理论界对这一问题主要存在两种观点：肯定说认为，与经营者相对应，只要在购买商品以后不用于生产经营的，则该商品的购买者为消费者。打假靠政府不可能根治假冒伪劣，王海的民间打假行为应受法律鼓励。[2] 否定说认为，消费者是指购买、使用商品或

---

① 董文军：《论我国〈消费者权益保护法〉中的惩罚性赔偿》，载《当代法学》2006年第2期。

② 陈云良：《打假要靠谁——对梁慧星先生的诘词》，载《书屋》2003年第2期。

接受服务而进行生活消费的社会成员，其是为了"生活消费"而购买商品。根据这一概念，以获得惩罚性赔偿为目的而购买商品的职业打假人不属于消费者范畴。[①] 我们认为，第二种观点比较恰当。知假买假者在基于明知宣传存在欺诈行为的基础上，依旧以获得四倍惩罚性赔偿为目的购买商品，此类行为显然不能归属于"生活需要"的范畴之中。并且，若职业打假人此类行为可以获得超额赔偿，将会催生"专业打假户"以及"打假公司"这一新型行业，不利于国民经济健康发展，会削弱消费者的正当维权行动，甚至取代相关国家机关维护市场的公职行为，这对于正在走向民主法治的社会主义现代化强国的中国来讲，福祸难料。与之相反，若"买假索赔"案不适用《消费者权益保护法》第49条，将有助于将有志于打假的公民把明察暗访了解到的经营者违法行为向国家机关举报，由国家专责机关对违法经营者予以惩罚并给予举报公民物质奖励，这无疑更有利于建立健康有序的社会主义市场经济。我们认为，本案中原告王华从事职业打假行为，明知"Apple iphone 6s 128G 玫瑰金色 4G 手机"电池容量参数不实，仍以营利为目的，故意购买商品，应认定为职业打假人，而非消费者。

（2）本案原告王某既是职业打假人，又是消费者，应享有一般消费者的退货、退款权利，但不能获得四倍的惩罚性赔偿。本案原告王某购买并使用了电池容量参数不实的"Apple iphone 6s 128G 玫瑰金色 4G 手机"，可以说，本身就具有消费者身份，而被告国美在线确实对产品信息做出了不实陈述，尽管不是功能性不实陈述，但是，这种行为违背了商品信息必须真实、准确的一般性义务，被告国美在线应承担因自己过错导致的不利后果，除了承担行政责任外，还应承担相应的民事责任。若消费者提出退货、换货并承担相关运输费用等请求，生产者、销售者应承担这方面的民事责任。但是，如前所述，由于本案被告国美在线没有欺诈行为，所以王华即使作为消费者，也无权获得四倍惩罚性赔偿。

二、邓某华诉永达汽车公司买卖合同纠纷案

📖 案事例介绍 15-2[②]

邓某华系本案的消费者。2016 年 8 月 30 日，邓某华在上海永达鑫悦汽车销售服务有限公司一汽大众申江店（以下简称永达汽车公司）订购了一辆大众汽车，并支付定金 5000元。双方签订《委托服务协议》，约定永达汽车公司代邓某华办理金融贷款、车险等事项，并约定各事项的相关费用或预估费用。几天后，车架号 LFV3A23COG3411203、发动机号303698 的系争大众汽车到位，同年 9 月 27 日，邓某华签订借款合同，并支付了该车余额（含前述借款）。后来永达汽车公司为邓某华办理车险业务和贷款业务。同年 10 月 2 日，永达汽车公司向邓某华交付系争车辆及车辆三包合格证、车辆保险单、售前检验证明（落款显示当日出具）等相关材料。同年 10 月 8 日，系争车辆正式注册登记，邓某华缴纳车辆购置税 21,900 元、工本费 125 元、机动车保险费 21,733.26 元及车辆装饰费 8500 元。

该车辆维修记录显示：2016 年 9 月 12 日，维修项目"拆装后保、后保整喷"，里程 1

---

① 梁慧星：《知假买假打假者不受〈消法〉保护》，载《南方周末》2002 年 7 月 25 日。

② 本案例来自上海市第一中级人民法院（2017）沪 01 民终 7144 号民事判决书。

公里；同年 10 月 23 日，维修项目"走合检查、检查 130 码方向盘是否抖动、一年 7500km 内做首保"，行驶里程 1610 千米；同年 10 月 27 日，维修项目"两个前轮换位，检查行驶跑偏，陪同客户试车正常"，行驶里程 1797 千米。

邓某华起诉称该车辆在交付之前有维修记录，永达汽车公司在销售过程中隐瞒了该轿车在交货前的使用和维修记录，侵犯了邓某华作为消费者的知情权，构成欺诈。因此，请求法院判令永达汽车公司退还邓某华购车款 25 万元；判令永达汽车公司赔偿邓某华车辆购置税 21,900 元、保险费 29,261.76 元、代办保险服务费 2000 元、上牌报备费 2000 元、贷款服务费 2000 元、车辆装饰费 8500 元；判令永达汽车公司赔偿邓某华三倍惩罚性赔偿金 75 万元。

永达汽车公司辩称，它在 2016 年销售的是质量合格的新车，不存在欺诈行为。系争车辆在交付前已按厂家要求进行交车前 PDI 测试，符合新车交付标准。另外，邓某华在订单上签字提车时，已经知道该车经过检修及调校。因此，永达汽车公司在销售过程中，客观上不存在告知虚假信息或隐瞒真实情况的行为，主观上不存在过错，不存在销售欺诈行为。因此，永达汽车公司请求法院驳回邓某华全部诉讼请求。

一审法院认为，永达汽车公司的销售行为并无欺诈情形，故驳回邓某华全部诉讼请求。邓某华不服一审判决，于 2017 年 6 月 5 日提起上诉。

二审法院审理后认为，永达汽车公司在销售系争汽车时未履行告知义务，确有隐瞒系争车辆被维修的事实，侵犯了消费者邓某华的合法权益，构成欺诈行为，应承担相应的民事责任。邓某华的上诉请求成立，予以采纳。

💬 **法律问题**

1. 永达汽车公司是否构成对消费者的欺诈？
2. 永达汽车公司是否须承担退款、赔偿三倍价款的惩罚性赔偿责任？

✏️ **法理分析**

1. 构成欺诈

《消费者权益保护法》规定了消费者的知情权、选择权和经营者的相应义务。该法第 8 条第 1 款规定，消费者有权知道其购买、使用的商品或者接受的服务的真实情况。本案系争车辆存在缺陷，永达汽车公司实施的维修行为超出了车辆正常售前检测的合理范围。永达汽车公司将缺陷车辆视为新车，不符合消费者对"新车"的认知标准。虽然永达汽车公司在《订单》上进行了概括性的格式告知，但不能据此认定永达汽车公司已经履行了事先的说明义务而因此免责，其行为已使消费者邓某华陷入错误认识。

认定消费者欺诈行为的关键在于经营者是否履行了告知义务。在现实生活中，经营者在履行通知义务时，一般采用以下几种告知方式：(1)明示告知。它是指经营者将所售商品的真实情况主动告知消费者，通常分为口头告知和书面告知。口头告知的一般情况是，当消费者向经营者咨询了解所售商品的信息时，经营者向其主动介绍。书面告知是指将所售商品的真实情况写在买卖合同等书面文件上，双方当事人就书面文件达成合意。(2)暗示方式。它是指经营者没有明确告知消费者或使消费者无法理解其表达的内容。在消费活动中，经营者通常会因为商品存在某些瑕疵，而采取价格优惠等促销措施，而消费者并不知道商品存在缺陷，因此，这种暗示方式不能认为经营者向消费者履行了告知义务。

我国现行立法对经营者在汽车销售合同订立阶段需要向消费者披露的信息范围没有明确规定。结合司法实践和实际购买需求，经营者有义务按照其销售指令将车辆交付给消费者。在订立汽车销售合同时，经营者应当向消费者披露以下信息，以便更好地保护消费者的知情权：一是车辆维修信息，如更换车辆零部件、重新喷漆等；二是车辆使用信息，如车辆在出售前是否使用过，实际行驶里程；三是车辆事故信息，包括但不限于事故发生的时间、具体过程和对车辆的损害情况；四是运营商信息，包括但不限于姓名、联系方式、地址等；五是车辆来源信息；六是对消费者缔约决策有重要影响的其他信息。

在本案中，永达汽车公司明知车辆存在缺陷并进行了维修，但在车辆交付前并未主动向消费者披露相关维修信息，导致消费者在购买前不知道自己的新车存在缺陷。经营者未履行告知义务，使消费者无法全面了解系争车辆的真实车况，限制了其知情权的行使，使消费者产生了误购的意思表示。因此，永达汽车公司没有履行告知义务，侵犯了邓某华作为消费者的选择权，使她陷入错误认识，是故意隐瞒真实情况，构成欺诈。

2. 永达汽车公司应承担退款、赔偿三倍价款的惩罚性赔偿责任

本案邓某华与永达汽车公司签订的购车合同被撤销后，永达汽车公司应退还邓某华相应的购车金额 25 万元，邓某华也应退还争议车辆。此外，根据《消费者权益保护法》第 55 条的规定："经营者提供商品或者服务有欺诈行为的，应当按照消费者的要求增加赔偿其受到的损失，增加赔偿的金额为消费者购买商品的价款或者接受服务的费用的三倍……"本案永达汽车公司在销售车辆时存在欺诈行为，应按照消费者邓某华的要求增加对其损失的赔偿，增加的赔偿金额是购车价格 25 万元的三倍，即 75 万元。

三、游园司机在野生动物园被老虎撕咬死亡赔偿案

📖 **案事例介绍 15-3**[①]

一所中学组织学生到野生动物园进行秋游，学校从一家提供司机的汽车租赁公司预订了四辆大巴士。中午，行驶在最前面的一辆大巴士停车了很长时间，无法再次启动。后面的三辆大巴士不得不停下来。不幸的是，动物园的故障排除牵引车没有出现。也许是怕等得太久，后面一辆大巴士的司机打开车门，步入了猛兽区，想去了解情况，帮助解决抛锚问题。他来回地与前面的大巴士进行沟通和联络。几分钟后，六只在附近玩耍的老虎发现了他，它们迅速靠近司机。因司机的注意力一直集中在抛锚的大巴士上，当他发现自己处于极度危险之中时，老虎向他扑了过来，车上的学生尖叫起来。动物园的斑马车(用来驱散动物)和管理员花了几分钟才赶到现场。他们驱散了老虎，并把受重伤的司机送往医

---

① 本案例来自《上海野生动物园老虎食人》，载中国新闻网：https://www.Chinanews.com/1999-11-18/26/8104.html，最后访问日期：2024 年 7 月 4 日。

院。然而，司机最终因伤势过重而死亡。尸检报告显示，死者的喉咙被咬断，双手神经断裂，老虎锋利的牙齿像刀一样划在他的腰部和腹部。据调查，野生动物园的《旅游须知》对进入旅游区的车辆有如下规定："进入旅游区的自备巴士必须保持车辆性能良好，防止中途抛锚；如果发生故障，需要支付一定数量的牵引费用。""进入旅游区后，严禁擅自停车、开窗下车，否则，一切责任自负。"同时，在车辆入口处，还有进一步的提醒："车辆在园区内发生故障，驾驶员不得下车，应通知园区值班人员到场处理。"鉴于野生动物的特殊危险性，动物园门票中包括 2 元保险费。

法律问题

1. 动物园能否因为司机没有遵守动物园各处"擅自下车，后果自负"的警示性告示而免责？

2. 动物园在此事件中有何过错？

3. 司机家属可否向汽车租赁公司提出工伤赔偿要求？

4. 保险公司应否承担责任？

法理分析

1. 野生动物园不能因其已有警示性告示而免责

因为动物园保护游客人身安全的义务从游客入园时始，到出园时止。动物园在游园须知和车辆入口等许多地方都写了"禁止停车""擅自下车，责任自负"等警示声明，确实尽到了必要的提醒义务。然而，动物园的游客实际上是接受服务的消费者，《消费者权益保护法》第 7 条规定，消费者在购买、使用商品和接受服务时，享有人身、财产安全不受损害的权利。消费者有权要求经营者提供的商品和服务符合保护人身和财产安全的要求。因此，游客的人身安全保障应该从他们进入动物园时始到离开动物园时止。动物园不能以游客进入公园时已向其发出警示告知而免除动物伤人事件的责任。然而，由于在这起事故中司机本身是过错的，动物园可以减轻相应责任。

2. 野生动物园在动物伤人事件发生前后的巡查和处理上存在疏忽，未能最大限度地发挥救援责任

作为一个提供高度危险性服务的野生动物园，它应该预见到野生动物区可能发生的意外，如车辆故障，并有一系列的处理和救援措施来应对意外事件。动物园确实配备有相应的车辆和工作人员，但更重要的是，动物园应该主动发现这些明显的意外，并在最短的时间内给予救助，而不是等待司机的"通知"来处理。此外，该园区没有为司机提供通讯工具或紧急电话。在这种情况下，如果在汽车发生故障时，有巡逻车了解情况，处理事故，并警告大家不要擅自离开车厢，那么司机就绝不会离开大巴自己去查明情况，甚至即使司机擅自下车，在他被老虎袭击前的几分钟，公园也有机会立即警告他回到大巴士上，以免不幸。然而，园方并没有这样做，因此，动物园对司机的受伤负有责任。

3. 司机家属可以提出工伤赔偿要求

由于司机是汽车租赁公司指派的，在执行本职工作中发生了意外，不幸身亡，虽然在这起事故中司机也有过错，但根据《劳动法》的相关规定，应属于"因公死亡"。司机与汽车租赁公司之间存在劳动合同关系，司机因公死亡，其家属可以按照当地政府规定，要求给予该司机因公死亡待遇，汽车租赁公司不可推卸责任。

4. 保险公司应当承担保险赔偿责任

由于野生动物园的特殊危险性，公园为游客安排了强制保险，每张门票包含 2 元保险费。事故发生后，保险公司应当按照保险合同的约定对受害人进行赔偿。被保险人死亡的，指定受益人的，保险金由受益人领取；未指定受益人的，由法定继承人依法继承。实际上，司机通常不必买票。如果发生意外，保险公司应该赔偿吗？应该赔偿。因为动物园对司机的免票待遇，其实是因为司机是载着一车人来园区参观的，在商业实践中相当于打了折扣。当司机进入园区时，他也是动物园的游客，即消费者，享有消费者的人身安全权，因此享有合同上的保险利益，应由保险公司给予赔偿。这与有人为了逃票而偷入动物园受伤害的情况非常不同。保险公司和动物园对后者不承担责任。

四、邹某美容失败损害赔偿案

📖 **案事例介绍 15-4**①

邹某曾于湖南某医院进行了眼袋整形术。在术后，邹某认为下眼睑皮肤仍然松弛，未达到其预期。后又进一步了解，得知北京某美容诊所某主刀医师技术精湛、经验丰富，故在该机构进行了双侧下眼睑修复术。该手术并不完美，术后邹某出现双侧下眼睑局部凹陷、疤痕畸形，外眼角畸形、短小、圆钝等症状。此后，邹某先后六次于其他医院进行修复手术却并无改善。

据此，邹某认为北京某医美机构进行的双侧下眼睑修复术导致其遭受损害，故诉至法院请求该医美机构赔偿医疗费、误工费、精神损害抚慰金及《消费者权益保护法》所规定的三倍手术费的赔偿金。

本案历经一审、二审。经法院查明，该美容诊所自 2017 年 2 月以来在其注册的微信公众号"lomeye-bj"上发布内容为"北京某美容诊所是国内唯一一家专业眼部整形修复的国际连锁机构；中国眼整形修复第一品牌……"的广告，该美容诊所于 2017 年 6 月以来，还在域名为"www. lomeye. com"的网站发布内容为"某美容诊所专注于整形修复……某氏医学美学理念、无与伦比的逆袭技术、每天实时直播手术过程、见证上万例成功……眼整形修复的终结殿堂、二十年专精于一……"的广告。该美容诊所曾因其发布的广告与实际情况不符的违法行为被相关行政部门给予过行政处罚。

---

① 本案例来自《最高法发布消费者权益保护 10 大典型案例》，载澎湃新闻：https://www.thepaper. cn/newsDetail_forward_17127044，最后访问日期：2023 年 3 月 16 日。

法律问题

1. 邹某在本次诊疗行为中是否属于消费者？为什么？

2. 被告某美容诊所是否有欺诈行为？邹某能否向某美容诊所主张增加三倍服务费的惩罚性赔偿？

法理分析

1. 邹某属于消费者

《消费者权益保护法》第 2 条规定，消费者为消费目的购买、使用商品或者接受服务，其权益受消法保护。在本案中，邹某接受了一家美容诊所提供的医疗美容服务。医学美容是指利用外科手术、药物、医疗器械以及其他具有创伤性或侵入性的医疗技术手段，对人的容貌和人体各部位进行修复和再整形。

医疗美容可以分为治疗型医疗美容及消费型医疗美容——前者指由于患者自身疾病，基于治疗和矫正的目的而进行的疾病诊断、治疗活动；后者的主要目的不是治疗疾病，而是满足消费者"美"的心理追求，医美机构具有营利性质。对于消费型医疗美容服务合同而言，就医者是健康人士，为了满足个人追求"美"的生活需求而接受美容服务，具有消费者的特征。医疗美容机构的经营目的是通过医疗美容服务获取利润，接受就医者支付的服务对价，明显具有经营者的特征。本案中邹某接受经营者提供的医疗美容服务，邹某是消费者。某美容诊所系集体所有制（股份合作）企业，经营范围包括医疗美容科、美容外科，系具有营利性质的医疗美容机构，具有经营者的特征。此外，从双方地位来说，北京某美容诊所拥有专业医学知识、技能、资金和人员等方面的巨大优势，双方的关系符合消费者与经营者的法律关系特征。因此，本案中某美容诊所为邹某提供了消费型医疗美容服务，应当受《消费者权益保护法》保护。

2. 被告某美容诊所有欺诈行为，应向邹某支付三倍服务费用的惩罚性赔偿

《消费者权益保护法》第 55 条规定："经营者提供商品或者服务有欺诈行为的，应当按照消费者的要求增加赔偿其受到的损失，增加赔偿的金额为消费者购买商品的价款或者接受服务的费用的三倍。"对于欺诈行为的构成要件，学术界尚未达成共识。目前，主要有四要件说、三要件说与二要件说，其中四要件说为主流学说。支持四要件说的学者认为，《消费者权益保护法》的欺诈要件构成理论以民法理论中欺诈要件构成理论为基础，即为欺诈故意、欺诈行为、因欺诈而陷入错误认识、因错误认识作出意思表示。[1] 支持三要件学说的学者认为，消费者是否因欺诈作出意思表示不应当成为判定经营者欺诈行为性质的缘由，仅需要考虑经营者基于欺诈的故意实施了欺诈的行为，并损害了消费者合法权益即可。[2] 有学者认为，《消费者权益保护法》的立法目的是维护弱势群体的合法权益，在

---

① 王利明：《民法》，中国人民大学出版社 2018 年版，第 106 页。

② 孙玉荣：《民法上的欺诈与〈消费者权益保护法〉第 49 条之适用》，载《法律适用》2005 年第 4 期。

认定欺诈行为时，只需要考虑经营者是否有欺诈意图和欺诈行为即可。①

本案中北京某美容诊所在其微信公众号、官方网站等网络平台上发布与实际情况不符的广告，显然存在虚假广告宣传和欺诈误导消费者的情形。消费者邹某在看到某美容诊所的宣传后，产生了与某美容诊所真实情况不符的认知，进而接受了某美容诊所的医疗美容服务。综上所述，北京某美容诊所的虚假宣传行为应当被认定为欺诈，邹某有权依据《中华人民共和国消费者权益保护法》第55条就手术费用向某美容诊所主张三倍惩罚性赔偿。

五、江苏省消费者委员会与乐融公司消费民事公益诉讼案

案事例介绍 15-5②

乐融公司是"乐视TV""Letv""Letv超级电视"等品牌智能电视的运营商。2019年3月16日，江苏省消费者保护委员会（以下简称江苏消保委）接到南京市一名消费者的投诉，反映乐融公司销售的智能电视有开机广告且无法关闭。该公司在销售相关产品时并未向消费者提示，在产品的包装上未有释明。原告江苏消保委收到消费者投诉后，履行了一系列公益性职责，但是被告并未积极整改。原告为维护众多不特定消费者的合法权益，提起公益诉讼。法院审理查明：乐融公司生产和销售的"乐视TV""Letv""Letv超级电视"等品牌智能电视都装载了开机广告，并通过互联网不断更新广告内容。消费者开机后，开机广告会自动播放15秒左右，直到广告播放的最后5秒才会弹出一个一键关闭窗口，消费者可以选择关闭开机广告。法院认为，被告未为其销售的智能电视在播放开机广告时提供一键关闭功能，降低了消费者观看电视的体验，侵犯了众多不特定消费者的合法权益。而且，从技术角度来看，乐融公司完全可以设置在播放广告的同时向电视使用者提供"一键关闭"的功能。据此，一审法院判决责令被告为其销售的带有开机广告的智能电视提供一键关闭功能。

法律问题

1. 本案中江苏消保委能否作为原告向法院提起民事诉讼？法律依据是什么？
2. 被告乐融公司侵犯了消费者什么权利？请说明依据和理由。

法理分析

1. 江苏消保委有权支持消费者，提起民事公益诉讼

根据《消费者权益保护法》第37条第1款第7项的规定，社会公益组织消费者权益保

---

① 王卫国：《中国消费者保护法上的欺诈行为与惩罚性赔偿》，载《法学》1998年第3期。

② 本案例来自《江苏省消费者权益保护委员会诉乐融致新电子科技（天津）有限公司消费民事公益诉讼案》，载中华人民共和国最高人民法院公报网：gongbao. court. gov. cn/Details/f7da98leae56228 d183c79b802cd12.html，最后访问日期：2023年7月23日。

护委员会(或消费者协会)对损害消费者权益的行为可以履行支持受损害的消费者提起诉讼的公益性职责。在本案中,作为依法成立的社会公益组织江苏消保委,有权支持消费者提起民事公益诉讼,属于适格原告。

2. 侵犯了被告的知情权、选择权和公平交易权

《中华人民共和国广告法》第43条第1款规定,未经当事人同意或者请求,任何单位或者个人不得向当事人的住宅、交通工具等发送广告,也不得以电子信息方式向其发送广告。第44条规定,使用互联网发布、发送广告,不得影响用户正常使用网络。在网页面上以弹出形式发布广告的,应显著标明关闭标志,以确保一键关闭。《消费者权益保护法》第8条规定了消费者的知情权,即消费者有权知道其购买、使用的商品或者接受的服务的真实情况。消费者有权根据商品或者服务的不同情况,要求经营者提供价格、产地、生产者、用途、性能、规格、等级、主要成分、生产日期、有效期、检验证书、使用说明、售后服务或者服务的内容、规格和费用等有关情况。该法第9条规定了消费者享有自主选择权,即消费者有权自主选择商品或服务,有权自主选择提供商品或者服务的经营者,自主选择商品种类或者服务方式,自主决定购买或者不购买任何一种商品或服务,自主决定购买或者不购买任何一个品牌的任何型号与规格的产品或服务。消费者在自主选择商品或者服务时,有比较、识别、选择的权利。该法第10条明确规定了公平交易的权利,即消费者在购买商品或接受服务时,有权获得质量保证、价格合理、计量正确等公平交易条件,有权拒绝经营者的强迫交易行为。

本案中,销售人员在售卖被告乐融公司的智能品牌电视机时均绑定了强制播放广告系统,且未向消费者说明。由于该广告系统与电视强行绑定的特性,可以看作乐融公司在与消费者签订的《买卖合同》中的一项格式条款,即所有购买绑定了强制播放广告系统电视的消费者在使用电视时必须履行观看15秒广告的义务。但是,乐融公司的销售人员在销售时未向消费者进行提示,乐融公司也未在外包装上就开机广告业务进行提示,消费者在订立买卖合同时对自身负有"强制性看15秒广告"一事并不知情。因此,本案被告侵犯了消费者的知情权。本案中被告强制消费者观看15秒广告的行为,使得用户与乐融公司权利义务明显不平等,实质上是强制性不合理地加重消费者的义务,明显侵犯了消费者的公平交易权。根据我国《民法典》第496条的规定:"格式条款是当事人为了重复使用而预先拟定,并在订立合同时未与对方协商的条款。采用格式条款订立合同的,提供格式条款的一方应当遵循公平原则确定当事人之间的权利和义务,并采取合理的方式提示对方注意免除或者减轻其责任等与对方有重大利害关系的条款,按照对方的要求,对该条款予以说明。提供格式条款的一方未履行提示或者说明义务,致使对方没有注意或者理解与其有重大利害关系的条款的,对方可以主张该条款不成为合同的内容。"因此,消费者可以主张其为无效的格式条款。在本案中,乐融公司销售的智能品牌电视机设定了开机后自动播放15秒左右的开机广告,且广告播至最后5秒才弹出"一键关闭"的选项,此时消费者方能选择关闭广告。也就是说,消费者若是要达到顺利开启电视观看节目的目的,在广告的前10秒实质上不享有拒绝观看广告的权利。这实质上侵犯了消费者的自主选择权。

📝 思考题

案例一① 2006 年 9 月的某天晚上,王某等 4 人自带白酒一瓶,到 A 酒楼用餐。A 酒楼服务员向王某递送了菜谱。王某等用餐后,A 酒楼向其收取餐费 296 元,其中包括服务费(即开瓶费)100 元。A 酒楼在向客人提供的菜谱的最后一页标注:客人自带酒水的,按酒楼同类产品售价的 50% 另收取服务费;酒楼没有的酒水,按 100 元/瓶收取服务费。王某等人以服务员未明确告知该项收费为由拒绝支付前述 100 元的服务费,双方发生争议。

问题:

1. 王某等消费者对本案纠纷可通过哪些途径处理?

2. 王某等人要求 A 酒楼退还 100 元开瓶服务费的理由是否成立?

案例二 消费者毕某于 2022 年 3 月购买中国移动通信公司廊坊分公司的 SIM 校园卡,资费标准为免月租、接打每分钟 0.4 元、来电显示每月 10 元。毕某于 2022 年 12 月通过 1860 自动台取消来电显示业务,并停止使用该卡,该卡不应发生任何费用。但 2023 年 3 月,毕某在查预存话费余额时,发现有两个月共发生话费 30 元。经询问,毕某才知道移动公司从 2023 年 1 月 1 日起实行“最低消费”标准,即使用户不打电话也要每月收费 15 元。毕某认为移动公司廊坊分公司在没有告知用户的情况下,单方面更改收费标准,侵犯了其合法权益。在找该公司解决没有结果的情况下,毕某 2023 年 4 月向法院提起诉讼,要求退回多收的 30 元话费,并增加赔偿 30 元。

问题:

1. 移动公司是否侵犯了消费者毕某的权益?请说明理由。

2. 移动公司是否应给予毕某三倍赔偿?为什么?

案例三 2002 年 10 月 8 日晚 6 时,原告夫妇带着儿子李某到梅园餐厅就餐,被安排在“洞庭”包厢附近。不久“洞庭”包厢发生爆炸,李某因抢救无效死亡。据查,爆炸发生于餐厅服务员为顾客开启某酒盒盖时,伪装成酒盒的爆炸物是当时在该包房内就餐的一名医生收受的礼物。事后制造并赠送此爆炸物的犯罪嫌疑人被公安机关抓获。

原告夫妇诉至法院,要求梅园餐厅赔偿医疗费、丧葬费、死亡赔偿金和精神损害赔偿金共计 200 万元。其诉讼理由是:被告应保证顾客的人身安全,被告对自带酒水不予禁止,又在餐厅中使用了不符合安全标准的木板隔墙,以致埋下安全隐患。

被告梅园餐厅辩称,此次爆炸事件是犯罪分子所为,餐厅不可能预见,被告主观上没有过错,而且被告本身也遭受了巨大损失,原告只能向加害人主张权利。

问题:

1. 消费者在经营场所遭受第三人侵权时,经营者应如何承担赔偿责任?

2. 本案中被告梅园餐厅应否承担赔偿责任?请说明理由。

---

① 本案例来自北京市海淀区人民法院(2006)海民初字第 27861 号民事判决书;北京市第一中级人民法院(2007)一中民终字第 1278 号民事判决书。

第十六章　质量、价格、广告和计量监管法律制度

一、张某违法生产销售"三假"月饼行政处罚案

案事例介绍 16-1①

2019 年 9 月，✕市南区市场监管局接到群众举报，反映本市南区鹤立村渔人组有人制造、销售"三假"月饼(假厂址、假厂名、质量掺假)，该局立即组织人员进行查处。当场查获大量冒充桂林市叠彩区民政食品厂和深圳深海食品厂及广州天海大酒店厂名制作的包装厂、合格证和用不卫生坚果、黑芝麻、巴壳蛋等制作的月饼 5000 多个，多件已装箱。该局立即没收了这些"三假"月饼，并立案调查。调查结果证实：生产、销售"三假"月饼的主犯是广东汕头张某。他从 2017 年开始在✕市南区从事糕点加工，同年 8 月开始制作月饼。据张某交代：他生产月饼，所用的包装盒是深圳、广州等地的熟人购买的，产品合格证是他自己在印刷厂印刷的，月饼有的是从自由市场购买的，有的是用发霉变质的坚果、黑芝麻、巴壳蛋制作。张某将这些月饼买来或制作后，雇了四个女孩在一个偏远的出租屋里将月饼装盒，贴上冒用的他人厂名、厂址和伪造的合格证书，然后在市场上以每盒 50~100 元的价格出售牟取暴利。

法律问题

1. 张某的行为违反了《产品质量法》的哪些规定？

2. 依照《产品质量法》的规定，对张某的上述行为该如何处罚？

法理分析

1. 张某的行为违反了《产品质量法》第 5 条和第 12 条规定。《产品质量法》第 5 条规定："禁止伪造或者冒用认证标志等质量标志；禁止伪造产品的产地，伪造或者冒用他人的厂名、厂址；禁止在生产、销售的产品中掺杂、掺假，以假充真，以次充好。"另外，该法第 12 条规定："产品质量应当检验合格，不得以不合格产品冒充合格产品。"本案中，张某不仅制造"三假"月饼(假厂名、假厂址、质量掺假)，而且冒充他人厂名、厂址大量

---

① 本案例来自河南省高级人民法院官网：http://www.hncourt.gov.cn/public/detail.php? id=190735，最后访问日期：2024 年 7 月 4 日。

制作包装盒、伪造合格证等，然后在市场上销售牟利，严重违反了《产品质量法》第 5 条和第 12 条的禁止性规定。

2. 本案张某有两个违法行为：一是掺杂掺假，以不合格产品冒充合格产品；二是伪造厂名、厂址。对这两者违法行为应当分别裁量，合并处罚。合并处罚有四个原则：（1）吸收原则，即分别定性裁量两种以上应当处罚的违法行为，然后选择同一罚种中最重的罚项执行，其余较轻的罚项被吸收而不执行；（2）限制加重原则，仅限于财产罚中的罚款处罚，在对数种违法行为分别采取罚款的行政处罚时，其罚款金额应在各单项罚额中最高单项罚款额以上、各单项罚款额之和以下的幅度内给予处罚；（3）并科原则，在数种违法行为需给予不同罚种的行政处罚(既不能吸收，也不能加重)时，分别裁量后，并行给予行政处罚；（4）综合并罚原则，即存在几种违法行为，分别裁量后，需执行上述两种以上合并处罚的情况。

对本案张某的第一种违法行为——掺杂掺假、以不合格产品冒充合格产品，根据《产品质量法》第 50 条的规定："在产品中掺杂、掺假，以假充真，以次充好，或者以不合格产品冒充合格产品的，责令停止生产、销售，没收违法生产、销售的产品，并处违法生产、销售产品货值金额百分之五十以上三倍以下的罚款；有违法所得的，并处没收违法所得；情节严重的，吊销营业执照；构成犯罪的，依法追究刑事责任。"对张某的第二种违法行为——伪造厂名、厂址，根据《产品质量法》该法第 53 条的规定："伪造产品产地的，伪造或者冒用他人厂名、厂址的，伪造或者冒用认证标志等质量标志的，责令改正，没收违法生产、销售的产品，并处违法生产、销售产品货值金额等值以下的罚款；有违法所得的，并处没收违法所得；情节严重的，吊销营业执照。"因此，×市南区市场监管局对张某的两种违法行为，可以根据综合并罚原则，不仅能够对张某月饼给予没收，而且应责令其停止生产、销售，并处违法生产、销售产品货值金额百分之五十以上三倍以下罚款；有违法所得，并处没收违法所得；情节严重，吊销营业执照。

二、四季花开幼儿园诉长寿区市场监管局价格违法处罚案

📖 案事例介绍 16-2①

四季花开幼儿园是 2019 年 1 月取得办学许可证的民办幼儿园，园区已取得以单位食堂(小型托幼机构食堂)形式生产、销售热食的行政许可。2019 年春季学期，幼儿园有 120 名在园儿童注册缴费，每人缴费 3980 元。该幼儿园《新生入园须知》规定：按照学期收取学费，孩子入园当月连续请假 5 天(含 5 天)以上，按规定退还伙食费，保教费不退还，国家规定节假日一律不退费，退费不能跨月计算，期末到财务室统一退款，开学时间和放假时间参照教育委员会的通知时间为准。四季花开幼儿园收费标准为：保教费 200 元/月/人，伙食费(两点两餐)15 元/天/人，延期托管费 13 元/天/人。该幼儿园经审批同意的备案收费价格为：保教费 200 元/月/人，生活费(两点两餐)早餐 4 元/生/餐，午餐 6 元/生/餐，简易餐为 2.5 元/生/餐。

---

① 本案例来自重庆市第一中级人民法院(2021)渝 01 行终 213 号民事判决书。

　　长寿区市场监管局于 2019 年 6 月 11 日接到群众对于四季花开幼儿园乱收费行为的举报。第二天，该局即对四季花开幼儿园进行现场检查，发现该园未悬挂、公示收费标准，同时未按照已经备案的价格收取费用，存在违法现象。长寿区市场监管局当场要求该园整改，明确其应悬挂和公示收费标准，并决定立案查处。后该局于在 2 个月内，先后 6 次对该幼儿园园长张某询问调查。张某称，2019 年 1 月 28 日，四季花开幼儿园正式开办。2019 年春季学期每人收费标准为 3980 元，这之中的 2650 元系备案价格。其中，一学期为 5 个月，一个月为 22 天，该部分金额由每月的 200 元保教费、330 元伙食费和一学期 1330 元延时托管和加餐费用构成。每个学生一学期的伙食费按照备案和公示收费标准共应收 1305 元，实收 1640 元，故每位小孩的家长已多缴 23 天的伙食费共计 345 元。多收取的 345 元用于园内厨房水电气费、工作人员的部分工资及物资损耗。在家长对伙食费收费标准质疑时，幼儿园仅告知家长伙食费标准为 15 元/天，收取费用系按月收取伙食费总额。据悉，该园 2019 年春季学期系从 2019 年 2 月 13 日起至 2019 年 6 月 21 日止，一共提供 87 天用餐服务。该园 2019 年春季学期在园人数共为 127 人，其中 4 名为无需缴费的教师子女，后又有 3 人退学，即实际学生人数共为 120 人，已经全款缴纳相应费用，2019 年春季学期的相关费用已经结算，该退的费用已全部退还。

　　长寿区市场监管局后又于同年 7 月和 8 月先后 3 次对该园 4 名学生的家长分别进行调查询问，接受调查的 4 位家长均称：在缴纳 2019 年春季学费 3980 元时，均已知悉该费用包括保教费、15 元/天的伙食费、延时托管费，但未解释收费明细以及一学期提供伙食的天数，且均认为该园提供的餐食丰盛。其后，该局于 2019 年 7 月 1 日向该园老师刘某调查询问，刘某称其告知家长收费标准为每人每学期 3980 元，该笔费用包括了保教费、15 元/天的伙食费以及延时服务费，每日为三餐一点，因事假、病假等原因连续 5 天以上不能入园的，按 15 元/天的标准退费。

　　经调查证实，四季花开幼儿园公布并记录的伙食费收费标准是按天计算，但实际是按月收费，导致 2019 年春季虽然只有 87 天的学生餐饮服务，本应收取 1305 元，但按每月固定 22 天计算，共计 5 个月的计费周期实际收取了 1650 元的伙食费，共计多收取41,400元。2019 年 8 月 30 日，长寿区市场监管局向该幼儿园送达责令退款通知书，责令其自收到通知之日起 7 日内将多收的费用 41,400 元退还给消费者。此后，四季花开幼儿园在听证会召开前已将多收的 41,400 元伙食费退还给了 123 名学生。长寿区市场监管局认为，四季花开幼儿园的行为明显是故意采取引人误解的方式变相提高收费价格，导致消费者多支付费用，属于《中华人民共和国价格法》第 14 条第 4 项规定的不正当价格行为。《中华人民共和国价格法》第 40 条第 1 款规定："经营者有本法第十四条所列行为之一的，责令改正，没收违法所得，可以处违法所得五倍以下的罚款；没有违法所得的，给予警告，可以并处罚款；情节严重的，由工商行政管理机关责令停业整顿或者吊销营业执照。有关法律对本法第十四条所列行为和处罚机关另有规定的，可以依照有关法律的规定执行。"据此，长寿区市场监管局作出渝长寿市监经处字〔2019〕46 号《行政处罚决定书》，责令四季花开幼儿园改正违法行为，并处罚款 12 万元。

　　四季花开幼儿园不服该行政处罚决定，后提起行政诉讼。四季花开幼儿园诉称，其违法所得已经退还，处罚决定按违法所得的倍数处理，适用法律错误，处罚过重。长寿区市场监管局则辩称：（1）四季花开幼儿园是在上诉人调查结束后，被告发出责令退款通知后才退款，不是主动退款。而且在调查过程中，原告谎称多收的款项是用于支付厨房员工的工资，因此，被上诉人以四季花开幼儿园有违法所得论处并无不当。（2）违法所得从违法行为实施到违法行为结束时产生并形成，违法所得为违法服务的总收入扣除相应的成本，不能因违法行为人在违法行为结束后再清退而改变。

🗨 法律问题

1. 四季花开幼儿园的行为是否违反了《价格法》的规定？
2. 长寿区市场监管局的处罚决定适用法律是否正确？

✍ 法理分析

1. 在本案中，原告四季花开幼儿园故意隐瞒已经备案的 2019 年春季学期伙食费收费标准及收费方式，以每个月 22 天、按 5 个月为计费标准、每人 1650 元的标准收取该项费用，进而共多收取 41,400 元。四季花开幼儿园的上述行为符合《中华人民共和国价格法》第 14 条第 4 项所列举的利用虚假的或者使人误解的价格手段，诱骗消费者与其进行交易的情形。被告长寿区市场监管局认定四季花开幼儿园构成不正当价格行为于法有据。

2. 根据《工商行政管理机关行政处罚案件违法所得认定办法》第 5 条"违法提供服务的违法所得按违法提供服务的全部收入扣除该项服务中所使用商品的购进价款计算"之规定，本案中原告四季花开幼儿园因未按照向有关行政部门的备案价格收取伙食费从而多收取伙食费 41,400 元。同时，四季花开幼儿园并未提供用餐服务的证据，也未能提供购买食材等用于制作餐品的原材料、工具等的购入凭证。因此，四季花开幼儿园多收取 41,400 元伙食费系客观上的非法所得。

此外，《价格违法行为行政处罚实施办法》第 9 条："经营者有下列情形之一的，可以按没有违法所得论处：……（四）多收价款全部退还的；……"第 10 条规定："因价格违法行为致使消费者或者其他经营者多付价款的，责令限期退还；期限届满后逾期不退或者难以退还的价款，以违法所得论处。"《价格违法行为行政处罚规定》第 16 条规定："本规定第四条至第十三条规定中的违法所得，属于价格法第四十一条规定的消费者或者其他经营者多付价款的，责令经营者限期退还。难以查找多付价款的消费者或者其他经营者的，责令公告查找。经营者拒不按照前款规定退还消费者或者其他经营者多付的价款，以及期限届满没有退还消费者或者其他经营者多付的价款，由政府价格主管部门予以没收，消费者或者其他经营者要求退还时，由经营者依法承担民事责任。"

由此可见，政府价格主管部门在价格执法时，不完全以行为人在客观上有无违法所得为标准认定其责任，亦存在即使有客观上的违法所得，可价格部门会认定没有违法所得论处的情形。而经营者因消费者或者其他经营者多付价款从而获得违法所得也即《中华人民共和国价格法》第 41 条规定的情形之一的，行政机关在处罚前还有着前置法定程序即为责令经营者限期退还，在经营者未在规定期限内退还或难以退还的情况下，政府价格主管部门将予以没收和以有违法所得论处的处罚。若经营者在规定期限内退还其多收价款的，符合《价格违法行为行政处罚实施办法》第 9 条第 4 项"可以按没有违法所得论处"的情形。

同时，基于以上理解，再根据《中华人民共和国价格法》第 40 条第 1 款之规定，可知我国现行法律区分了"有违法所得"和"无违法所得"的处罚方式。对于被认定为"有违法所得"的，行政执法机关应处以责令改正，没收违法所得，可并处违法所得五倍以下的罚款的处罚。在本案中，四季花开幼儿园系视为以"有违法所得"的情形进行处罚，但是却未被行政执法机关处罚没收违法所得，事实的认定和法律的适用并不契合。据此，行政调查阶段的"多收价款"并非等同于执法定性阶段的"违法所得"，这仅为违法行为人客观上收取的违法所得。而《价格违法行为行政处罚实施办法》第 9 条中的"可以按没有违法所得论处"也并非指行政执法机关可以行使自由裁量权之意。经营者在规定期限内将多收价款退还的，行政执法机关认定为"无违法所得"的，方符合立法目的。

根据本案查明的事实，原告四季花开幼儿园在收到责令退款通知后，在规定期限内将多收取的费用全额退还给家长，长寿区市场监管局对此亦予以确认。四季花开幼儿园在收到责令退款通知后在规定时间内退款，符合《价格违法行为行政处罚实施办法》第 9 条第 4项所规定的情形，应被认定为没有违法所得的情形，所以长寿区市场监督管理局对四季花开幼儿园罚款 12 万元的行政处罚决定事实认定不清，且适用法律错误，应予撤销。

三、金源公司违法房地产广告被查处案

📖 案事例介绍 16-3①

金源公司系 2005 年 2 月 25 日经澄迈县监管局注册成立的有限责任公司，经营范围为房地产开发与经营、农业开发与观光旅游、建筑材料、土石方工程、室内外装饰等。金源公司开发建设的涉案中华坊项目位于海南省××县，也是门牌号为海南省××道所在地。金源公司在开发、销售中华坊项目房产过程中，在其自营的中华坊网站及楼书、户型图、宣传单页、彩页上，通过文字、图片等形式介绍中华坊项目，分别发布内容不同的广告。其中，将项目地址标注为"海南省海口市××道"。在中华坊网站上宣传中华坊项目的便利交通：(1)驱车前往海口市政府 10 分钟；(2)驱车前往海口美兰机场走绕城高速只需 20分钟；(3)驱车前往海口车站只需用 10 分钟；(4)10 分钟直抵西海岸，20 分钟可达美兰机场。"中华坊海棠园精品小户型闪亮登场"彩页宣传册也有类似内容："5 分钟直达西海岸，5 分钟可达动车站；西海岸生活自由伸展，与国家 4A 级景区盈滨半岛、千年永庆寺相伴，远眺火山口地质公园，近享月亮湾高尔夫，文化休闲相得益彰……"

2018 年 4 月 12 日，澄迈县监管局的执法人员对金源公司位于澄迈县老城经济开发区的中华坊项目售楼处进行检查，发现该售楼处摆放、展示的中华坊项目楼书、户型图、宣传单等介绍中华坊项目的广告宣传资料中存在上述广告内容，涉嫌违反我国广告法的有关规定，经批准后立案进行调查。经调查及向澄迈县旅游发展委员会和规划委员会调查核实，澄迈县监管局认为金源公司将项目地址标注为"海口市××道"，其行为违反我国广告法第 8 条的规定。广告中以项目到达某一具体参照物所需时间表示项目位置，其行为违反我国广告法第 26 条的规定。马村港并未规划琼州海峡跨海大桥，盈滨半岛也未被评为

---

① 本案例来自海南省海口市中级人民法院(2019)琼 01 行终 126 号民事判决书。

4A 级景区，但金源公司在其广告中加以引用，其行为违反我国广告法第 4 条的规定。2018 年 7 月 31 日，澄迈县监管局向金源公司作出澄工商听告字〔2018〕19 号《行政处罚听证告知书》，告知金源公司违法事实、拟处罚内容及享有陈述、申辩和要求听证的权利。2018 年 8 月 15 日，澄迈县监管局召开听证会，听取金源公司的陈述和申辩，但对金源公司的申辩意见不予采纳。2018 年 8 月 21 日，澄迈县监管局作出本案被诉的 19 号处罚决定，以金源公司为推销其开发建设的中华坊房地产项目，利用其自营的中华坊网站及楼书、户型图、宣传单页、彩页上，通过文字、图片等形式介绍中华坊项目，分别发布内容不同的违法广告，构成三项违法行为，分别违反了我国广告法第 8 条、第 26 条及第 4 条的规定为由，根据该法第 59 条、第 58 条和第 55 条之规定及金源公司主动停止使用并销毁广告单页，社会影响和危害程度较小的情节，决定针对金源公司的三项违法行为分别处罚款 3 万元、13 万元和 34 万元，合计罚款人民币 50 万元。

金源公司不服，在缴纳 50 万元罚款后向省监管局申请行政复议。省监管局受理后，及时向澄迈县监管局发出通知，要求其作出行政答复并提供相关证据材料。省监管局对金源公司提交的证据及澄迈县监管局作出处罚行为所依据的事实和依据进行审查，并根据我国行政复议法规定的程序进行审理，于 2018 年 11 月 15 日作出 8 号复议决定，决定维持澄迈县监管局作出的处罚决定。金源公司收到复议决定后拒不接受，并向海口市秀英区人民法院提起行政诉讼，请求：（1）依法撤销澄迈县监管局作出的澄工商处字〔2018〕19 号《行政处罚决定书》（以下简称 19 号处罚决定）；（2）依法撤销省监管局作出的琼市监复决字〔2018〕8 号《行政复议决定书》（以下简称 8 号复议决定）；（3）依法判令澄迈县监管局将金源公司缴纳的人民币 50 万元退还给金源公司；（4）本案诉讼费由澄迈县监管局、省监管局承担。

一审法院认为，南海大道横跨海口市、澄迈县两地，金源公司项目地址的门牌号确为"南海大道 11-1 号"，金源公司将项目地址标注为"海口市××道"，在该地址前自行增加了"海口市"，容易使人产生歧义，认为该项目在海口市境内。但在南海大道横跨两地且并不加以区分、也无其他明确表述的情况下，金源公司使用"海口市南海大道 11-1 号"作为项目地址虽有不当，但"南海大道 11-1 号"的地址名称是明确的，不能据此认定为违法。因此，澄迈县监管局的该项认定有误，依法应予以纠正。金源公司在一个房地产广告中，其内容存在多处违法行为，且相互关联，应采取吸收的原则，择一从重处理，即情节严重的吸收情节轻微的，在处罚的幅度内根据违法情节确定处罚的方式和金额。澄迈县监管局将认定金源公司的三项违法行为适用我国广告法的三条法律依据分别进行处罚，且罚金金额累计，属于"一事多罚"的行为，适用法律错误，应依法纠正。澄迈县监管局作出的行政处罚事实认定不清，适用法律错误，应当依法撤销。

澄迈县监管局不服一审判决，向海南省海口市中级人民法院提起上诉。上诉称：被上诉人项目地址的门牌号确为"南海大道 11-1 号"，被上诉人将项目地址标注为"海口市××道"，在该地址前自行增加了"海口市"，容易使人产生歧义，又不认为违法，自相矛盾。"容易使人产生歧义"即是容易让人觉得涉案项目所在区域是海口而非澄迈，具有诱导性作用。被上诉人既明知其涉案项目所属区域在澄迈县，其在发布涉案项目广告时不采用涉案项目的实际地址，却偏偏使用不属于其冠名的"海口市××道"，意图昭然若揭。因海口市是海南省的省会城市，是海南省的政治、经济、科技和文化中心，而该房地产项目地址位于澄迈县老城开发区，澄迈县仅是海南的直辖县，老城开发区是澄迈县的一个开发区，其经济、文化、科技及商品房价值，均无法与省会城市海口市相提并论。海口市的城市价值及商品房价格显然高于澄迈县，被上诉人将实际坐落于海南省澄迈县老城开发区的中华坊项目地址标注为海南省海口市进行宣传，无疑是为了抬高销售的商品房的价值，以获得更大的利润空间，违背真实、准确、清楚的原则，对消费者会造成误导性的作用，构成虚假宣传的行为。因此，上诉人认定该行为违反《广告法》第8条规定的事实清楚。

二审法院认为，金源公司在涉案项目门牌号标注为南海大道11-1号，但金源公司并未提供向民政局取得南海大道11-1号门牌号的相关证据。且该门牌号为南海大道11-1，并非海口市南海大道11-1号，故金源公司在明确知悉案涉项目所在区域是澄迈县的前提下，还在其用于宣传案涉项目的广告中宣称地址为海口市南海大道11-1号，这一做法无疑违反了相关法律的规定。原审法院认定"南海大道11-1号"是明确的事实，认定错误，应予以纠正。关于金源公司认为澄迈县监管局对涉案项目地址标注为"海口市××道"，依据《中华人民共和国广告法》第8条进行处罚，属适用法律错误的问题。二审法院认为，《中华人民共和国广告法》第8条应是指普通商品，澄迈县监管局依据该条对涉案违法行为进行处罚虽有不妥，但金源公司标注海口市南海大道11-1号的行为已属发布虚假广告。据此认为，原审判决程序合法，但认定事实、适用法律错误，应予撤销。

法律问题

1. 本案中金源公司有哪几项广告违法行为，该如何处罚？

2. 金源公司广告中将位于澄迈县区域内的涉案项目地址标注为"海口市××道"，若比照《广告法》的虚假广告予以处罚，将大大加重处罚结果，请问行政机关能否因当事人申辩而加重处罚？

法理分析

1. 金源公司有两项广告违法行为

(1)房地产广告中以项目到达某一具体参照物所需时间表示项目位置，其行为违反我国广告法第26条之规定。① 即金源公司在中华坊网站上发布中华坊的交通广告："驱车前往海口市政府10分钟；驱车往海口美兰机场走绕城高速只需20分钟；驱车往海口车站只需用10分钟"；"中华坊海棠园精品小户型闪亮登场"宣传册含有"5分钟直达西海岸，5分钟可达动车站"等内容。(2)发布虚假或者引人误解的内容。本案中马村港并未规划琼

---

① 《中华人民共和国广告法》第26条规定："房地产广告，房源信息应当真实，面积应当表明为建筑面积或者套内建筑面积，并不得含有下列内容：(一)升值或者投资回报的承诺；(二)以项目到达某一具体参照物的所需时间表示项目位置；(三)违反国家有关价格管理的规定；(四)对规划或者建设中的交通、商业、文化教育设施以及其他市政条件作误导宣传。"

州海峡跨海大桥，盈滨半岛也未被评为 4A 级景区，但金源公司在其广告中加以引用，其行为违反了我国《广告法》第 4 条"广告不得含有虚假、误导内容，不得欺骗、误导消费者"的规定；金源公司明知其涉案项目所在区域为澄迈县，但在发布涉案项目广告时仍使用海口市南海大道 11-1 号，对该违法行为的性质澄迈县市场监督管理局、一审和二审法院的认定存在分歧。我们认为，海口市城市价值及商品房价格显然高于澄迈县，被上诉人将实际坐落于海南省澄迈县老城开发区的中华坊项目地址标注为海南省海口市进行宣传，无疑是为了抬高销售的商品房的价值，以获得更大的利润空间，违背真实、准确、清楚的原则，对消费者会造成误导性的作用，应属于违反我国《广告法》第 4 条禁止的虚假广告行为。

根据原国家工商行政管理总局《关于如何认定广告主一次与多次广告违法行为问题的答复》："在广告行政执法工作中，对在不同媒体发布违法内容相同的广告，或者在同一媒体发布违法内容不同的广告的行为，均应认定为数个广告违法行为。"本案中，金源公司在同一媒体上发布不同违法内容的广告，应认定为数个广告违法行为，因此澄迈县监管局的处罚不属于《中华人民共和国行政处罚法》第 24 条规定的"一事多罚"情形。对于罚款的处罚应当采取限制加重的原则。对数种违法行为分别采取罚款的行政处罚的，罚款金额应在各单项罚款额中最高单项罚款额以上、各单项罚款额之和以下的幅度内给予处罚。具体来说：（1）金源公司违反了我国《广告法》第 26 条规定的房地产广告准则，可以由工商行政管理部门依照《广告法》第 58 条的规定，责令停止发布广告，责令广告主在适当范围内消除影响，并处以广告费一倍以上三倍以下的罚款；无法计算广告费或者广告费明显偏低的，处十万元以上二十万元以下罚款；情节严重的，处广告费三倍以上五倍以下的罚款；无法计算广告费或者广告费明显不足的，处二十万元以上一百万元以下的罚款；可以吊销营业执照，广告审查机关应当撤销广告审查批准文件，一年内不得受理其广告审查申请。（2）金源公司发布虚假广告，可以由工商行政管理部门依照《广告法》第 55 条的规定，责令广告主停止发布广告，责令广告主在适当范围内消除影响，并处以广告费三倍以上五倍以下的罚款；无法计算广告费或者广告费明显不足的，处二十万元以上一百万元以下的罚款；两年内有三次以上违法行为或者有其他严重情节的，处广告费五倍以上十倍以下的罚款；广告费用数额不能计算或者明显偏低的，处一百万元以上二百万元以下的罚款，可以吊销营业执照，并由广告审查机关吊销广告审查批准文件，一年内不得受理广告审查申请。

2. 行政机关不能因当事人申辩而加重处罚

违反《广告法》第 8 条只能对广告主处十万元以下罚款，本案澄迈县监管局实际上仅对金源公司处 3 万元罚款，但若根据《广告法》第 55 条的规定，对于违反《广告法》第 4 条的虚假广告行为可以处二十万元以上一百万元以下罚款，这样会大大加重对申诉人的处罚结果。根据《行政处罚法》第 32 条第 2 款之规定，行政机关不能因为当事人进行申辩而对其加重处罚。澄迈县监管局依照《广告法》第 8 条对此项进行处罚虽有不妥，但因比照法条进行处罚会加重行政相对人的处罚金额，故应维持 19 号处罚决定。

四、庆星公司擅自改动强制检定计量器具行政处罚案

案事例介绍 16-4①

上诉人庆星公司因与被上诉人白云区市场监管局、被上诉人白云区政府行政处罚及行政复议决定一案，不服广州铁路运输法院（2019）粤 7101 行初 1230 号行政判决，向本院提起上诉。本院受理后，依法组成合议庭进行了审理。本案现已审理终结。

原审法院经审理查明：2018 年 5 月 27 日，广州计量检测技术研究院根据《广州市客运交通管理处关于做好广州市巡游出租车运价调整工作的通知》（穗客管〔2018〕68 号）安排，在检查中发现庆星公司的车牌为粤 A ***** 的出租车计价器传感器使用的不是与计价器配套的独立传感器。广州计量检测技术研究院当天出具了书面检查结果，并有维修厂家签名、司机签名和公司签名。同日，广州计量检测技术研究院还出具了《关于检查粤 A *****出租汽车在用计价器的情况说明》，内容为："广州庆星汽车出租有限公司出租车一台，车牌为粤 A *****（计价器制造厂：花都华港厂，型号：HGJ-A9，编号：26196），于 2018 年 5 月 27 日调价现场检查，经厂家技术员检查发现该车计价器传感器使用的不是与计价器配套的独立传感器。出租车计价器是国家重点管理的计量器具，依法实行强制检定。"2018 年 5 月 28 日，广州计量检测技术研究院出具《检定结果》，检查计价器使用的不是与计价器配套的独立传感器，检定结论为不合格。2018 年 7 月 30 日，原广州市白云区质量技术监督局（以下简称原白云区质监局）对庆星公司的委托代理人邝某辉进行了调查，并制作了《调查笔录》，邝某辉在调查中陈述对检查事实及检定结果无异议，并陈述车牌号为粤 A *****的出租汽车是庆星公司所有，该车司机梁某光是庆星公司员工，由于该车 2018 年 7 月 6 日转了蓝牌报停，梁某光已不在庆星公司工作，并声称出租车擅自改动与计价器配套的传感器是司机的个人行为而非公司行为，不清楚是何时改动，也无法计算改动后营运产生的费用。另外，庆星公司向原白云区质监局提交了车辆行驶证、梁某光的机动车驾驶证、广州市客运出租汽车员工经济承包合同及车辆报停凭证。2018 年 8 月 15 日，原白云区质监局向庆星公司发出（穗云）质监罚告字〔2018〕0102 号《行政处罚告知书》，告知其存在使用擅自改动强制检定计量器具的行为，违反了《广东省实施〈中华人民共和国计量法〉办法》第 15 条的规定，依据《广东省实施〈中华人民共和国计量法〉办法》第 52 条的规定，拟给予以下行政处罚：（1）没收壹台检定不合格的计价器；（2）处罚款人民币壹万捌仟元整，并告知其享有陈述、申辩以及要求举行听证的权利。庆星公司收到该告知书后，未提出异议，亦未要求举行听证。2018 年 8 月 20 日，原白云区质监局作出（穗云）质监罚字〔2018〕0102 号《行政处罚决定书》，并于同日送达给庆星公司。庆星公司收到该处罚决定书后不服，于 2018 年 9 月 11 日向白云区政府申请行政复议。白云区政府对原白云区质监局作出的处罚决定予以维持。在收到《复议决定书》后，庆星公司仍表示不服，遂诉至原审法院。原审法院经审查后判决驳回庆星公司的诉讼请求。

上诉人庆星公司不服原审判决，上诉称：（1）原审事实认定不清。上诉人所属的粤 A

---

① 本案例来自广州铁路运输中级人民法院（2019）粤 71 行终 4173 号行政判决书。

*****出租车安装的计价器传感器是在 2018 年 5 月 27 日以原装经监管部门同意并由生产厂家完成调表的，广州市计量检测技术研究院于 2018 年 5 月 28 日出具的《检定结果》是在无检定物的情况下得出的，严重违反取证程序。(2)在被上诉人未能提供"传感器"擅自改动人及改动具体时间等事实证明，也未举证粤 A *****出租车的计价器已失准和对社会的影响程度及对消费者的损害等情况下，作出行政处罚决定无依据且明显有违过罚相当原则。综上，请求二审法院依法撤销原审判决、原白云区质监局作出的行政处罚决定及白云区政府作出的行政复议决定，并由白云区市场监管局、白云区政府承担一审、二审的诉讼费用。二审法院经审理后认为一审审理程序合法，判决认定事实清楚、适用法律正确，故判决驳回上诉，维持原判。

法律问题

1. 上诉人庆星公司是否违反了《计量法》的强制性规定？若违反，该如何处罚？
2. 上诉人的上诉理由是否成立？为什么？

法理分析

1. 庆星公司违反了相关规定

根据《计量法》第 9 条①和第 25 条②之规定，县级以上人民政府计量行政部门对于出租汽车里程计价表这类公用计量器具实行强制检定，若检定不合格的，不能使用。若在检定不合格的前提下仍继续使用的，有关部门将责令停止使用，可以并处罚款。《广东省实施〈中华人民共和国计量法〉办法》第 15 条第 4 项③明确，任何单位和个人都不得销售、使用擅自改动、拆装的强制检定计量器具。针对上述违法行为，《广东省实施〈中华人民共和国计量法〉办法》第 52 条第 4 项④规定了处罚措施，即由计量行政主管部门没收计量器具和违法所得，并可处一万元以上三万元以下罚款；违法所得超过三万元的，处违法所得一倍以上三倍以下罚款。本案中，庆星公司所属的粤 A *****出租车计价器，使用不是与计价器配套的独立传感器的事实，有广州计量检测技术研究院出具的《检定报告》《关于检

---

① 《中华人民共和国计量法》第 9 条规定："县级以上人民政府计量行政部门对社会公用计量标准器具，部门和企业、事业单位使用的最高计量标准器具，以及用于贸易结算、安全防护、医疗卫生、环境监测方面的列入强制检定目录的工作计量器具，实行强制检定。未按照规定申请检定或者检定不合格的，不得使用。"

② 《中华人民共和国计量法》第 25 条规定："属于强制检定范围的计量器具，未按照规定申请检定或者检定不合格继续使用的，责令停止使用，可以并处罚款。"

③ 《广东省实施〈中华人民共和国计量法〉办法》第 15 条第 4 项规定："任何单位和个人不得有下列行为：……(四)销售、使用擅自改动、拆装的强制检定计量器具……"

④ 《广东省实施〈中华人民共和国计量法〉办法》第 52 条第 4 项规定："违反本办法第十五条规定，有下列行为之一的，由计量行政主管部门没收计量器具和违法所得，并可以处一万元以上三万元以下罚款；违法所得超过三万元的，处违法所得一倍以上三倍以下罚款：……(四)销售、使用擅自改动、拆装的强制检定计量器具的……"

查粤 A *****出租汽车在用计价器的情况说明》等证据证实，庆星公司运营部经理在原白云区质监局调查过程中对上述事实亦予以认可。《中华人民共和国强制检定的工作计量器具明细目录》中将出租汽车里程计价表列入需强制检定的器具。庆星公司在其所有的出租车上使用不是与计价器配套的独立传感器的行为，违反《广东省实施〈中华人民共和国计量法〉办法》第 15 条第 4 项的规定。白云区市场监管局对上述违法事实调查核实后，对庆星公司处以没收 1 台检定不合格的计价器并处罚款人民币 18,000 元，所作的行政处罚决定证据充分，事实清楚，适用法律正确，处罚得当。

2. 上诉人的上诉理由不成立

庆星公司认为《检定结果》是在无检定物的情况下得出，但本案证据均不足以证明该事实；庆星公司关于行政处罚决定未查明"传感器"擅自改动人及改动的具体时间，白云区市场监管局未举证粤 A *****出租车的计价器已失准和对社会的影响程度的上诉理由，亦不影响庆星公司使用擅自改动的强制检定计量器具这一违法事实的认定，故上诉人的上诉理由不成立。

五、洪某成诉江西晟米电子商务有限公司价格欺诈案

📖 案事例介绍 16-5①

原告：洪某成

被告：江西晟米电子商务有限公司(以下简称晟米公司)

原告曾于 2020 年 8 月 9 日在京东商城上店铺名为"小米爆米花专卖店"购买小米空调两款型号共四台。其中，"小米(MI)米家互联网立式空调 A2 匹立式空调变频柜机制冷暖一级能效智能空调"一台、"小米柔风空调 1.5 匹空调挂机变频一级能效高效制冷器静音壁挂式空调"三台，订单消费金额 11,775.93 元。两款空调在网购平台页面的画横线价格分别为：6669 元和 4329 元，原告实际支付价格是 3969 元和 2469 元。被告晟米公司在商品宣传页面采用显著的红色字体提示消费者"闪降 2700 元"与"闪降 1860 元"字样。另查明，小米官方网站二种同款空调的标注价格分别为 4999 元和 2699 元，分别优惠 1000 元和优惠 200 元后，两款空调的实际交易价格分别为 3999 元和 2499 元。原告洪某成认为，被告故意虚构了商品划线价格，虚构了原价，让消费者产生"买到即赚到"的错觉，严重误导消费者，让消费者产生错误认知并做出了和事实不符的选择，构成了欺诈，故请求法院判令：(1)原、被告解除买卖合同退货退款 11,776 元；(2)被告三倍赔偿原告 35,328 元。被告晟米公司辩称：通过调取的京东数据显示，原告投诉的空调品于 2020 年 5 月在京东商城上架，对比与原告购买日期接近的订单，并没有显示原告所说的 6669 元和 4329 元的价格。小米官网同类同时期商品的售价与京东同类同时期商品的售价差别并不大，故被告的销售行为不构成欺诈，原告的诉讼请求没有事实和法律依据，应予驳回。

本案先后经历了一审和二审，两级法院判决结果截然相反。一审法院判决支持了被告

① 本案例来自山东省青岛市中级人民法院(2022)鲁 02 民终 10362 号民事判决书。

的诉讼请求，理由是：本案系信息网络买卖合同纠纷。首先，被告在商业广告中的商品均明确标示了商品信息及价格，该商业广告系要约，原告按照该商业广告支付相应的价款并生成了订单视为承诺，双方之间的买卖合同成立并生效且已履行完毕。另外，原告称案涉商品不符合质量要求，但却又未举证证明其主张。同时，原告购入案涉商品已经超过七天的网购无条件退货时间。故原告诉请解除合同且退货退款，于法无据，不予支持。其次，原告曾向相关行政部门投诉价格欺诈问题，但相关行政部门未认定被告存在价格欺诈。被告的广告宣传分别标注"闪降2700元"以及"闪降1860元"字样虽有不当，但不恰当的产品宣传方式并不必然导致欺诈消费者。判断是否对消费者构成欺诈，应当看该行为是否同时符合下述条件：其一，行为人是否存在欺诈故意；其二，行为人是否做出了欺诈行为；其三，欺诈对象是否因欺诈行为陷入错误认识进而作出错误的意思表示。本案原告系完全民事行为能力人，且有过多次网络购物和诉讼维权经验，既然可以在事后查询小米官网的商品价格，同样也可以在购买前查询小米官网的商品价格，做到"货比三家"，故原告并非基于信息不对称而被欺诈从而陷入错误认识做出意思表示。综上所述，一审法院根据原《中华人民共和国合同法》第15条、《消费者权益保护法》第24条、第55条规定认为，被告的广告宣传未构成对消费者的欺诈，且被告销售的商品价格低于小米官网的销售价格，原告也未因本次购买行为造成损失，故驳回了原告的诉讼请求。

原告不服一审判决，提起上诉。二审法院认为，小米官方网站中本案两款空调的标注价格分别为4999元和2699元，其他商家的划线价格应参考官方价格，不得虚标价格。被上诉人以从没有销售过的价格作为参考，谎称优惠幅度，所称的优惠幅度高于实际优惠一千多元，足以诱导消费者选择更高的优惠与其进行交易，构成价格欺诈。因此，二审判决撤销一审判决，同时撤销上诉人与被上诉人之间的空调买卖合同，判令晟米公司退还货款并酌情承担惩罚性赔偿金5000元。

法律问题

1. 晟米公司的行为是否构成价格欺诈？请说明理由。
2. 本案二审法院酌定惩罚性赔偿金5000元是否有法律依据？你的看法是什么？

法理分析

1. 晟米公司的行为已然构成价格欺诈

价格欺诈是破坏市场竞争、侵害消费者权益的重要行为表征，是不正当价格竞争的表现形式之一。

《价格法》第14条和《禁止价格欺诈行为的规定》第3条对于价格欺诈行为进行了定义。《价格法》第14条将价格欺诈行为定义为"经营者以虚假或使人误解的价格手段，诱骗消费者进行交易"。《禁止价格欺诈行为的规定》第3条则将价格欺诈行为定义为"经营者利用虚假的或者使人误解的标价形式或者价格手段，欺骗、诱导消费者或者其他经营者与其进行交易的行为。"就本案而言，小米官方网站中涉案两款空调的标注价格分别为4999元和2699元，其他商家的划线价格应参考官方价格，不得虚标价格。被上诉人晟米公司对本案两款空调的标注价格分别高于官方价格 1670 元和 1630 元，并称分别降价 2700 元和 1860 元，实际分别优惠 1030 元和 230 元。被上诉人以从没有销售过的价格作为参考，谎称优惠幅度，所称的优惠幅度高于实际优惠一千多元，足以诱导消费者选择更高的优惠与其进行交易，构成价格欺诈。

由于价格欺诈同样属于欺诈行为的范畴，其构成要件承继了我国传统的欺诈行为四要件学说：经营者有欺骗、诱导消费者或者其他经营者之故意；经营者有欺骗、诱导消费者或者其他经营者之行为；消费者和其他经营者因该行为陷入错误认识；消费者因该错误认识与之交易。如何认定经营者是否构成价格欺诈？这涉及意思表示的二元解释原则。无论是法律解释还是意思表示解释，在方法论上都有解释原则。意思表示解释原则与法律解释原则一样，充满争议。在德国法中，意思主义与表示主义在 19 世纪已经对立。彼时意思主义即主观主义是主流观点。基于此，意思表示解释的目的为探究表意人的内在意思。[①]而意思表示解释论发展的客观主义理论的转折点系因埃尔利希·丹茨（Danz）提出的理论。其认为意思表示解释与行为人内在真实意思没有关系。在以意思表示解释论分析行为人的意思表示时，应当从理性人的角度探究如何理解意思表示。在解释的过程中无须将当事人是否理解表示行为的意义纳入考量因素，仅需考虑表示在日常交易中的意义。然而，丹茨亦未严格贯彻客观解释原则。按其观点，在双方当事人对表示意义产生了不同于通常意义的相同理解时，则应当以双方达成合意的主观意义为准。故拉伦茨（Larenz）将丹茨的学说称为二元论。[②] 如前所述，对于意思表示解释，每个学说都有着自身的合理因素，皆不能被另一学说完全取代。一般而言，客观主义解释原则常用于需要相对人受领的意思表示，如要约。而主观主义解释原则适用于无需相对人做出受领意思表示的情形，如遗嘱。但在适用客观主义原则的情形下，主观主义亦有其适用空间，即"误载无害真意"规则。该规则彰显了主观主义解释原则在解释需要受领的意思表示时的决定性作用。[③]

结合本案，一审法院有两处错误，一是判决说理有误，二是法律适用有误。首先，经营者在京东平台售卖小米空调并标价的行为系须受领的意思表示，即要约，而原告下单的行为视为承诺，同样是须受领的意思表示。一审法院站在主观主义视角，以原告货比三家的行为推定其没有因为晟米公司虚构原价而陷入错误认识，即认为原告真意是明知被告虚构原价而下单，故并不符合欺诈的构成要件；然而，以理性人或者客观第三人的视角（客观主义解释原则），晟米公司作为小米空调的代理商，有与小米官方定价相统一的义务，理性人有理由认为晟米公司在京东上的报价为官方价格，并依据该价格和宣称的价格优惠进行下单。原告下单的行为作为须受领的意思表示，应当采用客观主义解释原则，故一审法院判决说理有误，二审法院予以纠正。其次，《价格法》作为特别法，原《合同法》作为一般法，在二者法条竞合的情形下，认定晟米公司虚构原价的行为应当遵从特别法优于一

① Vgl. Bernhard Windscheid, Lehrbuch des Pandektenrechts, Bd. I, 6. Aufl., Literarische Anstalt Rütten & Loening, Frankfurt a. M., 1887, S. 218-219.

② ［德］卡尔·拉伦茨：《法律行为解释之方法——兼论意思表示理论》，法律出版社 2018 年版，第 15~32 页。

③ Vgl. Staudinger/Singer, 2017, §133 Rn. 6-18; MünchKomm/Busche, 2006, §133 Rn. 12-15.

般法之原则进行法律适用，故一审法院判决法律适用有误，二审法院予以纠正。

2. 法院应该支持消费者要求三倍惩罚性赔偿的请求，并且没有自由裁量权

《中华人民共和国消费者权益保护法》第 55 条第 1 款规定，经营者提供欺诈商品或者服务的，应当根据消费者的请求，增加对消费者所受损失的赔偿，赔偿金额为消费者支付的商品价款或者接受的服务费用的三倍；增加赔偿的金额不足五百元的，按五百元计算。被上诉人应当支付惩罚性损害赔偿金。由于惩罚性赔偿的目的既在于弥补消费者的实际损失，又在于惩罚经营者存在欺诈经营行为，因此具有维护社会公共利益的经济法属性。而《消费者权益保护法》明确规定对消费者遭受的损失，"应当"而不是"可以"根据消费者的要求增加赔偿"，法院不能以自由裁量为名，随意更改当事人的赔偿金额诉求。我们认为，本案法院酌情判决被上诉人承担惩罚性赔偿金 5000 元既缺乏法律依据，也是不妥当的。

虽然 2022 年 1 月 12 日，最高人民法院发布了《最高人民法院关于审理生态环境侵权纠纷适用惩罚性赔偿的解释》（以下简称《解释》），赋予法院审理生态环境侵权案件适用惩罚性赔偿时享有自由裁量权，即《解释》第 9 条和第 10 条的规定：惩罚性赔偿的数额应当按照因环境污染和生态破坏造成的人身损害赔偿和财产损失数额计算；人民法院在确定惩罚性赔偿数额时，应当考虑侵权人的恶意程度，侵权后果的严重程度，侵权人因污染环境、破坏生态而获得的利益或者采取的恢复措施及其效果等因素，但一般不得超过人身损害赔偿或者财产损失赔偿数额的两倍。也就是说，人民法院在审理生态环境案件确定惩罚性赔偿金数额时，有着很大的自由裁量权。但是，我们认为，生态环境侵权纠纷案件复杂，赔偿金额大，由法院自由裁量惩罚性赔偿金具有一定的合理性，但该《解释》不能类推适用于一般的欺诈消费者纠纷案件，因为消费者纠纷案件一般数额不大，案情较为简单，惩罚性赔偿的目的是惩戒违反诚信原则的经营者，让欺诈者付出惨痛代价，以儆效尤。这种惩罚性赔偿在法律没有明文规定由法院自由裁量的情况下，只能支持或者驳回当事人的惩罚性赔偿请求，不得由法官随意酌定赔偿金额，否则法院权力太大，容易产生腐败，导致不公平的判决结果。

📝 思考题

案例一[①]　2022 年 6 月 27 日，瑞安市市场监督管理局执法人员在网络巡查中发现瑞安市茂亿日用品商行（以下简称茂亿商行）在阿里巴巴网站上的店铺涉嫌违法，遂上门亮明身份，说明来意后，依法对位于瑞安市南滨街道林北村的茂亿商行实施检查，执法人员在该商行办公室利用计算机打开阿里巴巴网站，进入该商行主页面，该商行在阿里巴巴网站上销售"迷你筋膜枪"的页面上（https://detail.1688.com/offer/672217096119.html）宣传该商品为"十大品牌智能筋膜枪"，但实际上不能提供相关材料予以证明，其行为涉嫌违反《中华人民共和国广告法》第 28 条的规定，故予以立案调查。经查实：该商行不能提供相关材料予以证明，其宣传的内容与实际情况不符，属于虚假广告。当事人茂亿商行发布

---

① 本案例来自瑞市监处罚〔2022〕411898 号行政处罚决定书。

该网络广告的费用为 300 元，因为当事人发布该网络广告是为了宣传店铺形象，没有实际收益。

2022 年 6 月 27 日，瑞安市市场监督管理局向当事人送达了瑞市监罚告〔2022〕775 号《行政处罚告知书》，告知当事人拟被处罚的事实、理由、依据、处罚内容以及当事人依法享有陈述和申辩的权利。当事人未在法定期限内提出陈述、申辩的，视为放弃该项权利。瑞安市市场监督管理局认为：当事人茂亿商行发布的广告存在虚假内容，其行为违反了《中华人民共和国广告法》第 28 条的规定："以虚假或者误导性内容欺骗、误导消费者的广告，构成虚假广告。"因此，根据相关法律规定，对当事人的违法行为进行如下处罚：责令当事人停止发布虚假广告，在相应范围内消除影响，并处罚款 1000 元。

问题：

1. 对当事人茂亿商行发布虚假广告的行为，执法机关应处以何种行政处罚？法律依据是什么？

2. 若当事人逾期不缴纳罚款该如何处理？

案例二① 2022 年 8 月 19 日，洪湖市市场监督管理局执法人员到洪湖市春贵水稻种业专业合作社(稻谷烘干厂)进行检查时发现该合作社新装了一台 100T 的电子汽车衡，现场该合作社不能提供电子汽车衡的计量器具检定合格证书，执法人员现场对该合作社下达了《责令改正通知书》，责令该合作社停止使用电子汽车衡，并要求该合作社按规定申请计量器具检定，取得计量检定合格证书后再使用。2022 年 8 月 31 日，洪湖市市场监督管理局执法人员再次到该合作社检查，该合作社的电子汽车衡因为销售者不能提供 100T 的电子汽车衡的计量器具型式批准证书，仍未进行计量检定。该合作社的电子汽车衡是在当事人洪湖市新堤诚信计量器材经营部(以下简称诚信计量器材经营部)处购买，且诚信计量器材经营部不能提供该 100T 电子汽车衡的计量器具型式批准证书。洪湖市市场监督管理局于 2022 年 9 月 7 日予以立案调查。2022 年 9 月 8 日办案人员调取了诚信计量器材经营部的经营资质资料，并对该经营部依法进行了询问调查。在调查过程中，执法人员发现洪湖市旺源再生资源有限公司有一台无计量器具型式批准证书的 100T 电子汽车衡也是由诚信计量器材经营部售出，2022 年 9 月 19 日执法人员对当事人诚信计量器材经营部进行第二次询问调查。

经查明，2019 年 4 月 6 日，诚信计量器材经营部从武汉托力多衡器制造有限公司购进 100T 电子汽车衡一台(型号：SCS-100T，产品编号：00000650，制造日期：2019 年 8 月 17 日，制造单位：武汉托力多衡器制造有限公司)，进价 27,000 元，以 45,000 元的价格销售给洪湖市旺源再生资源有限公司；2022 年 8 月 3 日，诚信计量器材经营部从武汉托力多衡器制造有限公司购进 100T 电子汽车衡一台(型号：SCS-100T，产品编号：2022038，制造日期：2022 年 7 月 3 日，制造单位：武汉托力多衡器制造有限公司)，进价 37,500 元，以 45,800 元的价格销售给洪湖市春贵水稻种业专业合作社。当事人销售的上述两台 100T 电子汽车衡均无计量器具型式批准证书，共获利 26,300 元。

---

① 本案例来自洪湖市监处罚〔2022〕240 号行政处罚决定书。

问题：

1. 本案当事人的行为违反了什么法律规定？

2. 对当事人的行为该如何处罚？

案例三[①] 原告贾某因与被告气雾剂公司、厨房用具厂、春海餐厅发生人身损害赔偿纠纷，向北京市海淀区人民法院提起诉讼。北京市海淀区人民法院经公开审理查明：原告与家人及邻居在春海餐厅聚餐，被告春海餐厅提供服务时，所使用的卡式炉燃烧气是被告气雾剂公司生产的"白旋风"牌边炉石油气，炉具是被告厨房用具厂生产的 YSO-A "众乐"牌卡式炉。当原告使用完第一罐，置换第二个燃气罐继续使用约 10 分钟时，桌上正在使用的卡式炉燃气罐发生爆炸，致使原告面部、双手烧伤。原告要求赔偿医疗费（包括后期治疗费）、营养费、护理费 7 万元，精神损失费 50 万元。

经鉴定：边炉石油气罐的爆炸是由于气罐不具备盛装边炉石油气的承压能力引起，事故罐的内压较高，主要是由于罐中的甲烷、乙烷、丙烷等含量较高，气罐内饱和蒸汽压高于气罐的耐压强度是酿成这次事故的原因。"白旋风"牌边炉石油气罐不具备盛装上述成分石油气的能力。卡式炉内存在一个小火是酿成事故的不可缺少的诱因，卡式炉内存在小火是由于边炉气罐与炉具连接部位漏气而形成的。经国家燃气用具质量监督检验中心对 YSO-A "众乐"牌卡式炉进行测试，该产品存在漏气的可能性，如果安装时不对准，漏气的可能性更大。现没有证据证明被告春海餐厅提供服务与事故发生有因果关系。

问题：

1. 本案三被告应如何承担责任？

2. 本案应如何对贾某进行赔偿？贾某的精神损失费应如何计赔？

3. 本案应如何判决？

---

① 本案例来自《贾某诉北京国际气雾剂有限公司、龙口市厨房配套设备用具厂、北京市海淀区春海餐厅纠纷案》，载《最高人民法院公报》1997 年第 2 期。

第十七章 特别市场规制制度

一、浦发银行成都分行违规放贷案

📖 **案事例介绍 17-1**[①]

根据监管要求，四川省银监局通过监管检查和内部核查发现，浦发银行成都分行为掩盖不良贷款，通过编造虚假用途、越权审批、分拆授信等手段，违规经营授信、同业、理财、信用证、保理等业务，累计向 1493 家空壳企业授信，授信金额高达 775 亿元，以换取相关企业以出资的形式承担浦发银行成都分行的不良贷款。

浦发银行根据党规党纪、政纪和内部规章，对成都分行原行长予以开除，对 2 名原副行长分别予以降职和记大过处分，对分行中层及以下责任人员 195 人进行内部问责。截至 2017 年 9 月底，浦发银行成都分行已基本完成违规业务整改，目前平稳运行。

与此同时，四川银监局对浦发银行成都分行罚款人民币 4.62 亿元；对浦发银行成都分行原行长、2 名副行长、1 名部门负责人和 1 名支行行长分别给予终身禁止从事银行业工作、取消高级管理人员资格、警告和罚款等处罚。目前，有关涉案人员已依法移送司法机关。

💬 **法律问题**

1. 此案暴露出浦发银行存在什么问题？
2. 对于商业银行的违规信贷行为，银行业监管机构应如何处罚？

✍️ **法理分析**

1. 此案暴露出浦发银行成都分行内部控制严重失灵、片面追求业务规模超高速发展、合规意识淡薄等问题

该分行采取弄虚作假、巧立名目、炮制业绩、粉饰报表、虚增利润等不正当手段，并为达到规避总行授权限制、规避监管的目的，他们化整为零，批量造假，以表面的合规形

---

① 本案例来自王恩博：《中国银监会重罚浦发银行成都分行违规放贷案开逾 4 亿元罚单》，载中国新闻网：https://news.sina.com.cn/o/2018-01-19/doc-ifyquixe4804315.shtml，最后访问日期：2023 年 10 月 19 日。

式掩盖重大违规行为。

从该行内控制度来看，主要包括以下几个原因：第一，高层管理人员不重视合规建设，甚至该分行最高领导带头组织违规。第二，就人事部门而言，业绩和利润不仅直接关系到工资和奖金，还直接关系到个人的晋升和职业生涯发展，形成自上而下的绩效压力，迫使员工走在违规的边缘。与此同时，不实行轮岗制导致利益小集团的产生。薪酬制度、绩效考核制度、人员晋升和轮岗制度的缺失暴露无遗。第三，就贷款部门而言，贷前审计只是走形式，只注重形式上的合规，对可能存在的风险缺乏认识或刻意回避；贷后缺乏对资金使用和流向的监督。第四，总行合规部门权力较低，处于边缘地位，难以发挥作用。第五，运营管理部门缺乏整体意识，注重独善其身，对业务审查流于形式。

2. 对该违规信贷行为的处罚

根据《银行业监督管理法》第 21 条之规定，银行业金融机构的审慎经营规则由法律、行政法规规定，也可以由国务院银行业监督管理机构依照法律、行政法规的规定制定。上述规定的审慎经营规则包括风险管理、内部控制、资本充足率、资产质量、损失准备金、风险集中、关联交易、资产流动性等内容。银行业金融机构应当严格遵守审慎经营规则。风险管理和合规控制是金融业的基本底线和生命线，合规经营管理也是银行业最基本的要求。

在本案中，浦发银行成都分行以行长为首的高级管理人员以及销贷经理违反了《商业银行法》关于贷款和其他业务的基本规定。该法第 35 条规定："商业银行贷款，应当对借款人的贷款用途、还款能力和还款方式等情况进行严格审查。"商业银行对贷款实行审贷分离、分级审批的制度。在本案中，浦发银行明知客户还款能力不足，即将违约，不仅没有降低贷款的分类等级，反而通过空壳公司违规发放贷款，并以借新还旧的方式偿还贷款。这种行为严重违反了贷款事前、事中、事后审查制度。此外，此类贷款之所以能够获得批准和发放，与银行未实行审贷分离和未严格执行分级制度密切相关。该分行通过制作虚假材料和报表，违规分拆授信，逃避向上级银行申报，严重违反了分级审批制度。同时，该分行的行为也违反了《银行业监督管理法》规定的审慎经营规则和信息披露要求。

《金融违法行为处罚办法》第 16 条规定，对于采用不正当手段发放贷款和违反中国人民银行规定的其他贷款行为，银行业监管机构可以给予警告，没收违法所得，并处违法所得 1 倍以上 5 倍以下的罚款，没有违法所得的，处 10 万元以上 50 万元以下的罚款；对该金融机构直接负责的高级管理人员、其他直接负责的主管人员和直接责任人员，给予撤职直至开除的纪律处分；情节严重的，责令该金融机构停业整顿或者吊销经营金融业务许可证；构成违法向关系人发放贷款罪、违法发放贷款罪或者其他罪的，依法追究刑事责任。

《银行业监督管理法》第 48 条规定："银行业金融机构违反法律、行政法规以及国家有关银行业监督管理规定的，银行业监督管理机构除依照本法第四十四条至第四十七条规定处罚外，还可以区别不同情形，采取下列措施：(1)责令银行业金融机构对直接负责的董事、高级管理人员和其他直接责任人员给予纪律处分；(2)银行业金融机构的行为尚不构成犯罪的，对直接负责的董事、高级管理人员和其他直接责任人员给予警告，处五万元以上五十万元以下罚款；(3)取消直接负责的董事、高级管理人员一定期限直至终身的任职资格，禁止直接负责的董事、高级管理人员和其他直接责任人员一定期限直至终身从事银行业工作。"

因此，本案中四川省银监局对浦发银行成都分行处以违法所得1倍以上5倍以下高达4.62亿元的罚款，对浦发银行成都分行原行长、副行长、部门负责人和支行行长分别给予相应处罚，完全符合相关法律规定。

二、证监会通报 2021 年案件办理情况

📖 **案事例介绍 17-2**①

2021年，证监会坚决贯彻落实党中央、国务院关于依法严厉打击证券违法违规活动的决策部署，牢牢把握"建制度、不干预、零容忍"的工作方针，以监管工作为中心，依法从严从快查处重大案件。全年共办理案件609件，其中大案163件，涉及财务造假、占用资金、假借市值管理名义操纵市场、恶性内幕交易、中介机构未勤勉尽责等典型违法行为。依法向公安机关移送涉嫌犯罪案件(线索)177起，同比增长53%，与公安部、最高人民检察院联合部署专项执法行动，证券执法司法合力进一步加强。总体而言，犯罪数量连续3年下降，证券市场非法交易高发现象初步得到遏制。同时，执法重点更加突出，虚假陈述、内幕交易、操纵市场、非法中介机构等案件数量占比超过八成。

第一，虚假陈述案件的数量仍然维持高位，重大欺诈和造假行为时有发生。2021年，共处理虚假陈述案件163起，其中财务造假案件75起，同比增长8%；移送公安机关涉嫌犯罪案件32件，同比增长50%。这些被查处的虚假陈述案件呈现出新的特征：(1)违法手段的演变升级，故意利用新业态、新模式掩盖造假行为。大约60%的案件是通过伪造合同和虚开发票等传统方法进行有组织和系统的造假。有的上市公司通过提前确认收入，少计资产减值来粉饰业绩，有的上市公司虚构工程项目完工进度，提前确认虚增利润。供应链金融、商业保理等新业态逐渐成为造假的新"马甲"。有的借供应链金融之名，虚增收入562亿元，虚增利润47亿元。还有一些人利用商业保理实施造假。(2)部分案件金额大、周期长、市场影响大。大约60%的财务造假案件情节严重涉嫌犯罪，超过30%的案件已经连续造假三年以上。有的上市公司虚构大宗商品贸易，虚增收入129亿元。一些公司以涉密产品的名义与多家上市公司虚构业务。有的在上市前就开始弄虚作假，实际控制人在上市后操纵公司股价，非法牟利。(3)违法资金占用、违规担保案件仍有发生，大股东通过各种方式套取公司资金。全年证监会共办理案件73起，同比增长69%。有的实际控制人直接转移上市公司资金，伪造银行对账单隐瞒占用事实；有的虚构工程款和投资款，占用上市公司资金58亿元；有的实际控制人未经公司董事会或股东大会审议，擅自以上市公司名义为关联企业提供担保，合计约18亿元。

第二，操纵市场案件的团伙化、专业化趋势更加突出，其中一些案件引起了市场的高

---

① 本案例来自《证监会通报 2021 年案件办理情况》，载中国证券监督管理委员会官网：http://www.csrc.gov.cn/csrc/c100028/c1921138/content.shtml，最后访问日期：2023 年 7 月 18 日。

度关注。2021年，证监会共审结操纵市场案件110起，同比下降26%，移送公安机关涉嫌犯罪案件41起，同比增长1.5倍。从操纵动机来看，有些操纵团伙通过连续交易、虚假申报、对倒、蛊惑等手段引诱市场跟风，谋取不正当利益。有的上市公司实际控制人为实现高位减持、防止股价面值退市、避免质押股票爆仓等目的，通过控制信息披露内容、节奏，配合市场机构操纵自家股票，已查实14起涉及上市公司实际控制人或管理层的市场操纵案件。从操纵主体看，涉案主体多、链条长，形成了非法利益网络。操纵团伙与上市公司内外串通，利用资金和股权优势，集中力量推高股价，牟取短期价差；股市的"黑嘴"诱惑中小投资者高价接盘，并根据成交量分取收益；配资中介向盘方提供资金支持，并按一定比例抽取利息；市场掮客收取费用后在市场上主动搭桥，合谋操纵。从操纵方式上看，长线"坐庄"与"快进快出"相结合，资金优势与信息优势相互交织，在目标选择、资金筹备、建仓洗盘、拉升出货等环节形成相对固定的操纵方式和流程，多名操纵市场的"惯犯"和"累犯"被追究行政和刑事责任。

第三，内幕交易多发趋势趋缓，关键环节问题更加突出。2021年，办结内幕交易案件201件，案件数量连续三年下降。从案发领域看，涉及并购、新股发行、控制权变更等重大资本运作信息的内幕交易案件占64%，涉及业绩公告、业务合作的内幕交易案件也时有发生。从案件类型来看，避损型内幕交易案件层出不穷。上市公司实际控制人在商誉减值公开前抢先出售所持股份，避免亏损4900万元；有的私募基金管理人因参与上市公司救市计划而知悉利空信息，在信息公开前高位清仓，抛售相关股票，避免了1900万元的损失。从案件主体看，约有60%的内幕交易案件系由法定信息知情人泄密引起，案发比例依然较高，查实了某上市公司董事长内幕交易获利1190万元等多起典型案件。

第四，重点领域案由多样化，及时查处遏制违法苗头。证监会于2021年共办理私募机构涉及登记备案、基金销售、资金募集等多个环节的违法案件20起；办理虚构利润欺诈发行，为取得企业债发行、核准报送虚假材料的债券市场违法案件10起；办理老鼠仓案件9起，涉案主体向市场机构的后台管理和技术服务人员延伸；期货领域办理涉及操纵多个商品期货合约案件5起；办理证券从业人员违规买卖股票案件16起，涉案人数90余人。

第五，中介机构违法案件增多，涉案主体涉及面广。全年调查案件39起，是去年同期的两倍多。涉及28家会计师事务所、4家证券公司、3家资产评估机构、2家律师事务所、银行承销商及评级机构各1家，涵盖首次公开发行、年报审计、并购重组、债券发行、精选层转板等业务环节，首次调查银行间债券市场承销银行和评级公司。其中，年报审计仍是案发集中领域，有16家会计师事务所在20多家公司的年报审计中涉嫌未勤勉尽责，有的一年内被证监会调查6次，内部风险控制失效；有些中介机构甚至帮助上市公司造假以避免被强制退市，成为造假帮凶。

下一步，证监会将围绕全面落实《关于依法从严打击违法证券活动的意见》，聚焦重点领域，突出重大案件，坚持"一案双查"，切实提高违法成本，有效增强执法威慑力，为资本市场的改革发展提供有力的法治保障。

◯ 法律问题

  1. 谈谈证券市场的特殊性及规制的基本原理。

  2. 谈谈证券交易规制制度的主要内容。

✍ 法理分析

  1. 证券市场的特殊性

  证券市场是股票、债券和其他证券及其衍生品发行和交易的场所。它是企业直接融资的重要渠道，也是投资者投资的重要场所。它具有筹集资金、配置资源、分散风险等特殊功能，是现代金融体系的重要组成部分。

  证券市场的特殊性主要体现在交易商品和交易方式的独特性上。与人们通常交易的一般商品不同，证券作为一种投资工具，代表着投资者基于投资的某种可转让利益，具有投资性、虚拟性、风险性、可转让性等多重特征。特别是随着技术信息的不断发展，证券交易进入了无纸化时代。电子证券已经取代了纸质证券，成为一种新的证券形式。证券的发行、交易和转让全部在计算机系统中完成，使证券投资和交易更具虚拟性、高风险和高流动性。信息不对称和风险不平衡的交易特征更加突出。此外，证券市场存在一系列委托代理链，更容易诱发逆向选择和道德风险，导致金融危机。因此，现代市场经济国家对证券市场并不是采取放任政策，而是在尊重证券发行和交易主体的自主选择、严格证券发行条件和程序、强制信息披露、禁止内幕交易和交易操纵的基础上，最大限度地维护市场公平，保护投资者权益，防范和化解金融风险。中国证券市场是一个新兴的资本市场，投资者投机心理和从众心理较强，缺乏理性投资，市场信息透明度低，市场操纵行为猖獗等，更容易引起市场剧烈波动。因此，加强监管和实施必要的规制就显得尤为必要。①

  2. 证券交易规制制度的主要内容

  证券交易是指证券所有人将已发行和交付的证券有偿转让给他人的法律行为。虽然证券交易是一种以合同为基础的买卖行为，但为了保证交易的公平、公正和社会公共利益，市场规制法在合同法的基础上又增加了一层规制，主要集中在交易标的、交易场所、交易主体资格和交易方式等方面。

  第一，交易标的的规制。证券交易主体买卖的证券，必须是依法发行的证券。非依法发行的证券，不得买卖。此外，依法发行的证券，法律对转让期限有限制性规定的，不得在转让期限内交易。

  第二，交易场所的限制。经批准上市交易的股票、债券和其他证券，应当在依法设立的证券交易所或者国务院批准的其他证券交易场所转让。目前，我国的证券交易场所包括主板市场、中小企业板市场、创业板市场、新三板市场(全国中小企业股权转让系统)和全国银行间债券市场等交易所和场外市场，初步形成了多层次的资本市场体系。

---

  ① 《经济法学》编写组：《经济法学》(第二版)，高等教育出版社 2018 年版，第 337 页。

第三，交易主体资格的限制。为了防止证券从业人员和管理人员利用掌握的内幕信息买卖证券谋取私利，损害证券市场的公平和公正，我国证券法将排除一些人员从事证券交易。根据规定，证券交易所、证券公司、证券登记结算机构的工作人员和证券监督管理机构的工作人员在任职期间或者法定期限内，不得直接或者间接持有、买卖或者接受他人捐赠的股票；为股票发行出具审计报告、资产评估报告、法律意见书等文件的专业机构和人员，不得在股票承销期限内或者承销期限届满后 6 个月内买卖该种股票；为上市公司出具审计报告、资产评估报告、法律意见书等文件的专业机构和人员，自接受上市公司委托之日起至上述文件公开之日起 5 日内，不得买卖该上市公司发行的股票。

第四，交易方式的规制。证券在证券交易所上市交易，应当采用公开集中竞价的交易方式或者国务院证券监督管理机构批准的其他方式。

第五，证券欺诈行为的规制。证券市场上故意欺骗、误导他人的行为均属于证券欺诈。证券欺诈的实质是通过一定手段，制造、利用、影响或者扭曲证券市场的价格信息，诱导他人作出错误的投资判断和决策，主要表现为虚假陈述、内幕交易、操纵市场和证券经营机构欺诈客户。在本次证监会的通报中，虚假陈述、内幕交易、操纵市场、中介机构非法等案件数量占比超过 80%。

针对证券欺诈行为，我国证券立法明确规定的规制方式有赔偿损失；停止违法行为，依法处理非法持有证券；没收非法所得，并予以罚款；市场禁入；查询、冻结、查封账户和限制证券买卖；以及罚金和自由刑等。

三、诚泰财产保险公司云南分公司违法违规行政处罚案

📖 案事例介绍 17-3①

诚泰财产保险有限公司云南分行由于违法违规，于 2022 年 9 月 16 日收到原银保监会云南监管局的行政处罚决定书。具体内容如下：

诚泰财产保险股份有限公司云南分公司（法人/主要负责人：李某辉），因为如下事项而决定予以处罚：（1）未按照规定使用经备案的保险费率；（2）委托不具备合法资格的机构从事保险销售活动的；（3）利用保险代理人虚构保险中介业务骗取费用；（4）临时负责人逾期；（5）编造虚假财务资料；（6）给予投保人或被保险人保险合同约定以外的保险费回扣。原银保监会云南监管局依照《中华人民共和国保险法》第 161 条、第 170 条第 1 项、第 3 项的规定作出处罚决定：诚泰财产保险股份有限公司云南分公司向投保人或者被保险人返还保险合同约定以外的保险费；依据《保险公司董事、监事、高级管理人员任职资格管理规定》第 46 条，对诚泰财产保险股份有限公司云南分公司处以警告并罚款 104 万元。

💬 法律问题

1. 诚泰财产保险股份有限公司云南分公司的上述行为违反了哪些法律规定？

---

① 本案例来自云银保监罚决字〔2022〕83 号行政处罚决定书。

2. 本案原银保监会云南监管局对诚泰财产保险股份有限公司云南分公司罚款 104 万元是否符合法律规定？

法理分析

1. 诚泰财产保险股份有限公司云南分公司违反了多条法律法规

诚泰财产保险股份有限公司云南分公司违反了《中华人民共和国保险法》第一百一十六条第(4)项、第(8)项、第(10)项，第一百七十条第(1)项、第(3)项；《保险公司董事、监事和高级管理人员任职资格管理规定》(银保监会令〔2021〕6 号)第 37 条第 1 款的规定。

《保险法》第 116 条规定："保险公司及其工作人员在保险业务活动中不得有下列行为：……(4)给予或者承诺给予投保人、被保险人、受益人保险合同约定以外的保险费回扣或者其他利益；……(8)委托未取得合法资格的机构从事保险销售活动；……(10)利用保险代理人、保险经纪人或者保险评估机构，从事以虚构保险中介业务或者编造退保等方式套取费用等违法活动……"该条划定了保险公司及其工作人员的职业红线，不得违反。保单不同于"一手交钱、一手交货"的一般商品，保险属于金融产品，无论是产品定价、产品销售，还是承保理赔，都面临更加严格的监管政策。

《保险法》第 170 条规定："有下列行为之一的，由保险监督管理机构责令改正，处十万元以上五十万元以下的罚款；情节严重的，可以限制其业务范围、责令停止接受新业务或者吊销业务许可证：(1)编制或者提供虚假的报告、报表、文件、资料的；……(3)未按照规定使用经批准或者备案的保险条款、保险费率的。"本案诚泰保险公司云南分公司编造虚假财务资料，掩盖真实经营情况，既违反财经纪律，又可沦为贪污腐败的温床；未按照规定使用经备案的保险费率，违反了保险监管规则，损害了消费者权益，二者均属于违反保险法的行为。

2021 年修订的《保险公司董事、监事和高级管理人员任职资格管理规定》第 37 条第 1 款规定："保险公司总公司总经理、总精算师、合规负责人、财务负责人和审计责任人，省级分公司、其他分公司和中心支公司总经理不能履行职务或缺位时，可以指定临时负责人，但临时负责时间累计不得超过 6 个月。保险公司应当在 6 个月内选聘具有任职资格的人员正式任职。"本案保险公司临时负责人存在超期履职行为，触及监管红线。

2. 该罚款符合相关法律规定

对于多个违法行为如何给予行政处罚，有三种方法。第一种方法：吸收原则，是在有两种以上违法行为分别裁量后，在两种以上处罚中选择执行一种较重的行政处罚；第二种方法：并科原则，是在两种以上违法行为分别裁量后，取所罚金额之和；第三种方法：限制加重原则，是合并处罚不做简单相加，其罚款金额应在各单项罚款金额中最高单项罚款金额以上、各单项罚款金额之和以下的幅度内给予处罚。

《中华人民共和国保险法》第 161 条规定，保险公司有以下行为的："……(4)给予或者承诺给予投保人、被保险人、受益人保险合同约定以外的保险费回扣或者其他利益；……(8)委托未取得合法资格的机构从事保险销售活动；……(10)利用保险代理人、保险经纪人或者保险评估机构，从事以虚构保险中介业务或者编造退保等方式套取费用等违法活动……"由保险监督管理机构责令改正，处五万元以上三十万元以下的罚款；情节严重的，限制其业务范围、责令停止接受新业务或者吊销业务许可证。《保险法》第170条规定："有下列行为之一的，由保险监督管理机构责令改正，处十万元以上五十万元以下的罚款；情节严重的，可以限制其业务范围、责令停止接受新业务或者吊销业务许可证：（1）编制或者提供虚假的报告、报表、文件、资料的；（2）拒绝或者妨碍依法监督检查的；（3）未按照规定使用经批准或者备案的保险条款、保险费率的。"2021年修订的《保险公司董事、监事和高级管理人员任职资格管理规定》第50条规定："保险公司或者其从业人员违反本规定，由银保监会及其派出机构依照法律、行政法规进行处罚；法律、行政法规没有规定的，由银保监会及其派出机构责令改正，予以警告，对有违法所得的处以违法所得1倍以上3倍以下罚款，但最高不超过3万元，对没有违法所得的处以1万元以下罚款；涉嫌犯罪的，依法移交司法机关追究刑事责任。"

综上所述，本案诚泰财产保险公司云南分公司有6项违法行为，其中违反《保险法》第161条的有3项违法行为，最高罚款金额为30×3＝90万元；违反《保险法》第170条的有2项违法行为，最高罚款金额为2×50＝100万元；违反《保险公司董事、监事和高级管理人员任职资格管理规定》的有1项违法行为，最高罚款金额为3万元，本案给予违法行为人诚泰财产保险公司云南分公司104万元罚款，在各单项罚额中最高单项罚款额以上、各单项罚款额之和以下，是符合法律规定的。

四、中国银行保险监督管理委员会〔2022〕37号行政处罚决定书

📖 案事例介绍17-4①

经原中国银行保险监督管理委员会（以下简称原银保监会）调查核实，光大永明人寿保险有限公司（以下简称永明人寿公司）存在接受投保人用信用卡偿还保单贷款的违法行为。

2018年1月至2019年3月，永明人寿公司接受部分客户使用光大银行信用卡偿还保单贷款，涉及贷款本息4,265.75万元，保单2199张。截至2021年8月，永明人寿公司已向光大银行313个信用卡账户支付赔偿金1290.34万元，尚有270个信用卡账户未偿贷款本息8708.85万元，其中41个账户逾期，涉及贷款本息204.53万元。2019年3月，永明人寿公司在发现问题后，调整了保单贷款规则和操作系统功能设置，关闭了使用信用卡偿还保单贷款的通道，并配合光大银行开展催收减损工作。

永明人寿公司的运营管理部下设保全业务部，负责保单贷款和还款业务的受理、审核等具体工作。2015年2月至2018年6月，吉某任运营管理部保全业务部负责人，2018年6月至2019年9月，吉某担任运营管理部负责保全业务的专家（一级），同时兼任保全业务部负责人，是直接负责上述事项的主管人员。

以上事实有永明人寿公司相关情况说明、客户保单贷款还款记录、公司内部业务操作

① 本案例来自银保监罚决字〔2022〕37号行政处罚决定书。

规范、相关人员的调查笔录及任职文件等证据资料予以证明。

综上，原银保监会决定作出以下行政处罚：对永明人寿公司罚款 20 万元，对吉某给予警告并罚款 3 万元。

💬 法律问题

1. 永明人寿公司的行为违反了什么法律规定？

2. 原银保监会对永明人寿公司及其直接负责的主管人员吉某的处罚是否适当？如果当事人对行政处罚决定不服，该如何救济？

📝 法理分析

1. 永明人寿公司的行为违反了以下法律规定

永明人寿公司的行为违反了《保险法》第 116 条第 2 款第 9 项"保险公司及其工作人员在保险业务活动中不得利用开展保险业务为其他机构或者个人牟取不正当利益"以及《中国保监会关于进一步完善人身保险精算制度有关事项的通知》第 4 条"保险公司不得接受投保人使用信用卡支付具有现金价值的人身保险保费以及对保单贷款进行还款"的禁止性规定。

2. 该处罚适当

《保险法》第 161 条①、第 171 条②就保险公司及相关人员的违法行为的处罚种类和处罚程度进行了明确，即保险公司及其工作人员在保险业务活动中牟取不正当利益的，对保险公司可处五万元以上三十万元以下罚款，对直接负责的主管人员给予警告，并处一万元以上十万元以下的罚款。在本案中，原银保监会根据永明人寿公司的过错程度对其处以 20 万元的罚款，对直接负责的主管人员吉某给予警告与罚款 3 万元，完全符合《保险法》规定的行政处罚种类和处罚程度的要求。

2020 年 8 月施行的《中国银保监会行政处罚办法》第 94 条③明确了当事人在对行政处罚决定不服时的救济途径，即当事人对行政处罚决定不服的，也可以在收到行政处罚决定书之日起六个月以内直接向有管辖权的人民法院提起行政诉讼。

---

① 《中华人民共和国保险法》第 161 条规定："保险公司有本法第一百一十六条规定行为之一的，由保险监督管理机构责令改正，处五万元以上三十万元以下的罚款；情节严重的，限制其业务范围、责令停止接受新业务或者吊销业务许可证。"

② 《中华人民共和国保险法》第 171 条规定："保险公司、保险资产管理公司、保险专业代理机构、保险经纪人违反本法规定的，保险监督管理机构除分别依照本法第一百六十条至第一百七十条的规定对该单位给予处罚外，对其直接负责的主管人员和其他直接责任人员给予警告，并处一万元以上十万元以下的罚款；情节严重的，撤销任职资格。"

③ 《中国银保监会行政处罚办法》第 94 条规定："当事人对行政处罚决定不服的，可以在收到行政处罚决定书之日起六十日以内申请行政复议，也可以在收到行政处罚决定书之日起六个月以内直接向有管辖权的人民法院提起行政诉讼。"

五、湖南能源监管办对恒能风电公司行政处罚案

📖 案事例介绍 17-5①

湖南省能源监管办在对永州市恒能风力发电有限责任公司(以下简称恒能风电公司)所属串风坳风电场开展并网电厂电力监控系统安全防护现场检查和"四不两直"安全生产现场督查时,发现恒能风电公司未建立安全风险分级管控制度,没有风险清单和相应的风险控制措施,安全风险分类管控制度没有全面落实。执法人员当场对串风坳风电场安全员进行了询问,并制作了《询问笔录》。

湖南省能源监管办执法人员为进一步了解情况,查明事实,于2022年2月18日询问了恒能风电公司的有关负责同志,并就询问内容制作了《询问笔录》。

湖南省能源监管办经过调查认定,恒能风电公司存在以下违法行为:一是未建立安全风险分级管控制度;二是没有建立风险清单和相应的风险管控措施;三是安全风险分级管控制度落实不到位。据此,根据《安全生产法》第101条的规定,湖南省能源监管办依法对恒能风电公司处以4万元罚款。

💬 法律问题

1. 谈谈能源市场监管的主要制度。
2. 恒能风电公司违反了哪项能源市场管理制度?主要的法律依据是什么?

✍ 法理分析

1. 能源市场监管的主要制度

能源市场是能源开发和能源产品交易市场的简称。能源市场的稳定和能源供应的安全在一个国家的经济、政治、国家安全和社会生活中起着举足轻重的作用。同时,能源大多是不可再生的稀缺资源。能源发展的有限性和不确定性、能源市场竞争的不充分性以及能源开发利用的外部性,使得能源市场的监管比其他市场的监管更具必要性和挑战性。目前,我国已经颁布了《电力法》《煤炭法》《可再生能源法》等法律法规,作为能源基本法的《能源法》也正在积极制定中。

能源市场监管的主要制度包括:(1)能源安全与能源储备制度;(2)能源市场准入制度;(3)统一的能源开发规则和有限开发利用制度;(4)能源企业安全环保制度;(5)能源价格管理制度;(6)对能源行业垄断和不正当竞争行为的规制。②

---

① 本案例来自《国家能源局公布三起安全生产监管典型执法案例》,载国家能源局官网:www.nea.gov.cn/2023-06/21/c_1310729165.htm,最后访问日期:2023年8月23日。

② 《经济法学》编写组:《经济法学(第二版)》,高等教育出版社2018年版,第349~350页。

2. 本案恒能风电公司违反了能源企业的安全环保制度

安全生产和节能环保是法律对能源开发、加工转化和能源服务企业的基本要求。能源企业应当按照有关法律、法规的规定，坚持节约生产、清洁生产、安全生产，降低资源消耗，防治污染，保护生态环境。能源企业应当具备安全生产和环境保护的法定条件。能源建设项目的安全与环保设施应当与主体工程同时设计、同时施工、同时投入使用。未取得安全生产许可证的，不得从事生产、加工和经营活动。能源企业要将安全第一、预防为主原则放在首位，日常经营管理和安全生产两手抓，肩负社会责任，承担污染治理和生态保护的社会责任。

具体而言，本案恒能风电公司的行为不符合《安全生产法》第41条①和《电力安全生产监督管理办法》第8条第5项②的规定，没有建立安全风险分级管控制度、电力安全生产隐患排查治理制度和风险预控体系，无法行之有效地对风险辨识、评估、监控及排除事故隐患。根据《安全生产法》第101条规定，未建立安全风险分级管控制度或者未按照安全风险分级采取相应管控措施的，责令限期改正，处十万元以下的罚款；逾期未改正的，责令停产停业整顿，并处十万元以上二十万元以下的罚款，对其直接负责的主管人员和其他直接责任人员处二万元以上五万元以下的罚款；构成犯罪的，依照刑法有关规定追究刑事责任。因此，对作为生产经营单位的恒能风电公司处以人民币4万元的罚款，符合法律规定。

思考题

案例一③　深圳证监局在辖区公司债券和资产证券化业务年度现场检查中，发现某证券资管子公司资产证券化业务存在下述问题：

(1)没有专职的质控团队，个别承销人员参与内核表决工作，没有专门的职能部门或团队负责证券发行与承销工作；(2)部分项目的尽职调查存在缺陷，过度依赖发行人、第三方提供的资料，未对原始资料进行核实；(3)存续期管理对基础资产质量变化情况、原始权益人持续经营情况关注不足。

针对上述问题，深圳证监局对该资管子公司采取出具警示函措施。

问题：

1. 深圳证监局处罚某证券资管子公司的法律依据是什么？

2. 证监局的警示函是否属于行政处罚？针对某证券资管子公司存在的上述问题，证

---

①　《中华人民共和国安全生产法》第41条规定："生产经营单位应当建立安全风险分级管控制度，按照安全风险分级采取相应的管控措施。生产经营单位应当建立健全并落实生产安全事故隐患排查治理制度，采取技术、管理措施，及时发现并消除事故隐患。"

②　《电力安全生产监督管理办法》第8条第5项规定："按照有关规定建立健全电力安全生产隐患排查治理制度和风险预控体系，开展隐患排查及风险辨识、评估和监控工作，并对安全隐患和风险进行治理、管控。"

③　本案例来自深圳证监局行政监管措施决定书〔2024〕68号。

券监管机构可以实施何种行政监管措施？请说明相关依据。

案例二①　作为江西省唯一一家省级法人银行以及首家上市的金融企业，江西银行近期因多次违规吃下高价罚单。

2023年6月21日，国家金融监督管理总局网站公布了一张大额罚单，指出江西银行存在19宗违法违规事实：未按规定核定董事、监事和高级管理人员年度薪酬方案；未按规定审批重大关联交易；内控管理不到位，以优惠利率发放关联自然人贷款；向关系人发放信用贷款；借新还旧、以贷还贷、以贷还息掩盖不良资产；违规处置不良资产，五级分类不准确；以本行出资、企业代持方式隐匿不良资产；投资收益违规处置不良资产；浮利分费；员工个人消费类贷款资金违规流入股市；个人综合消费类贷款约定用途为购房；银行资金违规用于购地；银行资金违规投向股市；银行授信资金用于企业增资；向"四证"不全项目提供融资；资本计提不足；信贷资产虚假出表；入股资金来源于信贷资金；信贷资金违规用于购买本行股权。江西银行被罚款810万元，并对12名相关人员进行处罚。

同年6月29日，国家金融监督管理总局网站再次公布，江西银行涉及贷款"三查"不到位、贷前调查不到位、集团客户未统一授信、减少审批程序进行授信等违法违规行为，予以罚款130万元。

对于上述情况，江西银行在7月21日发布公告称，将高度重视监管部门的行政处罚决定并开展整改。目前本行及九江分行业务正常开展。

问题：

1. 江西银行的上述行为主要违反了银行业的什么经营规则？为什么？
2. 国家金融监督管理机构应如何对江西银行给予行政处罚？说明法律依据。

案例三②　延安市住建局对由陕西新家园房地产开发有限公司(以下简称新家园房地产公司)开发建设的延安盛世花园小区调查后查明，该小区在未依法取得《商品房预售许可证》的情况下擅自销售。新家园房地产公司至案发日共销售未取得《商品房预售许可证》的盛世花园小区南区6号楼401和501两套住宅，收取购房款120万元。2021年7月30日延安市住建局对新家园房地产公司立案调查。

问题：

1. 陕西新家园房地产开发有限公司的行为违反了什么法律规定？
2. 延安市住建局对新家园房地产公司应给予何种处罚？

---

①　本案例来自赣银保监罚决字〔2021〕40-52号。
②　本案例来自《关于公布房地产领域违法违规典型案例的通报》(陕建房发〔2021〕7号)。

后　　记

马工程《经济法学》教材已成为全国普通高校法学本科专业的权威和通用教材，但配套的案例分析教材却迟迟未面世。笔者作为从事经济法教学和科研工作近三十年的老教师，深感出版一本与之的配套实用教材实属必要。恰逢 2019 年的原工作单位湖南师范大学加强教材建设，予以申报的《经济法案例分析教程》幸运立项。原定 2021 年 10 月结项，但苦于教学和科研任务繁忙，本书的完稿一直拖至今天，可谓姗姗来迟。书稿最终付梓后，我的卸重感和喜悦感油然而生。当然，以免谬误流传的惶恐感也会使笔者保持清醒和后续继续完善。

这里要特别感谢武汉大学出版社的胡荣编辑，为本书的审读、编校和出版付出了大量的心血和汗水。

笔者带的研究生张露、王琳琳、杨妍池、张灵羽同学也参与了本书的部分撰写，具体分工为：

王琳琳：第八章　财政调控法律制度（约 2 万字）；

张露：第十章　金融调控法律制度（约 2 万字）；

张灵羽：第十三章　反垄断法律制度，第十四章　反不正当竞争法律制度，第十五章消费者保护法律制度（约 2 万字）；

杨妍池：第九章　税收调控法律制度（约 2 万字）。

同时，上述四位研究生也为本书的校对付出了辛勤的劳动，在此一并表示感谢。

阳东辉

2024 年 4 月 13 日